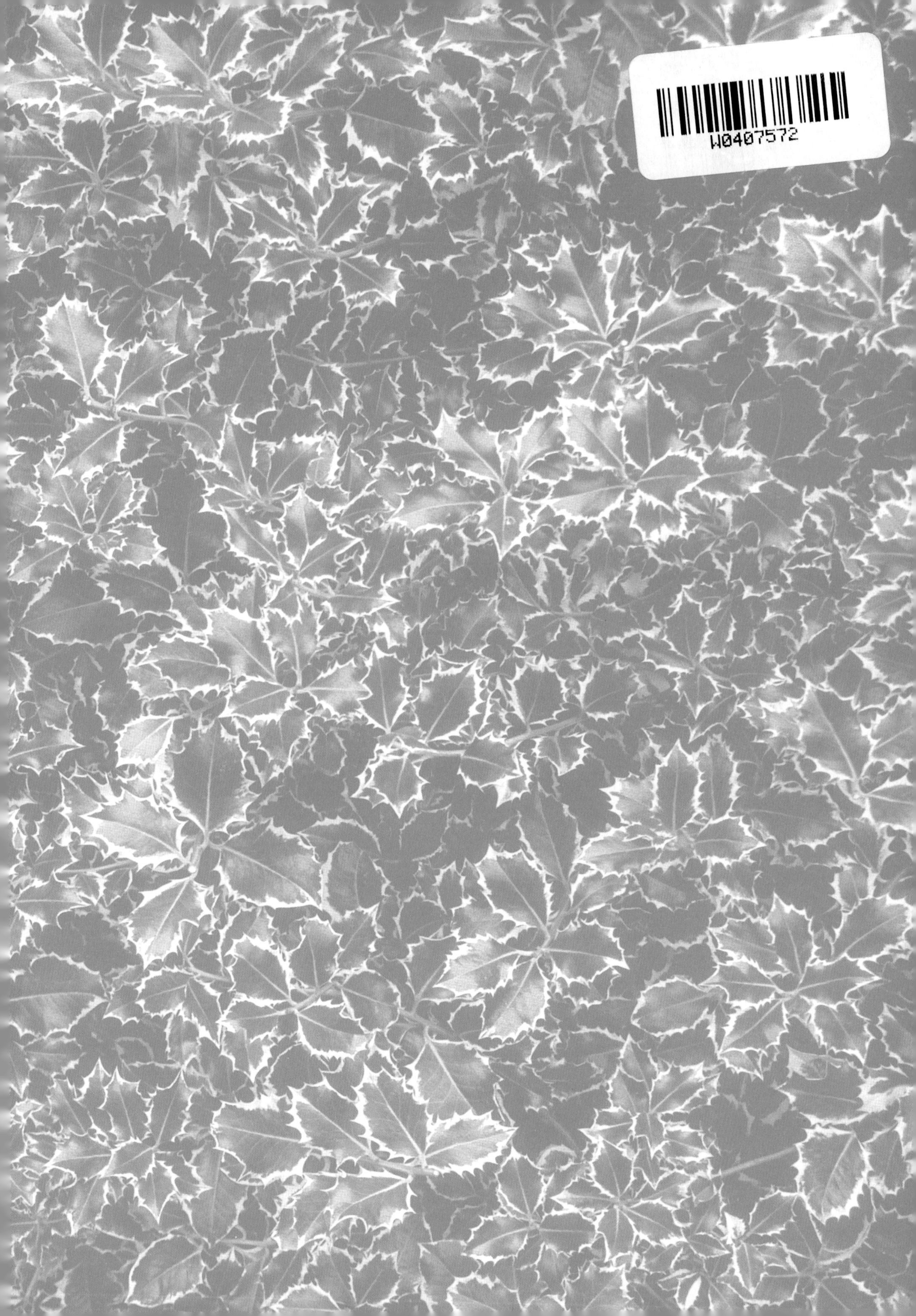

Wo pflanze ich Was?

Roy Lancaster

Wo pflanze ich Was?

Der beste Platz für alles, was im Garten wächst

DUMONT

Ein Dorling Kindersley Buch

Die Deutsche Bibliothek – CIP-Einheitsaufnahme
Wo pflanze ich was? : Der beste Platz für alles, was im Garten wächst / Roy Lancaster. [Aus dem Engl. von Franca Fritz und Heinrich Koop]. - Köln : DuMont, 1996
Einheitssacht.: What plant where <dt.>
ISBN 3-7701-3793-0
NE: Lancaster, Roy; Fritz, Franca [Übers.]; EST

Alle hier aufgeführten Pflanzen mit Ausnahme der Nadelbäume sind laubwechselnd, es sei denn, sie werden ausdrücklich als immergrün bezeichnet. Nadelbäume gelten als immergrün, wenn nicht anderes ausdrücklich vermerkt ist. Die mehrjährigen Pflanzen sind krautartig, es sei denn, sie werden als immergrün bezeichnet.

Originaltitel: What Plant Where

Aus dem Englischen von Franca Fritz und Heinrich Koop
Redaktion der deutschen Ausgabe: Gaile & Partner, Wiesbaden
Satz: Das DTP-Studio Moeres und Karg, Wiesbaden

Printed and bound by Butler and Tanner, Great Britain
ISBN 3-7701-3793-0

INHALT

Pflanzhilfe

Wenn Sie eine Pflanze an einen bestimmten Standort setzen oder eine bestimmte Wirkung erzielen wollen, kann Ihnen diese Übersicht nützlich sein. Die Seitenzahlen neben jedem Eintrag führen Sie zu den illustrierten Beschreibungen der Pflanzen und den Empfehlungen des Autors.

	Mehrjährige Pflanzen	Kletterpflanzen	Sträucher	Nadelbäume	Laubbäume
Boden					
Alkalische Böden	36		126		206
Kalkfreie Böden	34		124		204
Lehmböden	32		122	182	202
Sandige Böden			128		
Standort					
Schattige Standorte	30, 41	96	132		
Fortsetzung	42, 44	100			
Sonnige Standorte	28, 38	94, 98	130	184	208
Fortsetzung	40				
Pflanzort					
Bäume und Sträucher, Bewuchs von		102			
Bodendeckung	28, 30		118, 121	190	
Feuchte Standorte, Uferbepflanzung	44, 46		134		210
Geröllbeete, Steingärten und Hochbeete	56, 58		142	188	
Hecken	52				
Hochbeete, Steingärten und Geröllbeete	56, 58		142	188	
Kübel	62, 64		144		
Küstenregionen	50		138		214
(Luft-)verschmutzte Standorte	48		136		212
Mauern, Zäune und andere Stützen	106	102, 107			
Mauer- und Pflasterspalten	54				
Pflaster- und Mauerspalten	54				
Standorte mit hoher Luftverschmutzung	48		136		212
Steingärten, Hochbeete und Geröllbeete	56, 58		142	188	
Uferbepflanzung, feuchte Standorte	44, 46		134		210
Wildgärten	60				
Zäune, Mauern und andere Stützen	106	102, 107			

Grösse und Form

	Mehrjährige Pflanzen	Kletter-pflanzen	Sträucher	Nadelbäume	Laubbäume
Breit ausladend				176	
Groß	22		110, 112	174	196
Hängende Äste					211
Hoch oder säulenförmig	16			178	229
Klein	24, 26		116, 120	188	200
Kräftiger Wuchs, kräftiges Blattwerk	18		111		217
Mittelgroß	20, 22		114	180	198
Säulenförmig oder hoch	16			178	229

Merkmale der Saison

Frühjahrsschmuck	78				
Herbstschmuck	82		156		222, 224
Immergrüne	66	104	146		216
Sommerschmuck	80				
Winterschmuck	84, 85		166, 168		224, 226

Farbgebung

Blaugraues oder silbernes Blattwerk	72		152	193	220
Bronzefarbenes, purpurnes, rotes Blattwerk	74		154		221
Goldenes oder gelbes Blattwerk	70		150	192	219
Panaschiertes Blattwerk	68		148	191	218
Purpurnes, rotes, bronzefarbenes Blattwerk	74		154		221
Silbernes oder blaugraues Blattwerk	72		152	193	220

Andere Merkmale

Beeren für Vögel			161, 162		224
Dekorative Früchte			161,162		224
Dornen			169		
Duft	76	105	158, 160		
Hecken oder Sichtschutz			140	186	215
Kaninchensicher	90		170		
Kräuter	86, 88				
Mehrzweckpflanzen					228
Schmetterlinge, Blüten für			164		
Selbstkletternde Pflanzen		107			
Sichtschutz oder Hecken			140	186	215
Solitär- und Gruppenpflanzen	18		110, 112		196

EINLEITUNG

DAS ANGEBOT AN PFLANZEN ist heute so groß, daß wir nicht mehr enttäuscht zusehen müssen, wie eine neu gekaufte Pflanze eingeht, nur weil sie an einem für sie falschen Platz eingepflanzt werden mußte, wo doch eine andere genau richtig gewesen wäre.

△ VERLOCKUNG DER GARTENCENTER *Es ist verlockend, eine Pflanze vorzugsweise wegen ihres Aussehens zu kaufen, statt wegen ihrer Eignung für den Garten.*

Viele Menschen kaufen Gartenpflanzen aus einem unbewußten Impuls heraus. Ohne großes Nachdenken über den geeigneten Standort wird sie einfach dort hingesetzt, wo noch Platz ist.

Manchmal ist ein solcher Standort genau richtig gewählt, und die Pflanze gedeiht. Aber wesentlich häufiger war dieser Platz aus gutem Grund frei geblieben, da er zu feucht oder zu trocken, zu schattig oder zu flach ist oder mit den Wurzeln anderer Pflanzen durchsetzt.

Fragen Sie sich nicht auch manchmal, wie die Gärten zustandekommen, die man in Zeitschriften bewundern kann? Auch wenn es naheliegend ist, sie als Werk von Experten abzutun, gilt es festzuhalten, daß ein solcher Erfolg auch Ihnen beschieden sein kann, wenn Sie nämlich über genügend Zeit und entsprechende Hilfsmittel verfügen, um Ihre Pflanzen im voraus zu beurteilen und auszuwählen.

FRAGEN AN DEN GÄRTNER

Ich habe viele Jahre lang in einer Gärtnerei gearbeitet und Kunden bei der Auswahl von Pflanzen beraten. Einige dieser Kunden waren Profis oder Gartenliebhaber, die bereits eine genaue Vorstellung darüber hatten, welche Pflanzen in ihrem Garten gedeihen würden, und nun nach etwas Neuem suchten. Aber bei den meisten Kunden handelte es sich um Anfänger, die begierig waren, etwas zu lernen und die beste Wahl zu treffen.

Im großen und ganzen konnte ich meine Kunden in zwei Kategorien einteilen: zum einen in jene, die eine Pflanze gesehen hatten und nun wissen wollten, ob diese in ihrem Garten auch gedeihen würde, zum anderen in jene, die keine genaue Vorstellung von der gewünschten Pflanze mitbrachten, aber wußten, welchem Zweck sie dienen sollte. Dies brachte mich zu der Überzeugung, daß die meisten Menschen nur wissen wollen, welche Pflanze unter welchen Bedingungen (Bodenbeschaffenheit, Standort, Lichtverhältnisse) wie gedeiht, oder mit welcher Pflanze man bestimmte Effekte erzielen kann – wie zum Beispiel Farbe, Größe, Form oder Prachtentfaltung.

△ DER GARTEN DES AUTORS *Ich habe für meinen Garten Pflanzen ausgewählt, die ganzjährig ihre Aufgabe erfüllen; die Hausmauern sind mit Kletterpflanzen und Sträuchern gleichermaßen dicht bewachsen.*

◁ URSPRUNG EINER BESONDEREN PFLANZE Hypericum lancasteri *habe ich aus Samen gezogen, der von den Hügeln oberhalb Kunmings stammt – Chinas Stadt des „Ewigen Frühlings".*

GÄRTNER ANTWORTEN

Während meiner langjährigen Arbeit habe ich festgestellt, daß widrige Bedingungen in einem Garten oftmals behoben werden können. Und selbst wenn dies aus irgendwelchen Gründen nicht möglich sein sollte, kann man dank des vielfältigen Angebots an Gartenpflanzen immer eine befriedigende Lösung finden.

DuMont's Ratgeber *Wo pflanze ich was?* ist ein Leitfaden zur richtigen Auswahl von Pflanzen. Er soll dem Gartenfreund helfen, sich richtig zu entscheiden. Auch erfahrenen Gärtnern mag dieser Leitfaden nützlich sein. Viele der in diesem Buch vorgestellten Pflanzen sind weitverbreitet und vielfältig erprobt. Lassen Sie sich von dem Erfolg, den Sie mit solchen Arten erzielen, zu weiteren Experimenten anregen. Dieser Leitfaden wird Ihnen dafür Ihr ständiger Ratgeber sein.

LILIEN, WILD UND IM GARTEN △ ▷
Meine erste Begegnung mit Lilium regale *(auf einem sonnigen Berghang in China) ist mir noch gut in Erinnerung. Diese Pflanze ist pflegeleicht und zählt zu den hübschesten Gartenlilien; sie verströmt einen herrlichen Duft.*

▽ BEZAUBERNDES BLATTWERK
Dieser kleine Teich ist umgeben von Nadelhölzern, Farnen, Schwertlilien und Sträuchern, deren gemeinsames Blattwerk eine eindrucksvolle Stimmung schafft.

Zum Aufbau dieses Buches

ICH MÖCHTE IHNEN bei der Auswahl der für Ihren Garten geeigneten Pflanzen helfen, wobei ich Wert auf Wachstumsbedingungen, Pflanzeneigenschaften und besondere Zierwirkungen lege. Dieses Buch ist nach den Pflanzenarten in fünf Kapitel gegliedert: mehrjährige Pflanzen, Kletterpflanzen, Sträucher, Nadelbäume und Laubbäume. In jedem Kapitel stelle ich Pflanzen für verschiedene Standorte und Wirkungen vor. Alle sind mit Ausnahme der Nadelbäume laubwechselnd; die mehrjährigen Pflanzen gehören zu den Krautartigen, sofern sie nicht als immergrün bezeichnet werden.

PFLANZENNAMEN

Es werden durchgängig die gültigen wissenschaftlichen Bezeichnungen verwendet. Bekannte Synonyme sind im Register aufgeführt. Unter den botanischen stehen die in der Umgangssprache üblichen Namen. Wo es diese nicht gibt, wurde der zugehörige Gattungsname angegeben. U.a. bei den Rosen wird die zugehörige Klasse genannt.

DAS PH-SYMBOL

Viele Pflanzen gedeihen auf nahezu allen Böden. Mit dem pH-Symbol bezeichne ich solche Gewächse, die kalkfreie Böden benötigen.

PH *Benötigt kalkfreien Boden*

DIE SYMBOLE FÜR WINTERHÄRTE

Die Winterhärte einer Pflanze ist die Fähigkeit, Kälte zu ertragen. Abhängig von vorteilhaftem Standort und natürlichen Abweichungen der Pflanze kann sie variieren. Als Frosthärte bezeichnet man die Fähigkeit einer Pflanze, resistent gegen Frost zu sein. Viele Pflanzen vertragen keine Frühjahrsfröste, wenn das neue Wachstum eingesetzt hat. Die nachfolgenden Symbole stufen eine Pflanze nach ihrer Kälteresistenz ein

❄❄❄	*Voll winterhart – die Pflanze übersteht in gemäßigtem Klima den Winter im Freien.*
❄❄	*Halb winterhart – die Pflanze benötigt in gemäßigtem Klima bedingten Schutz.*
❄	*Empfindlich – die Pflanze benötigt u.U. selbst bei mildem Klima Schutz (geeignet für Treibhäuser).*

BOTANISCHER UND UMGANGSSPRACHLICHER NAME •
Jeweils unter dem botanischen Namen ist der gebräuchliche Volksname angegeben (wenn kein solcher existiert, der Gattungsname).

SYMBOLE FÜR • LICHTMENGE, WINTERHÄRTE UND SÄUREGRAD
Lichtmenge und Winterhärte sind immer aufgeführt. Das pH-Symbol erscheint nur bei kalkfreien Böden.

Sträucher für schattige Orte

WAHRSCHEINLICH WÄREN Sie erstaunt über die Vielfalt von Sträuchern, die sich für schattige Standorte eignen. In der freien Natur wachsen viele Sträucher in Waldgebieten, wo sie der Sonne nicht direkt ausgesetzt sind. Dies bedeutet nicht, daß sie ohne Licht leben können – alle Grünpflanzen benötigen es für die Photosynthese. Einige kommen aber mit wenig Licht aus und gedeihen durchaus gut, wenn sie im Schatten von Bäumen oder Häusern stehen.

STRÄUCHER

Euonymus fortunei 'Sarcoxie'
SPINDELSTRAUCH
☼ ☀ ❄❄❄ ↕↔ 1,5m
Dieser buschige und aufrechte immergrüne Strauch hat ledrige Blätter mit weißem Rand. Er trägt im Herbst crèmeweiße Kapseln mit orangefarbenem Samen.

Euonymus fortunei 'Vegetus'
SPINDELSTRAUCH
☼ ☀ ❄❄❄ ↕ 30cm ↔ 2m
Da dieser immergrüne Strauch aufrecht wachsende und kriechende Triebe hat, bildet er dichte Polster. Er trägt grüne Blätter und rosafarbene Samenkapseln.

Crinodendron hookerianum
CRINODENDRON
☼ ☀ ❄❄ PH ↕ 3m ↔ 2m
Vom späten Frühjahr bis zum Frühsommer sind die Äste dieses immergrünen Strauchs mit roten Blüten behangen; er verträgt keine trockenen Böden.

LAUBWECHSELNDE STRÄUCHER FÜR SCHATTIGE STANDORTE
Cornus canadensis, siehe S. 118
Euonymus obovata
Hydrangea macrophylla 'Generale Vicontessa de Vibraye'
Hypericum androsaemum
Kerria japonica
Rhodotypos scandens, siehe S. 135
Rubus odoratus
Rubus spectabilis 'Olympic Double'
Symphoricarpos × chenaultii 'Hancock'

Daphne laureola ssp. *philippi*
LORBEERSEIDELBAST
☼ ☼ ☀ ❄❄❄ ↕ 30cm ↔ 60cm
Diese Zwergvarietät einer immergrünen Waldpflanze gedeiht auch in der Sonne. Sie trägt im späten Winter und im frühen Frühjahr Trauben hellgrüner Blüten.

Hydrangea macrophylla 'Veitchii'
HORTENSIE
☼ ☀ ❄❄ ↕ 1,5m ↔ 2,5m
Dieser eher breit wachsende Strauch hat ein kräftiges Blattwerk und trägt im Sommer Trauben winziger Blüten; verträgt keine trockenen Böden.

132

DIE SYMBOLE FÜR DIE LICHTMENGE

Nachfolgend die Symbole für die erforderliche Lichtmenge; mehrere Symbole zeigen die Toleranz an.

☼	*Volle Sonne – möglichst viel Sonne erforderlich oder bevorzugt.*
☼	*Halbschatten – eingeschränkte oder indirekte Sonneneinstrahlung möglich oder bevorzugt.*
☀	*Schatten – gedeiht an einem Standort mit wenig Licht.*

• PFLANZENBESCHREIBUNG
Die Beschreibung der Pflanzen nennt Merkmale wie Blütezeit, charakteristische Eigenschaften, bevorzugte Standorte etc. und gibt an, ob eine Pflanze immergrün ist.

WUCHS DER PFLANZE

Der Wuchs einer Pflanze ist unterschiedlich. Die Werte beziehen sich auf ausgewachsene Pflanzen. Bei Mehrjährigen meint die Höhenangabe den Blütenstengel.

↕	*Durchschnittliche Höhe*
↔	*Durchschnittlichr Umfang*
↕↔	*Höhe und Ausdehnung*

AGM – DAS GÜTESIEGEL DER ROYAL HORTICULTURAL SOCIETY

Die britische Royal Horticultural Society vergibt eine Auszeichnung, für Pflanzen von hervorragender Zierwirkung, guter Widerstandskraft und einfacher Beschaffbarkeit, den „Award of Garden Merit" (AGM).

🏆	*Award of Garden Merit*

STRÄUCHER FÜR SCHATTIGE ORTE

ydrangea serrata 'Bluebird'
ORTENSIE
↕1,2m ↔1,5m
ie Blätter dieses buschigen Strauchs aben eine intensive Herbstfärbung. Er ägt im Sommer blauviolette Blüten; verägt keine trockenen Böden.

Pachysandra terminalis
PACHYSANDRA
↕10cm ↔20cm
Dieser immergrüne Kleinstrauch liebt feuchte Böden; er eignet sich zur Bodendeckung an schattigen Stellen. Die Blätter tragen im Frühjahr weiße Blüten.

Skimmia japonica 'Fructu-albo'
SKIMMIE
↕↔75cm
Wenn Sie in der Nähe dieses niedrig wachsenden immergrünen Strauchs eine männliche Pflanze setzen, wird er im Frühjahr viele weiße Beeren tragen.

onicera pileata
EISSBLATT
↕60cm ↔2m
ein niedriger Habitus macht den Strauch einem guten Bodendecker. Er trägt im äten Frühjahr winzige Blüten, auf die enige violette Beeren folgen.

Prunus laurocerasus 'Otto Luyken'
KIRSCHLORBEER
↕75cm ↔1,2m
Dieser niedrige immergrüne Strauch hat ledrige Blätter. Er trägt im späten Frühjahr aufrechte Trauben weißer Blüten, auf die schwarze Früchte folgen.

WEITERE IMMERGRÜNE STRÄUCHER FÜR SCHATTIGE STANDORTE
Aucuba japonica 'Rozannie', siehe S. 146
Buxus sempervirens 'Latifolia Maculata'
Daphne pontica
Fascicularia lizei, siehe S. 144
Fatsia japonica, siehe S. 111
Osmanthus heterophyllus
Rubus tricolor
Ruscus hypoglossum
Sarcococca confusa
Viburnum davidii, siehe S. 119

ahonia nervosa
AHONIE
↕60cm ↔1m
ieser immergrüne Strauch hat aufrechte iele mit Blättern, die eine rote oder viotte Winterfärbung annehmen. Er trägt Frühsommer Rispen gelber Blüten.

Vinca major 'Variegata'
GROSSES IMMERGRÜN
↕30cm ↔1,5m
Die auffälligen, mehrfarbigen Blätter mit crèmeweißem Rand ergeben eine gute Bodendeckung. Dieser Strauch wuchert stark, wenn man ihn nicht stutzt.

STRÄUCHER

133

• HÖHE UND AUSBREITUNG *Gibt die durchschnittlichen Maße der ausgewachsenen Pflanze in Metern oder Zentimetern an.*

• FARBMARKIERUNG *Bezeichnet jedes der fünf Kapitel dieses Buchs (siehe rechter Seitenrand).*

• AGM-Gütesiegel der britischen Royal Horticultural Society

WEITERE PFLANZEN *Eine Auflistung weiterer für den Standort oder den gewünschten Zweck geeigneter Pflanzen. Wird die Pflanze noch an anderer Stelle des Buches erwähnt, erfolgt die Seitenangabe.*

AUFBAU DES KAPITELS ÜBER LAUBBÄUME

Prunus serotina
TRAUBENKIRSCHE
Moderater Wuchs
↕15m ↔13m
Ein laubwechselnder Baum mit einer Krone aus hängenden oder geschwungenen Ästen; seine tiefgrünen Blätter verfärben sich im Herbst gelb oder rot. Er trägt im Frühjahr hängende Trauben aus weißen Blüten, denen glänzend schwarze Früchte folgen.

LAUBBÄUME

215

• AUSSEHEN DES BAUMS *Zeigt die Form; unbelaubte Äste kennzeichnen laubwechselnde, belaubte zeigen immergrüne Bäume.*

• WACHSTUMSRATE *Entweder stark, mäßig oder langsam wachsend.*

WAS IST EINE MEHRJÄHRIGE PFLANZE?

Nichtholzige, länger als drei Jahre lebende Pflanzen habe ich als mehrjährig definiert. Die meisten sind krautartig und sterben im Winter bis unter Bodenniveau ab; einige sind immergrün und behalten ihr Blattwerk. Eine Minderheit hat holzige Stengel und immergrüne Blätter.

WAS IST EINE KLETTERPFLANZE?

Pflanzen, die an Bäumen, Sträuchern, Mauern oder Zäunen emporklettern, bezeichne ich hier als Kletterpflanzen. Die gebräuchlichsten Kletterer sind Mehrjährige mit holzigen Stengeln sowie Sträucher, die hochgebunden werden. Kletterpflanzen können immergrün, laubwechselnd oder sogar krautartig sein.

WAS IST EIN STRAUCH?

Sträucher sind holzige Pflanzen von oftmals buschigem Wachstum, die meist mehr als einen Hauptstamm entwickeln. Manche erreichen über 3m an Höhe und Breite. Sträucher können immergrün oder laubwechselnd sein. Halbsträucher verfügen über eine holzige Basis; ihre Spitzen sterben häufig durch Frosteinwirkung ab.

WAS IST EIN NADELBAUM?

Nadelbäume sind eine primitive botanische Gruppe holziger Pflanzen. Bei den meisten handelt es sich um Bäume mit einem Hauptstamm, aber es gibt auch viele kleinere, strauchige Sorten, einschließlich der Zwerg- und langsam wachsenden Arten. Einige dieser Pflanzen wechseln die Nadeln, die meisten aber sind immergrün.

WAS IST EIN LAUBBAUM?

Die meisten Laubbäume sind holzige Pflanzen mit einem Hauptstamm, der eine erhöhte Krone aus Ästen trägt. Einzelne Arten können jedoch mehrere Hauptstämme bilden und somit einen buschigen Habitus entwickeln, der durch Zurückschneiden und Hochbinden in der Jugend beeinflußt werden kann. Laubbäume sind laubwechselnd oder immergrün.

Die Böden

Die chemischen und physikalischen Eigenschaften Ihres Gartens werden von Lehm, Sand und Schlamm bestimmt. Diese Bestandteile machen die Böden entweder schwer (naß und undurchlässig) oder leicht (trocken und durchlässig) und entscheiden über das gute Gedeihen Ihrer Pflanzen. Der pH-Wert eines Bodens wird von 1 bis 14 gemessen. Böden unter 7 (neutral) sind sauer (kalkfrei), über 7 zunehmend alkalisch (kalkreich). Sie können die Eigenschaften Ihres Bodens durch seiner Farbe und Beschaffenheit bestimmen; natürlich können Sie auch einen Bodentest durchführen lassen.

Durchschnitt ideal für *Forsythia*
Verschiedene Anforderungen und örtliche Bedingungen machen es schwer, Durchschnittsboden zu definieren. Er ist feucht, gut durchlässig, mit einem vernünftigen Humusanteil und hat einen neutralen bis leicht sauren pH-Wert.

Schwerer Lehm ideal für *Berberis*
Lehmpartikel lassen Wasser nur langsam durchsickern. Der Boden wird klebrig, bei starker Sonne hart. Er ist oft fruchtbar und kann durch Drainagen, Sand oder organisches Material noch verbessert werden.

Sandig ideal für *Potentilla*
Sandpartikel sind größer als Lehmpartikel; sie machen Böden leicht und durchlässig. Manche Pflanzen benötigen dabei regelmäßig Wasser und Düngung; man kann die Bodenqualität auch mit organischem Material verbessern.

Kalkfrei ideal für *Rhododendron*
Torfige, kalkfreie Böden sind dunkel und reich an organischen Bestandteilen. Die sauren, wasserspeichernden Böden sind für Pflanzen geeignet, die keinen hohen pH-Wert vertragen. Sand macht sie durchlässiger.

Alkalisch ideal für *Kolkwitzia*
Kalkreiche alkalische Böden, auch Kreideböden, sind blaß, leicht, steinig und durchlässig. Sie erwärmen sich schnell und sind mäßig fruchtbar. Aber sie lassen sich durch organisches Material auch verbessern.

Der Standort

DA PFLANZEN FÜR DIE Photosynthese Sonnenlicht benötigen, ist ihr Standort für Wachstum und Gesundheit wichtig. Viele Pflanzen bevorzugen bestimmte Orte, tolerieren aber auch andere. Die meisten gedeihen, solange sie unter freiem Himmel sind.

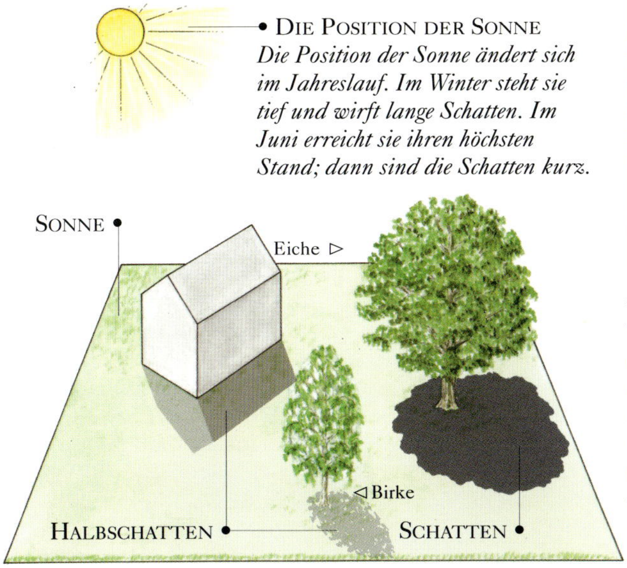

• DIE POSITION DER SONNE
Die Position der Sonne ändert sich im Jahreslauf. Im Winter steht sie tief und wirft lange Schatten. Im Juni erreicht sie ihren höchsten Stand; dann sind die Schatten kurz.

☼ SONNE
Viele Standorte haben den größten Teil des Tages eine ungehinderte Sonneneinstrahlung. Zahlreiche wegen ihrer Blüten gezogene Pflanzen, einschließlich der Mehrjährigen und Einjährigen, sowie Sträucher ziehen solche Standorte vor – Sonnenlicht und Wärme fördern Wuchs, Blüte und Frucht. Pflanzen, die in vollem Sonnenlicht am besten gedeihen, tolerieren oft auch etwas Schatten, wie man ihn in der Nähe von Gebäuden oder am Waldrand finden kann.

☼ HALBSCHATTEN
Halbschattige Standorte findet man bei Gebäuden, die eine direkte Sonneneinstrahlung verhindern, aber den Himmel nicht verdecken, auch auf der sonnenabgewandten Seite von Bäumen wie z.B. der Birke, die einen leichten Schatten wirft. Ist der Boden feucht, eignet sich dieser Platz für Pflanzen, die oft auch volle Sonneneinstrahlung oder sogar tieferen Schatten tolerieren. Viele mehrjährige Blattpflanzen (auch die Pflanzen der Waldgebiete) gedeihen hier am besten.

☀ SCHATTEN
Hier sind Standorte gemeint, die permanent oder während der Hauptwachstumszeit im Schatten liegen. Sie können von Gebäuden umgeben oder unter dicht belaubten Bäumen sein. Selbst hier variiert die Tiefe des Schattens. Wenn auch noch trockener Boden hinzukommt, wie man ihn oftmals unter großen Nadel- oder vergleichbaren immergrünen Laubbäumen findet, beschränkt sich die Auswahl geeigneter Pflanzen auf die wenigen, die dort auch wild gedeihen.

MEHRJÄHRIGE

WENN BÄUME UND Sträucher das Rückgrat des Gartens sind, dann bilden mehrjährige Pflanzen sein Fleisch. Keine andere Pflanzengruppe bietet eine solche Vielfalt – von winzigen Steinpflanzen bis zu riesigen Bambusgewächsen. Dieser Abschnitt behandelt auch die Zwiebel- und Knollengewächse sowie ein- und zweijährige Pflanzen.

△ *Oenothera speciosa* 'Rosea'

△ SONNENLIEBEND *Die Blüten dieser schönen Wolfsmilch,* Euphorbia characias *ssp.* wulfenii, *bevorzugen die Sonne.*

DIE VORTEILE MEHRJÄHRIGER PFLANZEN

- Großflächiger Blickfang in Rabatten.
- Akzente auf Rasenflächen.
- Ideal für Steingärten oder Mauern.
- Besonders imposante Frühjahrsblüte.
- Ideal als Bodendecker unter Bäumen.
- Perfekt für eine Kübelanpflanzung.
- Ein- und Zweijährige bringen schnelle Ergebnisse.
- Eindrucksvolle Bepflanzung von Uferzonen und Sumpfgärten.

Einige mehrjährige Pflanzen haben immergrüne Blätter, wodurch sie das ganze Jahr gut zur Geltung kommen; die meisten dagegen sind krautartig und sterben im Winter bis unter Bodenniveau ab. Sofern nicht anders erwähnt, gehören alle in diesem Abschnitt aufgeführten Pflanzen zur letzteren Art.

PFLANZEN ALS BLICKFANG

Für die meisten Gärtner gibt es keinen schöneren Anblick als ein Beet, das in voller sommerlicher Blüte steht. Bei der Gestaltung der Rabatten ist die Wirkung des Blattwerks ebenso wichtig wie das Erscheinungsbild der Blüten; aber auch die zarte Ausstrahlung getrockneter Samenkapseln sollte im Winter nicht unterschätzt werden.

PFLANZEN FÜR JEDEN STANDORT

Warme, sonnige Standorte eignen sich im Garten hervorragend für Pflanzen, die auch in der Wildnis heiße, trockene Bedingungen vorziehen. Die Vielzahl der Pflanzen, die unter solchen Bedingungen gedeihen, kommt am besten zur Geltung in Hochbeeten oder (in kühleren Regionen) vor sonnenbeschienenen Mauern. Bei der Gestaltung schattiger Standorte könnte man Waldpflanzen in Betracht ziehen. Farne, frühlingsblühende mehrjährige Pflanzen sowie Zwiebel- und Knollengewächse wie Waldlilien und Alpenveilchen fühlen sich im Schatten wohl und bilden eine besonders attraktive Bodenbedeckung.

△ SCHATTENTEPPICH *Alpenveilchen* (Cyclamen repandum) *bilden im Frühjahr einen hübschen Teppich.*

◁ WINTERLICHE SCHÖNHEIT *Die Eleganz der Samenkapseln und Blätter wird durch die Reifschicht zusätzlich betont.*

▷ FRÜHSOMMERLICHE PRACHT *Dieses Bauerngartenbeet zeigt ein wunderschönes Ensemble mehrjähriger Pflanzen.*

Hohe Mehrjährige für den Rabatten-Hintergrund

Hohe Mehrjährige Stauden verleihen einem Beet den Ausdruck von Beständigkeit. Selbst die kleinste Rabatte wird durch eine solche Pflanze aufgewertet. Von wenigen Ausnahmen abgesehen sollte man in Büscheln wachsende Stauden abstützen. Auf diese Weise läßt sich verhindern, daß die Stiele bei stürmischem Wetter abknicken.

Aruncus dioicus
Waldgeissbart
☼ ☀ ❄❄❄ ↕2m ↔1,2m

Das Anpflanzen von Geißbart lohnt sich schon aufgrund der Blätterbüschel, die im Hochsommer von fedrigen Rispen winziger weißer Blüten überragt werden. 🏆

Delphinium 'Fanfare'
Rittersporn
☼ ❄❄❄ ↕2m ↔75cm

In vielen Farben erhältlich; die Pflanze trägt im Sommer Trauben halbgefüllter Blüten, gedeiht in fruchtbaren, tiefen Böden und muß gestützt werden. 🏆

Eremurus himalaicus
Steppenkerze
☼ ❄❄ ↕2,2m ↔1m

Die Blätter verwelken im Frühsommer und weichen dichten Trauben weißer Blüten; eine imposante Pflanze, die am besten auf durchlässigen Böden gedeiht.

Campanula lactiflora 'Prichard's Variety'
Glockenblume
☼ ☀ ❄❄❄ ↕1,4m ↔75cm

Vom Sommer bis in den Frühherbst tragen die aufrechten, dicht beblätterten Stiele zahlreiche Blütenrispen mit glokkenförmigen, violettblauen Blüten. 🏆

Echinops sphaerocephalus
Kugeldistel
☼ ❄❄❄ ↕1,8m ↔1,1m

Diese bei Bienen und Schmetterlingen beliebte Distel trägt im Sommer kugelförmige Blüten. Ihre gekerbten, stacheligen Blätter sind oben grün und unten grau.

Eupatorium purpureum
Purpurdost
☼ ❄❄❄ ↕2,2m ↔1m

Diese Pflanze hat im Spätsommer und Herbst aufrechte, belaubte Stiele mit flachen, rosaroten Blüten, die von Bienen und Schmetterlingen geschätzt werden.

Helianthus × multiflorus
SONNENBLUME
☼ ❄❄❄ ↕1,7m ↔1m

Diese aufrechte, dicht belaubte Pflanze trägt im Spätsommer und Frühherbst große, gelbe, margeritenartige Blüten; sie breitet sich in großen Büscheln aus.

WEITERE HOHE GRÄSER

Arundo donax
Calamagrostis epigejos 'Hortorum'
Cortaderia fulvida
Cortaderia richardii
Cortaderia selloana 'Carnea'
Cortaderia selloana 'Rendatleri'
Glyceria aquatica 'Variegata'
Miscanthus sinensis 'Grosse Fontäne'
Miscanthus sinensis 'Morning Light'
Miscanthus sinensis 'Silberfeder'
Stipa gigantea, siehe S. 19

Lavatera cachemiriana
BECHERMALVE
☼ ❄❄❄ ↕1,7m ↔1,4m

Eine verzweigte Pflanze mit schlanken Stielen und flaumigen, halbimmergrünen Blättern. Sie trägt den ganzen Sommer über rosafarbene, malvenartige Blüten.

Miscanthus sinensis 'Zebrinus'
CHINASCHILF
☼ ❄❄❄ ↕1,5m ↔1,5m

Dieses Gras benötigt viel Raum, damit seine crèmefarbenen Blätter gut zur Geltung kommen. Im Herbst entwickeln sich fächerartige Blütenrispen.

WEITERE HOHE MEHRJÄHRIGE PFLANZEN

Cimicifuga racemosa
Cimicifuga simplex, siehe S. 32
Crambe cordifolia, siehe S. 18
Cynara cardunculus, siehe S. 18
Delphinium 'Loch Leven'
Eryngium eburneum
Filipendula rubra
Inula magnifica, siehe S. 19
Leucanthemella serotina
Rudbeckia 'Herbstsonne'
Verbascum olympicum, siehe S. 73

Helianthus × multiflorus 'Loddon Gold'
SONNENBLUME
☼ ❄❄❄ ↕1,5m ↔75cm

Trägt von Spätsommer bis Frühherbst zahlreiche gefüllte Blüten von leuchtend gelber Färbung auf locker verzweigten Stielen; sie breitet sich in Büscheln aus. 🏆

Macleaya microcarpa 'Kelway's Coral Plume' **FEDERMOHN**
☼ ❄❄❄ ↕2,2m ↔1,2m

Die Pflanze zeigt imposante Büschel, die oben graugrün und unten weißlich sind; sie trägt im Sommer Rispen rosabrauner Blüten mit dunkleren Knospen. 🏆

Rudbeckia laciniata 'Goldquelle'
SCHLITZBLÄTTRIGER SONNENHUT
☼ ❄❄❄ ↕2m ↔75cm

Eine stark wachsende mehrjährige Pflanze. Von Spätsommer bis Herbst entwickeln sich zwischen dichten grünen Blättern gelbe Blüten mit grüner Mitte. 🏆

Kräftige Mehrjährige als Blickfang

EINIGE MEHRJÄHRIGE Pflanzen verfügen über derart auffällige Blüten oder Blätter, daß es sich lohnt, sie als besonderen Blickfang zu wählen. Schon ein einzelnes Exemplar kann ein kleines Beet zur vollen Geltung bringen. Für eine ganzjährig attraktive Bepflanzung verwendet man am besten immergrüne Pflanzen.

Cortaderia selloana 'Sunningdale Silver'
PAMPASGRAS
☼ ❄❄ ↕2,5m ↔1,5m

Ein beliebtes Ziergras, vom Spätsommer an mit Federbüschen crèmeweißer Blütenrispen. Die immergrünen, scharfen Blätter erfordern sorgsamen Umgang. 🏆

Acanthus spinosus
BÄRENKLAU
☼ ❄❄❄ ↕1,2m ↔1,1m

Die Pflanze hat Büschel dorniger Blätter; im Sommer mit stachligen Ähren malvenfarbener und weißer Blüten. Sie verbreitet sich auf einigen Böden sehr schnell. 🏆

Beschorneria yuccoides
BESCHORNERIA
☼ ❄ ↕2m ↔3m

Diese für warme Standorte geeignete, immergrüne Sukkulente trägt große, yuccaartige, dornige Blätter. Ihre röhrenförmigen Blüten stehen auf roten Stielen. 🏆

Crambe cordifolia
MEERKOHL
☼ ❄❄❄ ↕2m ↔1,5m

Die Blätter mit ihren gewellten Rändern werden im Sommer von den kleinen weißen Blüten fast verdeckt. Die Pflanze benötigt einen gut durchlässigen Boden. 🏆

WEITERE MEHRJÄHRIGE PFLANZEN ALS BLICKFANG

Aralia cachemirica
Arundo donax
Cortaderia richardii
Cortaderia selloana 'Rendatleri'
Cynara scolymus 'Glauca'
Dierama pulcherrimum, siehe S. 81
Eryngium decaisneanum
Eryngium eburneum
Euphorbia characias 'Lambrook Gold'
Ferula tingitana
Filipendula kamtschatica
Filipendula purpurea, siehe S. 46
Kniphofia 'Prince Igor'
Kniphofia rooperi
Osmunda regalis
Phormium tenax 'Purpureum'
Rodgersia pinnata 'Superba'
Yucca gloriosa, siehe S. 67
Yucca recurvifolia

Chusquea culeou
CHUSQUEA
☼ ◐ ● ❄❄❄ ↕5m ↔2,5m

Ein auffälliger Bambus mit glänzenden, immergrünen Blättern. Er bringt riesige Büschel grüner Halme mit hellen Hüllen hervor und steht gern in Kolonien. 🏆

Cynara cardunculus
KARDONE
☼ ❄❄❄ ↕2m ↔1,4m

Diese Pflanze wirkt mit den silbergrauen Blättern so reizvoll wie die ihr verwandte Artischocke. Die distelartigen Sommerblüten haben gefährliche Dornen. 🏆

Gunnera manicata
Nesselschirm

☼ ❄❄ ↕2,2m ↔2,2m

Diese Pflanze eignet sich für Teichränder, da sie feuchte Böden bevorzugt. Ihre großen Blätter erheben sich über Blüten, die in kalten Wintern Schutz benötigen. 🏆

Hedychium densiflorum
Süßschnee

☼ ❄❄ ↕1,5m ↔75cm

Eine Pflanze mit lanzenförmigen Blättern aus der Familie der Ingwergewächse. Sie trägt im Sommer duftende Blüten und ist ideal für feuchte, durchlässige Böden.

Inula magnifica
Alant

☼ ❄❄❄ ↕2m ↔1,1m

Diese Pflanze mit haarigen Stengeln und kräftigen Blättern muß häufig gestützt werden. Ihre großen, gelben Blüten treten im Spätsommer in Erscheinung.

Weitere Bambuspflanzen als Blickfang

Fargesia nitida
Phyllostachys nigra
Semiarundinaria fastuosa
Thamnocalamus spathaceus

Rodgersia aesculifolia
Schaublatt

☼ ☀ ❄❄❄ ↕1,2m ↔1m

Eignet sich gut für Standorte am Wasser; die grobstieligen Blätter zeigen einen Bronze-, später einen Grünton. Es trägt im Hochsommer fedrige Blüten. 🏆

Rheum palmatum 'Atrosanguineum'
Medizinalrhabarber

☼ ❄❄❄ ↕2m ↔2m

Auffälligstes Kennzeichen dieser Pflanze sind ihre großen, verzweigten Blätter; sie treten im Sommer durch die karmesinroten Blüten in den Hintergrund.

Stipa gigantea
Federgras

☼ ❄❄❄ ↕1,7m ↔1,4m

Ziergras mit Büscheln schmaler Blätter, im Sommer mit goldenen Rispen und Grannen. Die gebleichten Samenschoten bilden einen zusätzlichen Blickfang. 🏆

Mittelgroße mehrjährige Pflanzen

EINIGE DER ATTRAKTIVSTEN mehrjährigen Stauden findet man in der Größenordnung von 60 cm bis 1,2m. Sie entfalten ihre Wirkung entweder in gemischter Bepflanzung oder in eigenen Gruppen. Einige haben derart auffällige Blätter und Blüten, daß man sie auch einzeln als Blickfang setzen kann. Oft sind diese Pflanzen robust genug, um sich selbst zu tragen; die Arten mit schweren Blüten können aber eine Kletterhilfe benötigen.

Aconitum × cammarum 'Bicolor'
EISENHUT
☼ ☀ ❄❄❄ ↕1,2m ↔50cm

Obwohl giftig, erfreut sich der Eisenhut großer Beliebtheit als Gartenpflanze. Diese schöne Hybride trägt eindrucksvolle blauviolette und weiße Sommerblüten. 🏆

Galega orientalis
GEISSRAUTE
☼ ❄❄❄ ↕1,2m ↔75cm

Eine buschige Mehrjährige mit aufgerichteten Stielen und schönen grünen Blättern, die im Frühsommer Trauben violetter Schmetterlingsblüten hervorbringt.

Chrysanthemum 'Clara Curtis'
WUCHERBLUME
☼ ❄❄❄ ↕75cm ↔45cm

Diese buschige mehrjährige Pflanze blüht von Sommer bis Herbst und zeigt dann viele schöne, margeritenartige Blüten. Sie sollte alle paar Jahre geteilt werden. 🏆

Baptisia australis
FÄRBERHÜLSE
☼ ❄❄❄ ↕1,2m ↔60cm

Die blaugrünen Blätter verfärben sich später grau und grün. Aus den Blütenähren werden Samenkapseln, die sich getrocknet als Winterdekoration eignen. 🏆

MEHRJÄHRIGE PFLANZEN MIT ATTRAKTIVEN BLÜTEN UND BLÄTTERN

Acanthus hungaricus
Astilbe 'Ostrich Plume', siehe S. 90
Berkheya macrocephala
Euphorbia griffithii 'Dixter'
Gentiana lutea, siehe S. 87
Hosta 'Tall Boy'
Persicaria campanulata
Phlomis russeliana
Phlox paniculata 'Harlequin'
Rodgersia pinnata 'Superba'

Geranium psilostemon
STORCHSCHNABEL
☼ ❄❄❄ ↕1,2m ↔1,2m

Seine magentaroten Blüten machen im Sommer ein schönes Bild. Die langstieligen Blätter nehmen im Herbst eine starke Färbung an; er benötigt eine Stütze. 🏆

Heliopsis 'Light of Loddon'
SONNENAUGE
☼ ❄❄❄ ↕1,4m ↔75cm

Diese aufrechte Pflanze trägt im Spätsommer und Frühherbst verzweigte, leuchtend orangefarbene, dahlienartige Blütenköpfe, die sich über Wochen halten.

Hemerocallis 'Golden Chimes'
TAGLILIE
☼ ❄❄❄ ↕75cm ↔60cm

Trägt vom Früh- bis in den Hochsommer goldgelbe, röhrenförmige Blüten über dichten Büscheln grasähnlicher Blätter. Jede Blüte hält sich nur einen Tag. 🏆

Kniphofia 'Percy's Pride'
FACKELLILIE
☼ ❄❄❄ ↕1m ↔60cm

Kerzenförmige Rispen gelber Blüten erheben sich im Spätsommer über Büscheln schmaler Blätter; eine auffällige Pflanze, die ein Beet in der Spätsaison aufhellt.

Lupinus 'Inverewe Red'
LUPINE
☼ ❄❄❄ ↕1,1m ↔60cm

Eine auffällige Pflanze mit schön gefingerten Blättern, die im Frühsommer aufrecht stehende, zylindrische Rispen roter Schmetterlingsblüten hervorbringt.

Lythrum virgatum 'The Rocket'
RUTENWEIDERICH
☼ ❄❄❄ ↕1m ↔45cm

Diese Pflanze hat aufrecht stehende Büschel blattreicher Stiele und trägt im Sommer lange Rispen rosaroter Blüten. Sie gedeiht in fetten, feuchten Böden.

Paeonia 'Bowl of Beauty'
PFINGSTROSE
☼ ❄❄❄ ↕1m ↔1m

Über üppigen Büscheln von Blättern erblühen rosafarbene Sommerblüten. Die Blätter entwickeln eine kräftige Herbstfärbung; sie muß gestützt werden. 🏆

Penstemon 'Garnet'
BARTFADEN
☼ ❄❄❄ ↕65cm ↔60cm

Eine widerstandsfähige und robuste Sorte; sie trägt schmale, halbimmergrüne Blätter, vom Hochsommer bis Frühherbst mit Rispen roter Blüten. 🏆

Sidalcea 'William Smith'
PRÄRIEMALVE
☼ ❄❄❄ ↕1,2m ↔1m

Sie hat Büschel tief eingeschnittener Blätter und aufrecht stehende Stiele, die im Sommer malvenartige Blüten mit einem lachsrosa Farbton tragen. 🏆

WEITERE MITTELGROSSE MEHRJÄHRIGE

Aster cordifolius 'Silver Spray'
Centaurea pulcherrima
Echinacea purpurea 'Robert Bloom'
Gillenia trifoliata
Knautia macedonica
Linaria purpurea 'Canon J. Went'
Phlox maculata 'Omega', siehe S. 77
Salvia nemorosa 'May Night'
Veronica spicata 'Romiley Purple', siehe S. 49

Mittelgroße bis große Ein- und Zweijährige

SELBST WENN MAN seine Beete und Rabatten noch so gründlich plant – es werden immer wieder Lücken auftreten. Die Lösung dieses Problems besteht im vorübergehenden Auffüllen dieser Lücken mit ein- oder zweijährigen Pflanzen, bis die dauerhafte Bepflanzung das gesteckte Ziel erreicht hat bzw. abgestorbene Pflanzen ersetzt worden sind.

Alcea rosea
STOCKMALVE
☼ ❄❄❄ ↕ 2m ↔ 60cm

Ein sehr beliebtes zweijähriges Kraut; im Sommer und Frühherbst trägt die Pflanze über dem kräftigen Blattwerk Rispen großer, tellerförmiger Blüten.

Amaranthus caudatus
GARTENFUCHSSCHWANZ
☼ ❄❄ ↕ 1,2m ↔ 45cm

Diese buschige Einjährige trägt vom Sommer bis in den Herbst an ihren Zweigen auffällige rote Blüten. Die großen Blätter haben eine blaßgrüne Färbung.

WEITERE GROSSE EINJÄHRIGE PFLANZEN

Agrostemma githago 'Milas', siehe S. 26
Amaranthus caudatus 'Green Cascade'
Amaranthus hybridus
Atriplex hortensis var. *rubra*, siehe S. 88
Centaurea cyanus
Chenopodium quinoa Anden-Hybride
Consolida ambigua Imperial Series
Coreopsis grandiflora 'Mayfield Giant'
Cosmos 'Sensation'
Helianthus annuus 'Taiyo'
Hibiscus manihot 'Cream Cup'
Impatiens balsamina
Leonurus sibiricus
Malope trifida
Scabiosa atropurpurea Cockade-Serie
Schizanthus pinnatus
Tithonia rotundifolia 'Torch'
Zea mays 'Gracillima Variegata'

Consolida ambigua
GARTENRITTERSPORN
☼ ❄❄❄ ↕ 1,2m ↔ 30cm

Dieser Rittersporn ist eine frei wachsende Einjährige. Im Sommer zeigt er aufgerichtete Rispen voll gespornter Blüten mit weißer oder rosa und bläulicher Färbung.

Cleome hassleriana 'Colour Fountain'
SPINNENPFLANZE
☼ ❄ ↕ 1,2m ↔ 60cm

Diese buschige Einjährige trägt auf langen Stielen elegante, gefingerte Blätter. Im Sommer ist jeder Stiel von einer einzelnen Rispe schmaler Blüten gekrönt.

Digitalis purpurea 'Sutton's Apricot'
ROTER FINGERHUT
☀ ❄❄❄ ↕ 1.5m ↔ 45cm

Seine glockenförmigen Blüten erheben sich im Sommer aus Rosetten gekräuselter Blätter. 'Suttons Apricot' ist die reizende Züchtung einer Zweijährigen. 🏆

Lunaria annua 'Variegata'
JUDASSILBERLING
☼ ☀ ❄❄❄ ↕75cm ↔60cm

Dieser Zweijährige hat ein attraktives Blattwerk. Ihre purpurfarbenen Blüten (Frühlings bis Frühsommer) werden später von schönen Samenkapseln abgelöst.

WEITERE GROSSE ZWEIJÄHRIGE

- *Alcea rosea* 'Chater's Double'
- *Calomeria amaranthoides*
- *Campanula pyramidalis*
- *Digitalis* Excelsior Hybrids
- *Digitalis purpurea* 'Heywoodii'
- *Lunaria annua* var. *alba*
- *Matthiola* 'Giant Excelsior'
- *Onopordum acanthium*
- *Onopordum arabicum*
- *Silybum marianum*, siehe S. 89
- *Smyrnium perfoliatum*

Eryngium giganteum 'Silver Ghost'
ELFENBEINDISTEL
☼ ❄❄❄ ↕1,2m ↔75cm

Diese Zweijährige hat herzförmige Blätter und silberfarbene Stiele mit stachligen Blättern, auf denen im Sommer stattliche Blütenköpfe ruhen. 🏆

Nicotiana langsdorfii
TABAK
☼ ❄❄ ↕1,5m ↔60cm

Diese an der Basis dicht belaubte Ziertabaksorte ist eine elegante Zweijährige, die von Sommer bis Herbst kleine, blaßgrüne, glockenförmige Blüten trägt. 🏆

Papaver somniferum
SCHLAFMOHN
☼ ❄❄❄ ↕75cm ↔30cm

Bei dieser dicht belaubten Einjährigen haben Stiele und Blätter eine gräuliche Färbung. Ihre Sommerblüten kommen in Rosa, Rot, Purpur oder Weiß vor. 🏆

Papaver somniferum
PFINGSTROSEN-SCHLAFMOHN
☼ ❄❄❄ ↕75cm ↔30cm

Eine beeindruckende Sorte dieser Einjährigen, mit großen Blüten in vielen Farben; sie erinnert an Pfingstrosen. Ihre Blüten sind gekräuselt.

Salvia sclarea var. *turkestanica*
MUSKATELLERSALBEI
☼ ❄❄❄ ↕75cm ↔60cm

Diese schnellwachsende Zweijährige hat dichte Rosetten flaumiger Blätter, über die sich im Sommer verzweigte Stiele mit Rispen lavendelfarbener Blüten erheben.

Kleine Mehrjährige für den Vordergrund

EINIGE DER SCHÖNSTEN und zuverlässigsten Mehrjährigen findet man unter den kleinwüchsigen Arten, die bis zu 60 cm hoch werden. Sie eignen sich für eine Gruppenpflanzung, können bei begrenztem Raum aber auch einzeln gesetzt werden. Sie lassen sich in großen Beeten und Rabatten auch vor größeren Mehrjährigen, sogar vor Büschen pflanzen. Die kleinen Mehrjährigen, die wir hier vorstellen, sind leicht zu pflegen.

Astilbe simplicifolia 'Sprite'
PRACHTSPIERE
☼ ❄❄❄ ↕50cm ↔60cm

Ihre Büschel glänzender Blätter werden im Sommer von Rispen sternförmiger Blüten überragt; geeignet für Böden, die im Sommer nicht austrocknen. 🏆

Coreopsis verticillata
MÄDCHENAUGE
☼ ❄❄❄ ↕50cm ↔30cm

Die aufgerichteten Stiele dieser mehrjährigen Pflanze sind mit fein unterteilten, fedrigen Blättern ausgestattet. Sie trägt im Sommer gelbe Blüten. 🏆

Digitalis × mertonensis
FINGERHUT
☼ ◐ ❄❄❄ ↕75cm ↔30cm

Dieser reizvolle Fingerhut hat Büschel weich behaarter, immergrüner Blätter und aufrecht stehende Stiele, die im Sommer Rispen hängender Blüten tragen. 🏆

Buphthalmum salicifolium
OCHSENAUGE
☼ ❄❄❄ ↕60cm ↔1m

Das Ochsenauge trägt im Sommer gelbe, margeritenartige Blüten auf Büscheln haariger Stiele. Die Pflanze sollte an windigen Standorten gestützt werden.

WEITERE KLEINE MEHRJÄHRIGE BLÜTENPFLANZEN

Aster lateriflorus 'Horizontalis'
Aster thomsonii 'Nanus'
Astrantia maxima
Bergenia 'Silberlicht'
Campanula 'Burghaltii'
Epimedium × versicolor 'Sulphureum'
Eryngium bourgatii, siehe S. 6
Helleborus argutifolius
× Heucherella alba 'Bridget Bloom'
Incarvillea delavayi
Lathyrus vernus
Liatris spicata 'Kobold'
Penstemon 'Apple Blossom'
Platycodon grandiflorus, siehe S. 37
Ranunculus aconitifolius
Sedum spectabile 'Brilliant'
Tradescantia × andersoniana 'Zwanenburg Blue'

Erysimum 'Bowles Mauve'
SCHÖTERICH
☼ ❄❄ ↕60cm ↔1m

Eine kleine immergrüne Pflanze, die sich gut für sonnige Plätze eignet. Sie trägt vom Frühling an lange Blütenrispen über einem blaugrauen Blattwerk. 🏆

Euphorbia polychroma
WOLFSMILCH
☼ ❄❄❄ ↕↔50cm

Eine zuverlässige Pflanze mit niedrigen Büscheln dicht belaubter Stiele und sternförmigen gelben Blütenköpfen; sie blüht im Frühling mehrere Wochen. 🏆

Omphalodes cappadocica
GEDENKEMEIN
☀ ❄❄❄ ↕20cm ↔30cm

Blütenzweige mit blauen Blüten; sie treten von Frühjahr bis Frühsommer zwischen Büscheln ovaler Blätter hervor. Die Pflanze bevorzugt feuchte Böden. 🏆

Geranium 'Johnson's Blue'
STORCHSCHNABEL
☼ ❄❄❄ ↕30cm ↔60cm

Der Storchschnabel ist eine prächtige Pflanze mit Büscheln langstieliger, hübsch geteilter Blätter. Sie trägt im Sommer verzweigte, lavendelblaue Blüten. 🏆

WEITERE KLEINE MEHRJÄHRIGE BLATTPFLANZEN

Alchemilla mollis
Brunnera macrophylla 'Dawson's White', siehe S. 68
Hakonechloa macra 'Alboaurea'
Heuchera micrantha 'Palace Purple', siehe S. 74
Hosta lancifolia
Persicaria virginiana 'Painter's Palette'
Pulmonaria saccharata 'Argentea'
Stachys byzantina 'Silver Carpet'

Schizostylis coccinea 'Sunrise'
SPALTGRIFFEL
☼ ❄❄❄ ↕60cm ↔30cm

Diese Verwandte der Gladiole hat aufgerichtete Stiele, die sich aus Büscheln grasartiger Blätter erheben und im Herbst sternförmige Blüten tragen. 🏆

Helichrysum 'Schweffellicht'
STROHBLUME
☼ ❄❄❄ ↕50cm ↔30cm

Im Sommer tragen die behaarten Stiele über dichtem, ebenfalls behaartem, silbergrauem Blattwerk Trauben lange haltbarer, schwefelgelber Blüten . 🏆

Prunella grandiflora
BRAUNELLE
☼ ❄❄❄ ↕15cm ↔30cm

Das niedrige Geflecht des halbimmergrünen Blattwerks bietet für die kurzen, purpurfarbenen Blüten des Sommers einen hübschen Hintergrund. 🏆

Stachys macrantha 'Superba'
ZIEST
☼ ❄❄❄ ↕45cm ↔60cm

Im Sommer überragen prachtvolle Rispen purpurvioletter Blüten die niedrigen Büschel der großen, herzförmigen, stark geäderten und gekräuselte Blätter. 🏆

Kleine Ein- und Zweijährige

EIN- UND ZWEIJÄHRIGE Gartenpflanzen sind heutzutage in großer Auswahl nahezu überall erhältlich. Viele dieser Pflanzen geben ein farbenfrohes, attraktives Bild und eignen sich besonders gut zum Auffüllen saisonbedingter Lücken in einer mehrjährigen Bepflanzung. Die folgende Auswahl enthält neben weniger bekannten Beispielen auch „Klassiker".

Eschscholzia californica (gemischt)
Schlafmützchen
☼ ❄❄❄ ↕30cm ↔15cm

Diese schnellwachsende Einjährige hat blaugrüne Blätter und trägt vom Sommer bis Frühherbst Blüten in gelben, cremefarbenen oder roten Farbschattierungen.

Brachycome iberidifolia
Blaues Gänseblümchen
☼ ❄❄❄ ↕↔45cm

Diese buschige Einjährige mit ihren eingeschnittenen Blättern wird im Sommer und Frühherbst von blauen, rosafarbenen oder weißen Blüten überzogen.

Gypsophila elegans
Schleierkraut
☼ ❄❄❄ ↕60cm ↔30cm

Diese Einjährige hat aufrecht stehende Stiele und graugrüne, paarige Blätter. Sie trägt vom Sommer bis Frühherbst verzweigte Köpfe mit weißen Blüten.

Agrostemma githago 'Milas'
Kornrade
☼ ❄❄❄ ↕75cm ↔30cm

Diese schlanke Einjährige hat aufrecht stehende Stiele und schmale Blätter. Sie bringt im Sommer purpurrosafarbene Blüten mit dunklen Linien hervor.

Cheiranthus cheiri 'Fire King'
Goldlack
☼ ☀ ❄❄❄ ↕38cm ↔30cm

Diese mehrjährige Pflanze wird im allgemeinen als Zweijährige angepflanzt. Ihre Blüten kommen in verschiedenen Farben vor und öffnen sich im Frühjahr.

Iberis amara
Schleifenblume
☼ ❄❄❄ ↕30cm ↔15cm

Die Schleifenblume ist eine der beliebtesten einjährigen Pflanzen. Sie wächst buschig, mit aufrecht stehenden Stielen, und trägt im Sommer weiße Blüten.

Nemophila maculata
Hainblume
☼ ❄❄❄ ↕15cm ↔2cm

Die Hainblume ist eine Einjährige mit tief gelappten Blättern, die im Sommer eindrucksvolle Blüten hervorbringt. Jedes Blütenblatt hat eine violette Spitze.

Nigella damascena 'Persian Jewels'
Jungfer im Grünen
☼ ❄❄❄ ↕45cm ↔20cm

Diese Einjährige besitzt fedrige Blätter und blaue, rosafarbene oder weiße Sommerblüten. Später entwickeln sich daraus Samenkapseln (zum Trocknen geeignet).

Reseda odorata
Gartenreseda
☼ ❄❄❄ ↕50cm ↔30cm

Diese verzweigte und blattreiche Einjährige trägt vom Sommer bis Herbst dichte Köpfe sternförmiger weißer Blüten mit orangebraunen Staubblättern.

Papaver rhoeas Shirley-Serie
Klatschmohn
☼ ❄❄❄ ↕60cm ↔30cm

Ihre hängenden Knospen bringen im Sommer vielfarbige Blüten hervor. Neben dieser Einjährigen ist auch eine Sorte mit gefüllten Blüten erhältlich.

Tropaeolum majus 'Alaska'
Kapuzinerkresse
☼ ☀ ❄❄❄ ↕↔30cm

Diese schnellwachsende, buschige Einjährige hat fleischige Stiele und gefleckte Blätter. Sie trägt vom Sommer bis Herbst rote und gelbe Blüten.

Xeranthemum annuum (gefüllt)
Papierblume
☼ ❄ ↕60cm ↔45cm

Diese aufrecht stehende Einjährige hat schmale silbrige Blätter. Die rosa-, malve-, purpurfarbenen oder weißen Sommerblüten eignen sich zum Trocknen.

Weitere kleine Ein- und zweijährige Pflanzen

Collinsia grandiflora
Euphorbia marginata
Omphalodes linifolia
Platystemon californicus

Mehrjährige Bodendecker für sonnige Standorte

WENN MAN DIE vielen Pflanzen mit sich ausbreitendem Wuchs betrachtet, gibt es keinen Grund, Teile des Bodens im Garten unbedeckt zu lassen. Viele dieser hübschen Pflanzen wachsen auch in schwieriger Hanglage. Einige im Frühjahr oder Frühsommer blühende Pflanzen können für eine zweite Blüte zurückgeschnitten werden.

Anthyllis montanta
BERGWUNDKLEE
☼ ❄❄ ↕20cm ↔30cm

Die geteilten Blätter bilden flaumige Matten, während im späten Frühling und Frühsommer die Ballen aus roten und rosafarbenen Blüten hervortreten.

Asarina procumbens
ASARINA
☼ ☀ ❄❄ ↕5cm ↔30cm

Diese halbimmergrüne Pflanze hat gerundete Blätter und trägt vom Sommer bis Frühherbst blasse Blüten. Winterfeuchtigkeit verträgt sie im allgemeinen gut. 🏆

Cerastium tomentosum
HORNKRAUT
☼ ❄❄❄ ↕8cm ↔unbegrenzt

Ein Klassiker unter der Bodendeckern, der ganze Teppiche silbergrauer Blätter hervorbringen kann und vom späten Frühjahr an sternförmige Blüten trägt.

Geranium endressii 'Wargrave Pink'
ROSA STORCHSCHNABEL
☼ ❄❄❄ ↕50cm ↔60cm

Dieser blattreiche, immergrüne Bodendecker blüht üppig und trägt im Sommer über einem Teppich hübsch gelappter Blätter lachsfarbene Blüten. 🏆

Geranium sanguineum var. *striatum*
BLUTSTORCHSCHNABEL
☼ ❄❄❄ ↕13cm ↔30cm

Besser bekannt als var. *lancastriense,* hat dieser buschartig wachsende Bodendecker gefingerte Blätter und trägt im Sommer für lange Zeit blaßrosa Blüten. 🏆

WEITERE MEHRJÄHRIGE BODENDECKER FÜR SONNIGE STANDORTE

Acaena 'Blue Haze'
Achillea clavenae
Anthemis punctata subsp. *cupaniana*, siehe S. 50
Arabis caucasica 'Rosabella', siehe S. 54
Aubrieta 'Joy', siehe S. 54
Euphorbia cyparissias
Euphorbia myrsinites, siehe S. 36
Globularia cordifolia
Gypsophila repens
Hippocrepis comosa
Othonnopsis cherifolia
Persicaria vacciniifolia, siehe S. 55
Phlox douglasii 'Boothman's Variety', siehe S. 57
Potentilla alba
Prunella grandiflora, siehe S. 25
Silene schafta

Glechoma hederacea 'Variegata'
GUNDERMANN
☼ ❄❄❄ ↕15cm ↔ unbegrenzt

Die kriechenden Stengel dieser Sorte bilden ausgedehnte Teppiche herzförmiger, immergrüner Blätter. Die Blüten sind klein und bleiben dem Blick verborgen.

Polygonum affinis 'Donald Lowndes'
KNÖTERICH
☼ ❄❄❄ ↕11cm ↔45cm

Im Sommer und Frühherbst erscheinen dichte Ähren, deren rosafarbene Blüten später nachdunkeln. Die immergrünen Blätter verfärben sich im Winter.

Trifolium repens 'Purpurascens'
WEISSKLEE
☼ ❄❄❄ ↕10cm ↔45cm

Eine attraktive Kleesorte mit einem Teppich aus hübschen bronze- oder purpurfarbenen Blättern, die am Rand leuchtend grün sind.

Helianthemum 'Wisley Pink'
SONNENRÖSCHEN
☼ ❄❄❄ ↕30cm ↔45cm

Dichte immergrüne Teppiche graugrüner Stiele tragen im Frühsommer rosafarbene Blüten. Sorten mit anderer Blütenfärbung eignen sich ebenfalls.

Saponaria ocymoides
ROTES SEIFENKRAUT
☼ ❄❄❄ ↕5cm ↔45cm

Eine beliebte Gartenpflanze; ihre rosafarbenen Blüten bedecken im Sommer recht zuverlässig alle flachen Büschel der Blattstiele (auch als weiße Sorte erhältlich).

Phuopsis stylosa
KREUZBLATT
☼ ❄❄❄ ↕30cm ↔60cm

Stiele und Blattwerk dieser Pflanze bilden niedrige Büschel und verströmen einen stechenden Duft. Ihre kleinen Sommerblüten riechen süßlich.

FETTHENNE UND HAUSWURZ

Sedum acre 'Aureum'
Sedum album 'Coral Carpet'
Sedum kamtschaticum
Sedum obtusatum
Sedum spathulifolium 'Purpureum'
Sedum spurium 'Schorbuser Blut'
Sempervivum arachnoideum
Sempervivum ciliosum
Sempervivum 'Commander Hay'
Sempervivum 'Othello'
Sempervivum tectorum

Veronica peduncularis 'Georgia Blue'
EHRENPREIS
☼ ☀ ❄❄❄ ↕13cm ↔45cm

Ein winterharter Bodendecker mit drahtigen Stielen und immergrünen Blättern; die Blüten treten im Frühling (häufig auch noch später) hervor.

Mehrjährige Bodendecker für schattige Standorte

Schattige Plätze bieten vielen Bodendeckern gute Bedingungen. Es darf sich dabei nicht um den Schatten handeln, der von einem immergrünen Baldachin ausgeht. Auch darf der Boden nicht von Baumwurzeln durchzogen sein. Man erreicht einigermaßen schnell zufriedenstellende Ergebnisse, wenn man die Pflanzen in großer Zahl setzt.

Acanthus mollis
Akanthus
☼ ◐ ● ❄❄❄ ↕1,2m ↔1m

Dieser Bodendecker trägt halbimmergrüne Blätter; er hat im Sommer malven- und rosafarbene Blüten. Besonders hübsch sind die Blätter des *A. mollis* 'Latifolius'.

Anemone nemorosa 'Robinsoniana'
Buschwindröschen
◐ ● ❄❄❄ ↕15cm ↔20cm

Diese Sorte einer bezaubernden Pflanze bildet im Frühling einen Teppich aus farnartigen Blättern und lavendelblauen Blüten (stirbt im Hochsommer ab). 🏆

Galium odoratum
Waldmeister
◐ ● ❄❄❄ ↕15cm ↔ unbegrenzt

Die Stiele dieser Pflanze sind von quirlständigen Blättern bedeckt. Im Sommer treten winzige, sternförmige Blüten hervor (gedeiht in alkalischen Böden).

Weitere bodendeckende Mehrjährige für schattige Standorte

Asarum caudatum
Cardamine trifolia
Euphorbia amygdaloides ssp. *robbiae*, siehe S. 53
Lamium maculatum 'Beacon Silver'
Luzula sylvatica 'Marginata'
Saxifraga × geum
Saxifraga × urbium
Vinca minor 'Azurea Flore Pleno'
Vinca minor 'Gertrude Jekyll'

Aegopodium podagraria 'Variegatum'
Geissfuss
◐ ● ❄❄❄ ↕10cm ↔ unbegrenzt

Niemand käme auf die Idee, einen unkontrolliert wuchernden Geißfuß zu pflanzen, aber diese weniger stark wachsende Variante ist ein guter Bodendecker.

Asarum europaeum
Haselwurz
◐ ● ❄❄❄ ↕12,5cm ↔ unbegrenzt

Ihre immergrünen Matten aus nierenförmigen Blättern verbergen kleine, bräunlich-purpurne, glockenförmige, jeweils dreifach gelappte Blüten (pflegeleicht).

Hosta 'Shade Fanfare'
Funkie
◐ ● ❄❄❄ ↕75cm ↔1m

Dieser polsterbildende Bodendecker hat große, herzförmige Blätter mit leuchtend crèmefarbenem Rand. Er trägt im Sommer hängende, lavendelfarbene Blüten. 🏆

Lamium galeobdolon 'Florentinum'
Goldnessel
☼ ☀ ❄❄❄ ↕25cm ↔ unbegrenzt

Dieser immergrüne Bodendecker bildet schnell einen dichten Teppich aus nesselförmigen, silbergestreiften Blättern. Seine gelben Blüten öffnen sich im Sommer.

Tiarella cordifolia
Schaumblüte
☼ ☀ ❄❄❄ ↕20cm ↔ unbegrenzt

Vom späten Frühjahr bis zum Frühsommer erheben sich lockere Rispen winziger weißer Blüten über einem Teppich aus herzförmigen, grünen Blättern. 🏆

Waldsteinia ternata
Waldsteinia
☼ ☀ ❄❄❄ ↕10cm ↔ unbegrenzt

Ihre dreigeteilten Blätter bilden ein Geflecht und sind halbimmergrün. Die Pflanze trägt im späten Frühjahr und Frühsommer fingerkrautähnliche Blüten.

Saxifraga spathularis
Steinbrech
☼ ☀ ❄❄❄ ↕25cm ↔ unbegrenzt

Immergrüne Blattrosetten bilden niedrige Teppiche. Die Pflanze trägt im Sommer verzweigte Trauben weißer Blüten; sie verträgt keine trockenen Böden.

Symphytum grandiflorum
Beinwell
☼ ☀ ❄❄❄ ↕25cm ↔ unbegrenzt

Er trägt im Frühjahr über grünen Blättern Trauben crèmefarbener Blüten, die als Knospen eine rötliche Färbung haben; das Blattwerk bildet niedrige Büschel.

Tolmiea menziesii 'Taff's Gold'
Henne mit Küken
☼ ☀ ❄❄❄ ↕60cm ↔45cm

Diese Pflanze hat gelb gesprenkelte, haarige Blätter, die immergrün oder halbimmergrün sind. Sie trägt im Frühjahr hohe Rispen grüner und brauner Blüten.

Weitere krautartige bodendeckende Mehrjährige für schattige Standorte

Eomecon chionantha
Geranium macrorrhizum 'Ingwersen'
Symphytum 'Hidcote Pink'
Trachystemon orientalis

Mehrjährige für schwere Lehmböden

SCHWERE LEHMBÖDEN sind im Winter feucht, im Sommer trocken und hart. Allerdings sind sie fruchtbar und können durchaus eine große Palette dekorativer Pflanzen gedeihen lassen. Viele Mehrjährige fühlen sich solange wohl, wie es im Sommer genügend Feuchtigkeit gibt. Außerdem darf der Boden im Winter nicht staunaß sein.

Aster novae-angliae 'Alma Pötschke'
RAUHBLATTASTER
☼ ❄❄❄ ↕75cm ↔60cm

Im Herbst tragen die dicht stehenden, blattreichen Stiele margeritenartige Blütenköpfe. Die eindrucksvollste Färbung tritt am Ende der Blütezeit auf.

Aster novi-belgii 'Carnival'
GLATTBLATTASTER
☼ ❄❄❄ ↕75cm ↔45cm

Wie viele Glattblattastern eignet sich diese Sorte gut für Lehmböden. Sie hat leuchtende Herbstblüten; in trockener Umgebung ist sie anfällig für Mehltau.

Astilbe 'Montgomery'
PRACHTSPIERE
☼ ◐ ❄❄❄ ↕75cm ↔35cm

Im Sommer erheben sich Rispen dunkelroter Blüten über Büschel farnartiger Blätter; in vielen Sorten mit roten, rosafarbenen oder weißen Blüten erhältlich.

Astrantia major
STERNDOLDE
☼ ◐ ❄❄❄ ↕60cm ↔45cm

Diese robuste und zuverlässige Pflanze hat langstielige Blätter und trägt vom Sommer bis in den Herbst hinein grünlichweiße oder zartrosa Blüten.

Cimicifuga simplex
SILBERKERZE
☼ ◐ ❄❄❄ ↕1,7m ↔60cm

Eine Pflanze mit glänzenden, geteilten Blättern, die sich manchmal attraktiv färben, bevor sie verwelken. Sie trägt im Herbst winzige Blüten in hohen Rispen.

KRIECHENDE MEHRJÄHRIGE PFLANZEN FÜR SCHWERE LEHMBÖDEN

Cirsium rivulare var. *atropurpureum*
Epimedium × perralchicum, siehe S. 42
Geranium macrorrhizum 'Ingwersen's Variety'
Houttuynia cordata 'Flore Pleno'
Mentha × gentilis 'Variegata'
Mentha longifolia
Peltiphyllum peltatum 'Nanum'
Polygonum bistorta 'Superba', siehe S. 47
Saponaria officinalis

Helenium 'Moerheim Beauty'
SONNENBRAUT
☼ ❄❄❄ ↕1m ↔60cm

Eine beliebte Rabattenpflanze; im Spätsommer tragen dicht stehende, blattreiche Stiele leuchtend bronzerote Blütenköpfe (mit bräunlicher Blütenmitte).

Monarda 'Cambridge Scarlet'
INDIANERNESSEL
☼ ❄❄❄ ↕1m ↔75cm

Eine schöne Sorte, die im Sommer Trauben tiefroter, röhrenförmiger Blüten hat. Die Blätter duften, wenn man sie berührt (gedeiht in feuchten Böden). 🏆

Rudbeckia fulgida
SONNENHUT
☼ ❄❄❄ ↕75cm ↔45cm

Der im Spätsommer und Herbst blühende Sonnenhut ist eine der zuverlässigsten mehrjährigen Pflanzen. Seine Blätter verwelken aber bei zu trockenem Boden. 🏆

Heliopsis 'Ballet Dancer'
SONNENAUGE
☼ ❄❄❄ ↕1,1m ↔75cm

Diese Pflanze zeichnet sich durch aufrechten Wuchs und kräftiges Blattwerk aus. Sie bringt im Spätsommer große Blüten mit gelben Blütenblättern hervor.

Polemonium reptans
JAKOBSLEITER
☼ ◐ ❄❄❄ ↕45cm ↔30cm

Eine niedrig wuchernde Pflanze mit verzweigten Blättern; sie bringt im späten Frühjahr und Frühsommer lockere, violettblaue Blütenköpfe hervor. 🏆

Solidago 'Goldenmosa'
GOLDRUTE
☼ ❄❄❄ ↕1m ↔60cm

Eine kleinere und edlere Ausgabe der altmodischen hohen Goldrute; im Sommer tragen kräftige, dicht stehende Stiele fedrige Rispen gelber Blüten. 🏆

Kirengeshoma palmata
YATABE
◐ ❄❄❄ PH ↕1m ↔75cm

Eine attraktive Pflanze; die wächsernen Blüten treten vom Spätsommer bis Herbst hervor. Sie gedeiht in feuchten, aber gut durchlässigen Böden. 🏆

Pulmonaria saccharata
LUNGENKRAUT
☼ ◐ ❄❄❄ ↕30cm ↔60cm

Diese Pflanze bildet niedrige Hügel spitz zulaufender Blätter mit weißlichen Tupfen; sie trägt im Frühjahr rosafarbene Blüten, die sich später bläulich färben.

WEITERE MEHRJÄHRIGE FÜR SCHWERE LEHMBÖDEN

Aconitum 'Bressingham Spire'
Anemone × hybrida 'Honorine Jobert', siehe S. 52
Brunnera macrophylla
Crocosmia 'Lucifer'
Eupatorium maculatum 'Atropurpureum'
Inula hookeri, siehe S. 77
Ligularia stenocephala 'The Rocket'
Prunella grandiflora 'Loveliness'
Rodgersia podophylla, siehe S. 47

Mehrjährige für kalkfreie Böden

NUR SEHR WENIGE Mehrjährige gedeihen auf kalkfreien Böden; diese Pflanzen stammen meist aus Wald- oder Bergregionen Asiens und Nordamerikas. Viele der hier vorgestellten Pflanzen eignen sich gut für Hochbeete sowie für Stein- oder Torfgärten; meistens benötigen sie im Sommer viel Feuchtigkeit, aber keine sumpfigen Bedingungen.

Iris innominata
SCHWERTLILIE
↕21cm ↔45cm

Diese immergrünen Schwertlilien eignen sich gut für die Randbepflanzung oder als Bodendecker. Sie tragen vom Frühjahr an Blüten in den verschiedensten Farben.

Adiantum pedatum
FRAUENHAARFARN
↕45 ↔45cm

Dieser Farn bildet gefingerte Wedel an drahtigen Stielen. In feuchten Böden gedeiht er an schattigen Standorten, insbesondere in Torf- oder Waldgärten.

Celmisia walkeri
CELMISIE
↕23cm ↔1m

Ihre Rosetten immergrüner Blätter bilden niedrige Büschel. Darüber tragen die Stiele margeritenartige Blüten; sie benötigt feuchte, durchlässige Böden.

Lewisia Cotyledon Hybriden
LEWISIE
↕25cm ↔15cm

Diese immergrüne Lewisie eignet sich für die Bepflanzung von Felsengelände oder Steinmauern. Sie hat im Frühsommer rosafarbene bis purpurne Blütenköpfe.

WEITERE MEHRJÄHRIGE FÜR KALKFREIE BÖDEN

Blechnum spicant
Celmisia coriacea, siehe S. 66
Celmisia spectabilis
Cryptogramma crispa
Epigaea gaultherioides
Galax urceolata
Gentiana × macaulayi 'Edinburgh'
Gentiana sinoornata
Kirengeshoma koreana
Kirengeshoma palmata, siehe S. 33
Linnaea borealis
Lithodora diffusa 'Grace Ward'
Maianthemum canadense
Phlox adsurgens 'Red Buttes'
Phlox × procumbens 'Millstream'
Phlox stolonifera 'Blue Ridge'
Shortia galacifolia
Viola pedata

Gentiana × macaulayi 'Well's Variety'
ENZIAN
↕5cm ↔20cm

Ein eindrucksvoller Enzian mit Matten immergrüner Blätter; er trägt im Spätsommer prächtige Blüten und benötigt im Stein- oder Torfgarten Feuchtigkeit.

Lithodora diffusa 'Heavenly Blue'
STEINSAME
↕15cm ↔60cm

Eine teppichbildende Pflanze, die sich wegen ihrer Sommerblüten großer Beliebtheit erfreut; sie eignet sich auch für Hänge oder Mauerbepflanzungen.

Luzula nivea
SCHNEEHAINSIMSE
↕60cm ↔50cm

Immergrüne Büschel schmaler Blätter umringen aufrecht wachsende, schlanke Stiele, die im Frühsommer lockere Trauben glänzend weißer Blütenrispen tragen.

Meconopsis betonicifolia
SCHEINMOHN
↕1,2m ↔45cm

Eine Pflanze, die für ihre blauen Blüten im späten Frühjahr bekannt ist; die Blätter nehmen zur Spitze hin an Größe ab; sie verträgt keine trockenen Böden.

Phlox adsurgens 'Wagon Wheel'
PHLOX
↕10cm ↔30cm

Im Sommer erheben sich verzweigte Köpfe rosafarbener Blüten über Matten immergrüner Stiele. Die Pflanze gedeiht in humusreichen, gut durchlässigen Böden.

Phlox stolonifera 'Ariane'
PHLOX
↕15 cm ↔30 cm

Niedrige, immergrüne Matten tragen im Frühsommer locker angeordnete, weiße Blütenköpfe mit langer Röhre. Eine gute Ergänzung zu *P. adsurgens* 'Wagon Wheel'.

Podophyllum hexandrum
MAIAPFEL
↕40cm ↔30cm

Der Maiapfel trägt im Frühjahr einfache rosafarbene oder weiße Blüten über gesprenkelten Blättern. Manchmal folgen herabhängende rote Samenschoten.

SCHEINMOHN FÜR KALKFREIE BÖDEN

- *Meconopsis chelidoniifolia*
- *Meconopsis grandis*
- *Meconopsis × sarsonsii*
- *Meconopsis × sheldonii*
- *Meconopsis villosa*

Smilacina racemosa
SCHATTENBLUME
↕85cm ↔45cm

Diese Pflanze zeichnet sich durch Blüten und Blattwerk aus. Vom Frühjahr an tragen die blattreichen Stiele weiße Blüten; sie verträgt keine trockenen Böden.

Mehrjährige für alkalische Böden

DIE TROCKENEN, meist gut durchlässigen alkalischen Böden bieten vielen mehrjährigen Pflanzen beste Bedingungen – vor allem an einem sonnigen Standort. Viele Mehrjährige gedeihen unter diesen Umständen so gut, daß sie sich schnell ausbreiten – was einen prächtigen Anblick beschert und auch für Sämlinge sorgt.

Eryngium bourgatii
EDELDISTEL
☼ ❄❄❄ ↕60cm ↔30cm

Ihre verzweigten, drahtigen Stiele tragen von Hoch- bis Spätsommer viele kleine Blüten. Die stachligen Blätter mit weißen Adern sind graugrün marmoriert.

Anthericum liliago
ASTLOSE GRASLILIE
☼ ❄❄❄ ↕60cm ↔30cm

Diese Pflanze trägt im Frühsommer Rispen weißer, sternförmiger Blüten mit hellgelben Staubblättern, die sich über Büschel graugrüner Blätter erheben. 🏆

Campanula glomerata 'Superba'
KNÄUELGLOCKENBLUME
☼ ❄❄❄ ↕75cm ↔1m

Blattreiche Stiele tragen im Sommer dichte Köpfe purpurner Blüten. Diese in Büscheln wachsende Pflanze sät sich unter günstigen Bedingungen selbst aus. 🏆

Euphorbia myrsinites
WOLFSMILCH
☼ ❄❄ ↕8cm ↔30cm

Diese fleischige, immergrüne Pflanze besitzt kriechende, mit blaugrünen Blättern besetzte Stiele und trägt im Frühjahr gelblichgrüne Blüten. 🏆

Asphodeline lutea
JUNKERLILIE
☼ ❄❄❄ ↕1,2m ↔60cm

Diese grasartigen Büschel der Blätter bilden im Frühjahr eine gute Grundlage für ihre sternförmigen Blüten. Die Pflanze sät sich auf durchlässigen Böden selbst aus.

Dianthus 'Gran's Favourite'
NELKE
☼ ❄❄❄ ↕30cm ↔60cm

Sie trägt im Sommer duftende Blüten mit weißen Blütenblättern und himbeerfarbener Zeichnung; ihre kugeligen Büschel blaugrüner Blätter sind immergrün. 🏆

Geranium pratense
STORCHSCHNABEL
☼ ❄❄❄ ↕75cm ↔60cm

Ihre aufrecht stehenden, verzweigten Stiele tragen im Sommer kleine, dunkelviolette Rosettenblüten. Die Blätter nehmen eine starke Herbstfärbung an. 🏆

Origanum laevigatum
DOST
☼ ❄❄ ↕30cm ↔25cm

Diese mattenbildende Pflanze hat verzweigte Stiele, die im Sommer kirschrotrosafarbene Blüten tragen. Dost ist bei Bienen und Schmetterlingen beliebt. 🏆

Platycodon grandiflorus
BALLONBLUME
☼ ❄❄❄ ↕60cm ↔45cm

Dicht stehende Stiele mit bläulichgrünen Blätternbüscheln tragen im Sommer ballonartige Knospen, die sich zu blauen oder purpurnen Blüten öffnen. 🏆

Verbascum 'Gainsborough'
KÖNIGSKERZE
☼ ❄❄❄ ↕1,2m ↔60cm

Aus einer halbimmergrünen Blattrosette wachsen im Sommer hohe, verzweigte Rispen kleiner Blüten; eine kurzlebige, manchmal zweijährige Pflanze. 🏆

Oxalis adenophylla
SAUERKLEE
☼ ❄❄❄ ↕5cm ↔10cm

Diese schöne teppichbildende Pflanze hat Büschel blaugrüner Blätter, zwischen denen im Frühjahr purpurrosafarbene Blüten mit dunkler Mitte hervortreten. 🏆

Pulsatilla vulgaris
KÜCHENSCHELLE
☼ ❄❄❄ ↕25cm ↔25cm

Diese Pflanze mit Büscheln fedriger Blätter bringt im Frühjahr behaarte Stiele mit jeweils einer glockenförmigen Blüte hervor (später mit seidigem Samenkopf). 🏆

Verbena bonariensis
VERBENE
☼ ❄❄ ↕1,5m ↔50cm

Verzweigte Stiele mit schmalen Blättern tragen vom Sommer bis Herbst Trauben winziger Blüten. Die Pflanze sät sich an geeigneten Standorten selbst aus. 🏆

Pennisetum villosum
FEDERBORSTENGRAS
☼ ❄❄ ↕1m ↔50cm

Im Spätsommer und Herbst weichen die schmalen Blätter dieses Ziergrases schlanken, flaumigen Schößlingen mit crèmefarbenen Rispen langer granniger Borsten.

WEITERE MEHRJÄHRIGE FÜR ALKALISCHE BÖDEN

Acanthus spinosus, siehe S. 18
Achillea 'Coronation Gold'
Bergenia cordifolia 'Purpurea', s. S. 66
Campanula latifolia 'Brantwood', siehe S. 52
Campanula persicifolia 'Chettle Charm'
Cortaderia selloana 'Pumila', siehe S. 85
Crepis incana
Euphorbia nicaeensis
Gypsophila paniculata 'Rosenschleier'
Iris unguicularis
Linum narbonense
Phlomis russeliana
Salvia × superba
Sedum 'Vera Jameson'
Sidalcea 'Sussex Beauty'
Stipa gigantea, siehe S. 19
Viola cornuta

Mehrjährige für trockene, sonnige Standorte

TROCKENE BÖDEN MIT ständiger Sonneneinstrahlung findet man nicht nur in wärmeren Ländern. Schon ein trokkener Sommer kann auch in unserem Klima Schaden anrichten. Auf leichten Böden sind die Pflanzen oft die ersten, die unter der Trockenheit leiden. Es zahlt sich aus, dort nur solche Pflanzen zu setzen, die auch bei Trockenheit gedeihen.

Campanula persicifolia **PFIRSICHBLÄTTRIGE GLOCKENBLUME**

☼ ❄❄❄ ↕1m ↔30cm

Diese Pflanze hat aufrecht stehende Stiele und schmale Blätter, die im Sommer von Rispen hängender, glockenförmiger Blüten gekrönt werden.

Anthemis tinctoria 'E.C. Buxton'
FÄRBERKAMILLE

☼ ❄❄❄ ↕↔1m

Eine farbenfrohe Pflanze mit buschigem Wuchs und farnartigen Blättern; ihre verzweigten Stiele bringen vom Sommer bis Herbst mehrfach Blüten hervor. 🏆

KISSEN- UND POLSTERBILDENDE PFLANZEN FÜR TROCKENE, SONNIGE STANDORTE

Acantholimon glumaceum
Armeria juniperifolia
Armeria maritima 'Vindictive'
Artemisia schmidtiana 'Nana', s. S. 56
Astragalus angustifolius
Aubrieta 'Elsa Lancaster'
Azorella trifurcata
Dianthus 'Pike's Pink'
Erinacea anthyllis
Phlox subulata 'Marjory'

WEITERE MEHRJÄHRIGE PFLANZEN FÜR TROCKENE, SONNIGE STANDORTE

Anthemis punctata ssp. *cupaniana*, siehe S. 50
Asphodeline lutea, siehe S. 36
Campanula persicifolia 'George Chiswell'
Crepis incana
Eryngium bourgatii, siehe S. 36
Linum narbonense 'Heavenly Blue'
Oenothera odorata
Origanum 'Kent Beauty', siehe S. 57

Bletilla striata
JAPANORCHIDEE

☼ ❄❄ ↕60cm ↔45cm

Eine schöne Orchidee, die sich schon wegen ihrer attraktiven Blätter lohnt; sie trägt im späten Frühling oder Frühsommer locker verteilte Blütenstände.

Diascia rigescens
DIASCIE

☼ ❄❄❄ ↕↔25cm

Die kriechenden, blattreichen Stiele dieser Pflanze tragen vom Sommer bis zum Herbst längere Zeit Blütenrispen; ein auffallender, zuverlässiger Bodendecker. 🏆

Dictamnus albus var. *purpureus*
DIPTAM
☼ ❄❄❄ ↕1m ↔60cm

Eine beliebte Pflanze, die sich nur langsam entwickelt; über tief geteilten Blättern treten im Sommer die Rispen lila- bis purpurrosafarbener Blüten hervor. 🏆

Echinops ritro 'Veitch's Blue'
KUGELDISTEL
☼ ❄❄❄ ↕1,2m ↔75cm

Ihre silberfarbenen Stiele mit Büscheln gezackter Blätter tragen Blütenköpfe, die sich bei Bienen und Schmetterlingen großer Beliebtheit erfreuen. 🏆

Eryngium alpinum
ALPENDISTEL
☼ ❄❄❄ ↕85cm ↔60cm

Diese auffällige Pflanze hat Grundrosetten herzförmiger Blätter und verzweigte Stiele, die im Sommer Blütenköpfe mit weichstachligen Krausen tragen. 🏆

Gypsophila paniculata 'Bristol Fairy'
SCHLEIERKRAUT
☼ ❄❄❄ ↕70cm ↔1m

Eine prächtige Sorte des Schleierkrauts, die oft von Floristen eingesetzt wird. Die drahtigen Stiele verlieren sich in Wolken aus winzigen Sommerblüten. 🏆

Helianthemum 'Wisley Primrose'
SONNENRÖSCHEN
☼ ❄❄❄ ↕25cm ↔60cm

Ihre Polster aus immergrünen Blättern werden im Sommer durch eine Vielzahl an Blüten ergänzt. Man erhält auch Varietäten in anderen Farben. 🏆

Hordeum jubatum
MÄHNENGERSTE
☼ ❄❄❄ ↕45cm ↔30cm

Eines der schönsten Ziergräser, bei dem die aufrecht wachsenden Stiele vom Sommer bis Herbst fedrige Rispen tragen, die von grüner zu goldener Färbung reifen.

Linum flavum 'Compactum'
GELBER LEIN
☼ ❄❄❄ ↕↔15 cm

Diese kleine, buschige Pflanze hat schmale Blätter und trägt vom späten Frühling bis in den Sommer hinein trichterförmige hellgelbe Blütenköpfe.

Oenothera speciosa 'Rosea'
NACHTKERZE
☼ ❄❄❄ ↕45cm ↔30cm

Die rosafarbenen Blüten dieser Pflanze stehen über eingeschnittenen Blättern. Ihre Knospen öffnen sich während des Tages – ungewöhnlich für diese Gattung.

Zwiebel- und Knollengewächse für trockene, sonnige Standorte

VIELE ZWIEBELGEWÄCHSE GEDEIHEN in trockenen und heißen Regionen oder bevorzugen solche Bedingungen zu bestimmten Zeiten des Jahres. Im Garten vertragen diese Pflanzen Schatten oder tiefe, nährstoffreiche Böden schlecht. Die folgenden Pflanzen gedeihen am besten bei guter Durchlässigkeit des Bodens und bei möglichst viel Sonne.

Lilium candidum
MADONNENLILIE
☼ ❄❄❄ ↕ 1,5m

Im Sommer krönt ein verzweigter Kopf weit geöffneter, trichterförmiger Blüten mit gelber Blütenmitte jeden der (aufrecht wachsenden) blattreichen Stiele. 🏆

Allium christophii
STERNKUGELLAUCH
☼ ❄❄❄ ↕ 40cm

Der kugelförmige Blütenkopf macht die Pflanze im Sommer zu einer bemerkenswerten Lauchpflanze. Die Blütenköpfe sind auch getrocknet sehr hübsch. 🏆

Eucomis comosa
SCHOPFLILIE
☼ ❄❄ ↕ 70cm

Die gewellten Blätter werden im Sommer von einem Blütenstiel mit rosafarbenen, sternförmigen Blüten überragt und von grünen Hochblättern gekrönt.

Triteleia laxa
FRÜHLINGSSTERNBLUME
☼ ❄❄ ↕ 50cm

Sie trägt im Frühsommer Dolden blaßbis tiefblauer oder violetter Blüten über Büscheln schmaler Blätter; sie sät sich unter günstigen Bedingungen selbst aus.

Amaryllis bella-donna
BELLADONNALILIE
☼ ❄❄ ↕ 60cm

Diese Pflanze trägt auf kurzen, purpurfarbenen Stielen im Herbst trichterförmige, rosafarbene Blüten, auf die im Winter schmale, riemenförmige Blätter folgen.

WEITERE ZWIEBEL- UND KNOLLENGEWÄCHSE FÜR TROCKENE, SONNIGE STANDORTE

- *Allium karataviense*
- *Anemone blanda*
- *Anemone pavonina*
- *Anomatheca laxa*
- *Anomatheca laxa* var. *alba*
- *Arum creticum*
- *Colchicum agrippinum*, siehe S. 58
- *Fritillaria imperialis*, siehe S. 79
- *Gladiolus communis* ssp. *byzantinus*, siehe S. 61
- *Hermodactylus tuberosus*
- *Ixiolirion tataricum*
- *Lilium* × *testaceum*
- *Muscari armeniacum*
- *Ornithogalum umbellatum*
- *Scilla peruviana*
- *Tulipa clusiana*

Tulipa saxatilis
TULPE
☼ ❄❄❄ ↕ 35cm

Im Frühjahr tragen verzweigte Stiele bis zu vier rosa- bis lilafarbene Blüten über glänzenden Blättern; die Pflanze bildet auf warmen, trockenen Böden Kolonien.

Zwiebel- und Knollengewächse für schattige Standorte

NEBEN DEN ZAHLREICHEREN sonnenliebenden Zwiebel- und Knollengewächsen existieren Arten, die mit Schatten auf feuchten Böden zufrieden sind. Es handelt sich dabei um Waldpflanzen aus gemäßigten Klimaten. Sie eignen sich für sonnenlose Standorte, solange der Schatten nicht zu tief steht und keine Baumwurzeln den Wuchs beeinträchtigen.

Ornithogalum nutans
MILCHSTERN
☼ ☀ ❄❄❄ ↕35cm

Er trägt im Frühjahr lockere Rispen hängender glockenförmiger, grün getönter Blüten zwischen Büscheln schmaler Blätter und bevorzugt durchlässige Böden. 🏆

WEITERE ZWIEBEL- UND KNOLLENGEWÄCHSE FÜR SCHATTIGE STANDORTE

Allium moly
Arisaema sikokianum, siehe S. 44
Arisaema triphyllum
Arisarum proboscideum, siehe S. 44
Arum italicum 'Marmoratum'
Brimeura amethystina
Cyclamen repandum
Eranthis hyemalis, siehe S. 60
Galanthus nivalis 'Flore Pleno', s. S. 84
Galanthus plicatus
Leucojum aestivum

Corydalis flexuosa
LERCHENSPORN
☼ ☀ ❄❄❄ ↕15cm

Im Frühjahr öffnen sich die eindrucksvollen Blüten dieser in Büscheln wachsenden Pflanze, deren farnartige Blätter manchmal bronzefarben getönt sind.

Erythronium hendersonii
HUNDSZAHN
☼ ☀ ❄❄ ↕30cm

Im Frühjahr erscheinen die hängenden, lavendelrosafarbenen Blüten mit ihren Blütenblättern über grün und braun gesprenkelten Blättern. 🏆

Cyclamen coum
ALPENVEILCHEN
☼ ☀ ❄❄❄ ↕10cm

Als winterblühende Pflanze hat das Alpenveilchen Polster grüner oder silbern gezeichneter Blätter. Sie werden von karmesinroten Blüten überragt. 🏆

Hyacinthoides hispanica
GLOCKENSCILLA
☼ ☀ ❄❄❄ ↕30cm

Diese kräftige Pflanze hat fleischige Stiele und glänzende Blätter. Sie trägt im Frühjahr Rispen weißer, blauer oder rosafarbener glockenförmiger Blüten.

Trillium sessile
DREIBLATT
☼ ☀ ❄❄❄ ↕35cm

Im Frühjahr erscheinen rotbraune Blüten über Blättern mit weißer, blaßgrüner oder bronzefarbener Zeichnung. Die Pflanze bevorzugt nährstoffreiche Böden.

Mehrjährige für trockene, schattige Standorte

DER TROCKENE SCHATTEN unter Bäumen wird als die schwierigste Lage angesehen. Dort ist die Feuchtigkeit durch Laubdächer und Wurzeln reduziert. Es lohnt sich, den Schatten zu vermindern, organischen Mulch zuzugeben und den Boden zu wässern. Falls all dies nicht hilft, versuchen Sie es mit der folgenden Auswahl an Pflanzen.

Convallaria majalis
MAIGLÖCKCHEN
☼ ☀ ❄❄❄ ↕15cm ↔ unbegrenzt

Diese Pflanze hat unterirdische Stiele, mit deren Hilfe sie Büschel austreibt. Sie hat schöne Blätter und bringt im Frühjahr hängende, weiße Blüten hervor.

WEITERE KRAUTARTIGE MEHRJÄHRIGE FÜR TROCKENEN SCHATTEN

- *Anemone nemorosa* 'Allenii'
- *Dicentra* 'Langtrees', siehe S. 72
- *Dicentra* 'Luxuriant'
- *Geranium macrorrhizum* 'Album'
- *Geranium × monacense* 'Muldoon'
- *Geranium phaeum*
- *Petasites fragrans*
- *Polygonatum multiflorum*
- *Symphytum* 'Hidcote Pink'
- *Trachystemon orientalis*

Epimedium × perralchicum
ELFENBLUME
☼ ☀ ❄❄❄ ↕↔45cm

Die kleinen Hügel tief eingeschnittener Blätter sind immergrün. Diese Pflanze trägt im Frühjahr kurzspornige gelbe Blüten.

Geranium macrorrhizum
FELSENSTORCHSCHNABEL
☼ ☀ ❄❄❄ ↕35cm ↔60cm

Diese teppichbildende, halbimmergrüne Pflanze ist auf vielen Böden und unter fast allen Bedingungen ein guter Bodendecker mit magentaroten Blüten.

Dicentra formosa
TRÄNENDES HERZ
☼ ☀ ❄❄❄ ↕45cm ↔30cm

Diese Pflanze hat graugrüne Blätter und gebogene Blütenstiele, auf denen im Frühjahr oder Frühsommer rötliche, medaillonförmige Blüten wachsen.

Geranium nodosum
STORCHSCHNABEL
☼ ☀ ❄❄❄ ↕↔45 cm

Diese Büschel bildende Pflanze macht sich in schattiger Umgebung hervorragend und bringt vom Frühjahr bis Sommer zarte, lilamalvenfarbene Blüten hervor.

Iris foetidissima
SCHWERTLILIE
☀ ☀ ❄❄❄ ↕60cm ↔1m

Ein Büschel immergrüner Blätter bildet im Sommer den Hintergrund für gelb getönte, purpurne Blüten. Im Winter zeigt die Pflanze orangefarbene Samenstände.

WEITERE IMMERGRÜNE MEHRJÄHRIGE FÜR TROCKENEN SCHATTEN

Asplenium scolopendrium, siehe S. 44
Epimedium perralderianum
Epimedium pinnatum ssp. *colchicum*
Epimedium pubigerum
Galax urceolata
Geranium endressii
Helleborus foetidus, siehe S. 66
Polystichum munitum, siehe S. 45
Reineckea carnea
Speirantha convallarioides

Liriope muscari
SCHLANGENBART
☀ ☀ ❄❄❄ ↕30cm ↔45cm

Ihre dichten, immergrünen Büschel tiefgrüner Blätter werden im Herbst durch dicht mit winzigen, purpurblauen Blüten besetzte Rispen ergänzt. 🏆

Pachyphragma macrophyllum
PACHYPHRAGMA
☀ ☀ ❄❄❄ ↕30cm ↔ unbegrenzt

Im Frühjahr treten an langen Stielen weiße, vierblättrige Blüten über Teppichen aus herzförmigen Blättern hervor. Die Pflanze eignet sich gut als Bodendecker.

Lunaria rediviva
SILBERBLATT
☀ ☀ ❄❄❄ ↕↔75cm

Die Dolden ihrer Frühlingsblüten werden später von silbrigen Samenkapseln abgelöst. Die Büschel der vielfach verzweigten Stiele tragen gezähnte, ovale Blätter.

Tellima grandiflora
TELLIMA
☀ ☀ ❄❄❄ ↕↔60cm

Ihre aufrecht stehenden Stiele tragen im Frühjahr Rispen glockenförmiger, crèmefarbener Blüten, über einem Kissen immergrüner purpurfarbener Blätter.

Lamium maculatum
GEFLECKTE TAUBNESSEL
☼ ☀ ☀ ❄❄❄ ↕15cm ↔ unbegrenzt

Diese halbimmergrüne Pflanze bildet Teppiche herzförmiger Blätter mit weißem Mittelstreifen. Die Dolden der Frühlingsblüten sind malvenrosafarben.

Meconopsis cambrica
SCHEINMOHN
☀ ☀ ❄❄❄ ↕45cm ↔30cm

Die Pflanze trägt im Frühjahr orangefarbene oder gelbe Mohnblüten. Ihre Blätter sind hellgrün und farnartig. Man findet auch Sorten mit gefüllten Blüten.

Viola labradorica 'Purpurea'
VEILCHEN
☀ ☀ ❄❄❄ ↕7,5cm ↔15cm

Diese zuverlässige Pflanze bildet kleine Büschel nierenförmiger Blätter. Ihre purpurfarbenen Blüten halten sich vom Frühjahr bis zum Sommer.

Mehrjährige für kühle, feuchte Böden im Schatten

ZAHLREICHE MEHRJÄHRIGE Pflanzen eignen sich für schattige oder halbschattige Standorte. Sie bevorzugen besonders während der Wachstumszeit kühle, hinreichend feuchte, gut durchlässige Böden. Legen Sie ein Hochbeet aus Erde mit einem hohen Anteil organischer Stoffe an. Nur wenige dieser Pflanzen gedeihen bei tiefem trockenen Schatten.

Arisaema sikokianum
FEUERKOLBEN
☼ ☀ ❄❄ ↕ 50cm ↔ 30cm

Die langstieligen Blätter dieser Pflanze mit knolligen Wurzeln bestehen aus drei hübsch gezeichneten Fingern. Die Sommerblüten haben weiße Innenseiten.

Arisarum proboscideum
ARISARUM
☼ ☀ ❄❄❄ ↕ 10cm ↔ 30cm

Eine kleine Pflanze mit knolligen Wurzeln, die Büschel pfeilförmiger Blätter bildet, zwischen denen sich im Frühjahr kapuzenförmige Blüten verstecken.

Asplenium scolopendrium
HIRSCHZUNGENFARN
☼ ☀ ❄❄❄ ↕ 75cm ↔ 60cm

Dieser elastische Farn bildet immergrüne Büschel breiter, riemenförmiger Wedel, deren Unterseite mit Sporen besetzt ist; er gedeiht auch an schattigen Mauern.

WEITERE MEHRJÄHRIGE FÜR KÜHLEN, FEUCHTEN SCHATTEN

Arisaema erubescens
Arisaema thungbergii
Arisaema triphyllum
Eomecon chionantha
Epimedium acuminatum
Epimedium davidii
Glaucidium palmatum
Glaucidium palmatum var. *leucanthum*
Haquetia epipactis
Helleborus viridis
Jeffersonia diphylla
Meconopsis chelidoniifolia
Sanguinaria canadensis
Sanguinaria canadensis 'Plena'
Trientalis borealis
Trillium ovatum
Trillium sessile, siehe S. 41

Helleborus orientalis
NIESWURZ
☼ ☀ ❄❄❄ ↕↔ 45cm

Eine beliebte Gartenpflanze mit immergrünen Blättern und hängenden Blüten im Winter oder frühen Frühjahr; sie ist in verschiedenen Farben erhältlich.

Jeffersonia dubia
JEFFERSONIA
☼ ☀ ❄❄❄ ↕ 15cm ↔ 23cm

Eine erlesene Pflanze mit Büscheln stark gezähnter blaugrüner Blätter; sie bringt im Frühjahr tellerförmige, mohnblumenartige Blüten hervor.

Mertensia virginica
LUNGENWURZ
☼ ☀ ❄❄❄ ↕ 50cm ↔ 30cm

Eine hübsche Pflanze, die blaugrüne Stiele und Blätter hat und im Frühjahr Rispen trichterförmiger Blüten trägt. Sie muß vor Schnecken geschützt werden.

Ourisia macrophylla
OURISIE
☼ ☀ ❄❄❄ ↕60cm ↔20cm

Eine Pflanze, die Matten immergrüner, herzförmiger Blätter bildet, über die sich im Frühjahr Blütenköpfe erheben; sie gedeiht auf fruchtbaren, feuchten Böden. 🏆

Polystichum munitum
SCHWERTFARN
☼ ☀ ❄❄❄ ↕↔90cm

Im Laufe der Zeit bildet dieser immergrüne Farn Büschel leiterartiger Wedel. Er kommt in einer Gruppe anderer Waldpflanzen besonders gut zur Geltung. 🏆

Scopolia carniolica
TOLLKRAUT
☼ ☀ ❄❄❄ ↕↔50cm

Diese in Büscheln wachsende Pflanze hat leuchtend grüne, gezähnte Blätter und trägt im Frühjahr glockenförmige, purpurbraune Blüten mit gelbem Inneren.

Trillium grandiflorum
DREIBLATT
☼ ☀ ❄❄❄ ↕↔38cm

Es gibt nur wenige mehrjährige Waldpflanzen, die mehr Aufsehen erregen als diese Pflanze, wenn sie im Frühjahr ihre weißen Blüten hervorbringt. 🏆

WEITERE FARNE FÜR FEUCHTEN SCHATTEN

Adiantum pedatum, siehe S. 34
Adiantum pedatum var. *aleuticum*
Arachniodes standishii
Asplenium scolopendrium 'Crispum'
Blechnum tabulare, siehe S. 66
Cyrtomium japonicum
Dryopteris erythrosora
Hypolepis millefolia
Polystichum acrostichoides
Polystichum setiferum 'Divisilobum', siehe S. 67
Woodwardia orientalis
Woodwardia radicans

Tricyrtis formosana
KRÖTENLILIE
☼ ☀ ❄❄❄ ↕75cm ↔45cm

Die Krötenlilie bildet aus kriechenden Wurzelstöcken Büschel fleischiger Stiele mit gezeichneten Blättern und trägt im Frühherbst purpurn gefleckte Blüten. 🏆

Uvularia grandiflora
GROSSBLUMIGES ZÄPFCHENKRAUT
☼ ☀ ❄❄❄ ↕60cm ↔30cm

Ein Liliengewächs, das Büschel aufrecht wachsender, blattreicher Stiele bildet und im Frühjahr hängende Trauben langer, glockenförmiger, gelber Blüten trägt. 🏆

Mehrjährige im Sumpfbeet

Bei dauerhaft nassen oder sumpfigen Böden stellt sich häufig die Frage, welche Pflanzen unter diesen scheinbar so unwirtlichen Bedingungen gedeihen können. Hier bietet der Sumpfgarten oftmals die beste Lösung, wenn er auch eine große Herausforderung darstellt. Es gibt tatsächlich eine ganze Reihe von Pflanzen, die dort nicht nur überleben, sondern sogar hervorragend gedeihen können. Unabhängig von ihrer Größe können solche Standorte vielerlei reizvolle Pflanzen beherbergen. Bei deren Auswahl sollte man sich sowohl nach der Vielfalt als auch nach der Bodenverträglichkeit der einzelnen Sorten richten.

Astilbe 'Bressingham Beauty'
Astilbe
☀ ❄❄❄ ↕↔ 1,1m

Im Frühjahr stellen schon ihre Blattbüschel eine Attraktivität dar, aber ihre Rispen winziger Sommerblüten bieten dann ein wahrhaft aufsehenerregendes Bild.

Filipendula purpurea
Mädesüss
☀ ❄❄❄ ↕ 1,2m ↔ 75cm

Diese in jeder Hinsicht hübsche Pflanze hat große dichte Büschel tief gelappter Blätter, über die sich im Sommer kleine karmesinrote Blüten erheben. 🏆

Euphorbia palustris
Sumpfwolfsmilch
☼ ☀ ❄❄❄ ↕↔ 1m

Eine zuverlässige und attraktive Pflanze mit aufrecht wachsenden, blattreichen Stielen, die im Frühjahr verzweigte Köpfe grüner und gelber Blüten tragen. 🏆

Gentiana asclepiadea
Schwalbenwurzenzian
☀ ❄❄❄ ↕ 75cm ↔ 60cm

Ihre saftigen Büschel schlanker, blattreicher Stiele biegen sich im Sommer und Frühherbst anmutig unter dem Gewicht der blauen, röhrenförmigen Blüten. 🏆

Hosta 'Frances Williams'
Funkie
☀ ❄❄❄ ↕↔ 75cm

Eine Züchtung der beliebten *H. sieboldiana*; diese Pflanze hat dichte Büschel herzförmiger, bläulichgrauer Blätter mit gelben Rändern (dunkeln nach). 🏆

Mimulus luteus
GAUKLERBLUME

☼ ❄❄ ↕↔30cm

Diese für die Gewässerrandbepflanzung geeignete fleischige Pflanze verbreitet sich dicht über dem Boden und trägt im Sommer gelbe Blüten mit roten Punkten.

Primula pulverulenta
PRIMEL

☼ ❄❄❄ ↕75cm ↔40cm

Diese Primelart bildet üppige, blattreiche Büschel, über die sich aufrechte Stiele erheben. Sie tragen im Frühsommer dunkel gezeichnete, karmesinrote Blüten. 🏆

Ligularia przewalskii
KREUZKRAUT

☼ ◐ ❄❄❄ ↕1,5m ↔1,1m

Eine Pflanze mit langstieligen, gezähnten Blättern, über die sich vom Hoch- bis zum Spätsommer auf schlanken Stielen Rispen gelber Blütenköpfe erheben. 🏆

Peltiphyllum peltatum
SCHILDBLATT

☼ ◐ ❄❄❄ ↕1,1m ↔75cm

Den kriechenden Wurzeln dieser Pflanze entwachsen haarige Stiele mit Frühjahrsblüten. Die nachfolgenden Blätter verfärben sich im Herbst stark. 🏆

Rodgersia podophylla
SCHAUBLATT

☼ ◐ ❄❄❄ ↕1,1m ↔1m

Eine kräftige, in Büscheln wachsende Pflanze, lohnend schon wegen ihrer eindrucksvollen Blätter, die sich im Herbst stark verfärben. 🏆

WEITERE MEHRJÄHRIGE FÜR SUMPFGÄRTEN

Astilboides tabularis
Gunnera manicata, siehe S. 19
Hosta sieboldiana 'Elegans', siehe S. 65
Iris ensata
Iris sibirica
Ligularia dentata 'Othello'
Lobelia siphilitica
Lysichiton americanus
Lysimachia clethroides, siehe S. 91
Lythrum salicaria 'The Beacon'
Osmunda regalis
Persicaria amplexicaulis 'Firetail'
Persicaria campanulata
Primula florindae
Rheum palmatum 'Atrosanguineum', siehe S. 19
Symphytum × uplandicum 'Variegatum', siehe S. 69

Polygonum bistorta 'Superba'
WIESENKNÖTERICH

☼ ❄❄❄ ↕70cm ↔60cm

Diese Pflanze bildet dichte Büschel großer, spitzer Blätter, über die sich im Frühsommer schlanke Stiele mit konischen Rispen rosafarbener Blüten erheben. 🏆

Trollius × cultorum 'Alabaster'
TROLLBLUME

☼ ◐ ❄❄❄ ↕↔45cm

Diese ungewöhnliche Trollblume hat langstielige, tief eingeschnittene und gegliederte Blätter. Sie trägt im Frühjahr verzweigte Köpfe crèmegelber Blüten.

Der Luftverschmutzung widerstehende Mehrjährige

Besonders in den Städten und in der Nähe von Industrieanlagen ist die Luftverschmutzung heutzutage ein Problem. Die Gärtner haben jedoch gelernt, sich auf solche Pflanzen zu verlassen, die auch unter diesen Umweltbedingungen gedeihen. Glücklicherweise finden sich unter ihnen einige der beliebtesten Gartenpflanzen.

Anaphalis margaritacea var. *yedoensis*
Perlpfötchen
☼ ❄❄❄ ↕75cm ↔60cm

Das Perlpfötchen hat Büschel aufrechter Stiele und schmale Blätter mit grauer Behaarung. Im Spätsommer erscheinen kleine, weiße Blütenköpfe. 🏆

Weitere gegen die Luftverschmutzung unempfindliche Mehrjährige

- *Achillea* 'Coronation Gold'
- *Achillea ptarmica* 'The Pearl'
- *Ajuga reptans* 'Catlin's Giant'
- *Anaphalis triplinervis*
- *Aster novae-angliae* 'Alma Pötschke', siehe S. 32
- *Astrantia major* ssp. *involucrata* 'Shaggy'
- *Bergenia × schmidtii*
- *Dicentra eximia* 'Spring Morning'
- *Echinops ritro* 'Veitch's Blue', s. S. 39
- *Geranium macrorrhizum*, siehe S. 42
- *Lamium maculatum* 'Album'
- *Leucanthemum × superbum* 'Esther Read'
- *Polygonum bistorta* 'Superba', s. S. 47
- *Potentilla* 'Gibson's Scarlet'
- *Rudbeckia fulgida* , siehe S. 33

Aster × frikartii 'Mönch'
Aster
☼ ❄❄❄ ↕1m ↔45cm

Eine stark wachsende Pflanze, die manchmal gestützt wreden muß; sie trägt ihre gänseblümchenartigen Blüten vom Hochsommer bis in den Herbst hinein. 🏆

Astrantia major 'Hadspen Blood'
Sterndolde
☼ ☀ ❄❄❄ ↕45cm ↔60cm

Im Sommer erheben sich ihre locker verzweigten Köpfe dunkel rubinroter Blüten über auffälligen Büscheln leuchtend grüner, gezähnter und gelappter Blätter. 🏆

Centaurea montana
Bergflockenblume
☼ ❄❄❄ ↕50cm ↔60cm

Diese Gartenpflanze bildet blattreiche Büschel und trägt im Frühsommer große blaue Blüten. Andere Sorten haben purpurne, rosafarbene oder weiße Blüten. 🏆

Geranium himalayense
Storchschnabel
☼ ❄❄❄ ↕30cm ↔60cm

Diese in Büscheln wachsende Pflanze hat tief eingeschnittene Blätter und trägt im Sommer lilablaue Blüten. Die Blätter nehmen eine starke Herbstfärbung an. 🏆

Geum 'Borisii'
Nelkenwurz
☼ ❄❄❄ ↕↔30cm

Im Frühsommer ragen locker verzweigte Köpfe mit leuchtend orangefarbenen Blüten über kleine Hügel üppiger grüner Blätter (ein idealer Bodendecker).

Liatris spicata
PRACHTSCHARTE
☼ ❄❄❄ ↕60cm ↔30cm

Diese Pflanze bildet dichte Büschel grasartiger Blätter, aus denen sich im Spätsommer steife Stiele mit spitzen Rispen rosenfarbig-purpurner Blüten erheben.

Malva moschata
MOSCHUSMALVE
☼ ❄❄❄ ↕1m ↔60cm

Diese buschige Pflanze hat fein geteilte Blätter und trägt im Frühsommer Rispen blaßrosafarbener Blüten. Eine andere hübsche Sorte trägt den Namen 'Alba'.

Veronica spicata 'Romiley Purple'
EHRENPREIS
☼ ❄❄❄ ↕1,2m ↔60cm

Seine aufrecht wachsenden Stiele mit schmalen Blättern bilden kleine Büschel; er trägt im Sommer schlanke, spitz zulaufende Rispen purpurner Blüten.

Lupinus 'The Chatelaine'
LUPINE
☼ ❄❄❄ ↕1,2m ↔45cm

Ihre auffälligen Büschel stark gefingerter, langstieliger Blätter werden im Frühsommer von spitz zulaufenden Rispen rosafarbener und weißer Blüten überragt. 🏆

Lychnis chalcedonica
BRENNENDE LIEBE
☼ ❄❄❄ ↕1,2m ↔45cm

Nur wenige Pflanzen haben leuchtendere Blüten als diese büschelbildende Lichtnelke. Die Pflanze zeigt im Frühsommer abgeflachte, zinnoberrote Blütenköpfe. 🏆

Solidago 'Laurin'
GOLDRUTE
☼ ❄❄❄ ↕75cm ↔45cm

Eine Miniaturausgabe der altmodischen Goldrute; mit dichtbelaubten Stielen, die im Spätsommer von verzweigten Köpfen tiefgelber Blüten gekrönt werden.

GEGEN LUFTVERSCHMUTZUNG UNEMPFINDLICHE HERBSTANEMONEN

Anemone × hybrida 'Bressingham Glow'
Anemone × hybrida 'Honorine Jobert', siehe S. 52
Anemone × hybrida 'Whirlwind'

Mehrjährige für Küstenregionen

MAN FINDET KAUM HÄRTERE Umweltbedingungen für Pflanzen, als sie in Küstengärten vorherrschen: Sie werden von Windstößen gebeutelt und selbst an geschützten Orten oft durch die Gischt geschädigt. Die Gefahr ist am größten, wenn die Pflanze neue Triebe bildet. Aber zum Glück gibt es auch Sorten, die dagegen unempfindlich sind.

Artemisia arborescens
BEIFUSS
☼ ❄❄ ↕↔ 1m

Diese für ihre filigranen Blätter bekannte immergrüne Pflanze trägt vom Sommer bis Frühherbst gelbliche Blüten. Sie muß regelmäßig zurückgeschnitten werden.

Centranthus ruber
SPORNBLUME
☼ ❄❄❄ ↕↔ 75cm

Sie hat buschige, fleischige graugrüne Blätter und trägt vom Frühjahr bis in den Herbst hinein dichte rote, weiße oder rosafarbene Blütenköpfe.

Agapanthus praecox ssp. *orientalis*
SCHMUCKLILIE
☼ ❄ ↕1m ↔60cm

Ihre Dolden himmelblauer Blüten überragen im Spätsommer die dichten Büschel halbimmergrüner Blätter; sie sollte in kalten Regionen in Kübel gesetzt werden.

Anthemis punctata ssp. *cupaniana*
HUNDSKAMILLE
☼ ◐ ❄❄ ↕30cm ↔60cm

Eine anpassungsfähige Pflanze, die im Frühjahr über silbergrauen (im Winter grünen) Blättern langstielige, gänseblümchenartige Blüten trägt. 🏆

WEITERE MEHRJÄHRIGE FÜR KÜSTENREGIONEN

Agapanthus Headbourne Hybrids
Allium christophii, siehe S. 40
Catananche caerulea 'Major'
Centaurea cineraria 'White Diamond'
Centaurea gymnocarpa
Eryngium tripartitum
Fascicularia pitcairniifolia
Kniphofia caulescens
Oenothera odorata
Phormium cookianum

Erigeron glaucus
BERUFKRAUT
☼ ❄❄❄ ↕25cm ↔1m

Als eine der lohnenswertesten Pflanzen für Küstenregionen bildet das Berufkraut Matten graugrüner Blätter und ist den Sommer hindurch mit Blüten überzogen.

Osteospermum jucundum
KAPKÖRBCHEN
☼ ❄❄ ↕↔ 30cm

Im Spätsommer erheben sich über dichten Kissen immergrüner Blätter große, rosafarbene Blüten auf langen Stielen; die Pflanze bildet wunderschöne Teppiche. 🏆

TEPPICHBILDENDE MEHRJÄHRIGE FÜR KÜSTENREGIONEN

Armeria maritima 'Düsseldorfer Stolz'
Carpobrotus edulis
Erigeron glaucus 'Elstead Pink'
Eriogonum umbellatum

Kniphofia 'Royal Standard'
FACKELLILIE
☼ ❄❄❄ ↕ 1,2m ↔ 60cm

Ihre Blätter werden im Spätsommer von zitronengelben Blüten mit scharlachroten Knospen beherrscht. In kalten Regionen benötigen die Kronen Schutz. 🏆

Othonna cheirifolia
OTHONNA
☼ ❄❄ ↕ 25cm ↔ 30cm

Diese immergrüne Pflanze gedeiht am besten in einer warmen, geschützten Senke. Im Sommer erscheinen langstielige Blüten zwischen graugrünen Blättern. 🏆

Eryngium × oliverianum
EDELDISTEL
☼ ❄❄❄ ↕ 1m ↔ 50cm

Im Spätsommer tragen ihre blauen Stiele lavendelblaue Blüten, die auf stachligen Blattkrausen ruhen; sie erheben sich aus einer Rosette herzförmiger Blätter. 🏆

Lathyrus latifolius
STAUDENWICKE
☼ ❄❄❄ ↕↔ 2m

Eine kräftig wachsende Pflanze, die mit Hilfe von Blattranken klettert; sie trägt von Sommer bis Herbst Rispen kleiner Schmetterlingsblüten (benötigt Stützen).

Physostegia virginiana 'Vivid'
GELENKBLUME
☼ ❄❄❄ ↕ 60cm ↔ 45cm

Eine zuverlässige Büschel bildende Pflanze mit aufrechten Stielen, die im Spätsommer und Frühherbst dichte Rispen röhrenförmiger Blüten tragen. 🏆

Mehrjährige für die Bepflanzung von Hecken

WIE HÄUFIG SIEHT MAN Gärten mit Beeten und Rabatten voller blühender Pflanzen, während die Hecken von Gras erstickt werden? Das läßt sich freilich vermeiden, denn es gibt viele dekorative Pflanzen, die so robust sind, daß sie mit Gras und Wurzeln konkurrieren können und so der Hecke einen farbenfrohen Rahmen verleihen.

Chelidonium majus 'Flore Pleno'
SCHÖLLKRAUT
☼ ☀ ❄❄❄ ↕60cm ↔30cm

Diese Pflanze trägt über Büscheln geteilter, blaßgrüner Blätter vom Frühjahr bis Sommer verzweigte Köpfe gefüllter, leuchtend gelber Blüten (selbstaussäend).

Anemone × hybrida 'Honorine Jobert'
HERBSTANEMONE
☼ ☀ ❄❄❄ ↕1,5m ↔60cm

Vom Spätsommer bis Herbst treten auf verzweigten Stielen weiße Blüten mit gelben Staubgefäßen hervor. Diese Pflanze bildet mit der Zeit kleine Gruppen. 🏆

Campanula latifolia 'Brantwood'
BREITBLÄTTRIGE GLOCKENBLUME
☼ ☀ ❄❄❄ ↕1.2m ↔60cm

Diese Büschel bildende Pflanze hat aufrechte, blattreiche Stiele, die im Sommer in Rispen violettpurpurner, glockenförmiger Blüten enden.

Crocosmia 'Bressingham Blaze'
MONTBRETIE
☼ ❄❄❄ ↕75cm ↔30cm

Im Spätsommer ergänzen rote Blüten die hübschen Blätter. Diese Pflanze entwikkelt sich aus einem beblätterten Sproß, der sich leicht von der Pflanze lösen läßt.

Aquilegia vulgaris
GEMEINE AKELEI
☼ ☀ ❄❄❄ ↕1m ↔50cm

Diese beliebte Pflanze bildet Büschel blaugrüner Blätter. Ihre auf verzweigten Stielen hängenden Blüten treten im Frühsommer in vielen Farben hervor.

Campanula poscharskyana
GLOCKENBLUME
☼ ☀ ❄❄❄ ↕13cm ↔ unbegrenzt

Die blattreichen Stiele breiten sich schnell auch in die letzte Lücke aus und sind im Sommer von attraktiven, sternförmigen violettblauen Blüten überzogen.

WEITERE MEHRJÄHRIGE FÜR DIE BEPFLANZUNG VON HECKEN

Anemone × hybrida 'Bressingham Glow'
Anemone × hybrida 'Geant des Blanches'
Bidens ferulifolia, siehe S. 62
Brunnera macrophylla
Campanula lactiflora 'Prichard's Variety', siehe S. 16
Campanula latifolia 'Gloaming'
Campanula latifolia var. *macrantha alba*
Campanula rapunculoides
Campanula trachelium var. *alba*
Chaerophyllum hirsutum 'Roseum'
Cicerbita plumieri
Senecio tanguticus
Symphytum orientale
Symphytum × uplandicum
Tanacetum vulgare
Vinca major ssp. *hirsuta*

Dryopteris affinis
GOLDSCHUPPENFARN
☼ ◐ ● ❄❄❄ ↕1,2m ↔1m

Die leuchtenden, geteilten, halbimmergrünen Wedel dieses Farns wachsen an goldenen, geschuppten Stielen, mit denen sie einen großen „Federball" bilden. 🏆

Euphorbia amygdaloides ssp. *robbiae*
WOLFSMILCH
☼ ◐ ● ❄❄❄ ↕60cm ↔ unbegrenzt

Diese robuste immergrüne Pflanze bildet einen Teppich aufrecht wachsender Stiele mit dunkelgrünen Blättern und trägt im Frühjahr gelbgrüne Blütenköpfe. 🏆

Myrrhis odorata
SÜSSDOLDE
☼ ◐ ❄❄❄ ↕1m ↔60cm

Ihre aufrecht wachsenden Stiele tragen im Frühsommer weiße Blütenköpfe über Büscheln aus fein unterteilten, farnartigen Blättern. Diese Pflanze duftet nach Anis.

Pentaglottis sempervirens
OCHSENZUNGE
☼ ◐ ❄❄❄ ↕1m ↔60cm

An verzeigten Stielen treiben im Frühjahr dichtbesetzte Blütenzweige voll tiefblauer Blüten aus. Sie ragen über die Büschel rauh behaarter Blätter hinaus.

Lysimachia punctata
PUNKTFELBERICH
☼ ◐ ❄❄❄ ↕↔75cm

Diese Pflanze bildet dichte Büschel blattreicher Stiele; ihre Blattachseln sind im Sommer mit gelben Blüten überzogen. Sie gedeiht gut in feuchten Böden.

WEITERE FARNE FÜR DIE BEPFLANZUNG VON HECKEN

Athyrium filix-femina
Dryopteris dilatata
Dryopteris filix-mas
Polystichum setiferum

Symphytum caucasicum
KAUKASUS-BEINWELL
☼ ◐ ❄❄❄ ↕↔60cm

Die borstigen Stiele dieser Pflanze tragen im Frühjahr Trauben blauer Blüten, zwischen dichten Büscheln großer, spitz zulaufender, rauh behaarter Blätter.

Mehrjährige für Mauerrisse und Pflasterspalten

VIELE MEHRJÄHRIGE Pflanzen, die einen gut durchlässigen Untergrund benötigen, wachsen wild in Felsspalten und finden in Stützmauern sowie in bepflasterten Bereichen ein gutes Zuhause. Sonnenbeschienene Mauern nehmen die Wärme auf, was zu einem wunderschönen Anblick blühender Planzen führt, die gleichsam über die Mauer fließen.

Campanula cochleariifolia
GLOCKENBLUME
☼ ❄❄❄ ↕8cm ↔ unbegrenzt

Diese kriechende Pflanze bildet flache Teppiche aus kleinen, gerundeten Blättern. Im Sommer treiben darüber zahlreiche glockenförmige Blüten aus. 🏆

Arabis caucasica 'Rosabella'
GÄNSEKRESSE
☼ ❄❄❄ ↕15cm ↔30cm

Zuverlässig für die Bepflanzung von Mauern, bildet diese Pflanze Matten, über denen sich im Frühjahr und Frühsommer rosafarbene Blüten öffnen.

Aubrieta 'Joy'
BLAUKISSEN
☼ ❄❄❄ ↕10cm ↔30cm

Sie gehört zu den zuverlässigsten Mauerpflanzen; im Frühjahr ist sie von blaß malvenfarbenen Blüten überzogen, die auf immergrünen Blättern liegen.

WEITERE MEHRJÄHRIGE FÜR MAUERRISSE UND SPALTEN

Androsace sarmentosa
Asarina procumbens, siehe S. 28
Ceterach officinarum
Erigeron karvinskianus
Phlox 'Emerald Cushion'
Saxifraga 'Southside Seedling'
Sedum spathulifolium 'Cape Blanco', siehe S. 73
Sempervivum tectorum
Verbascum dumulosum

Arenaria balearica
SANDKRAUT
☼ ☀ ❄❄❄ ↕1cm ↔ unbegrenzt

Diese kriechende Pflanze eignet sich für feuchte, kühle Standorte. Ihre Blüten überziehen im späten Frühjahr und Frühsommer ein Geflecht winziger Blätter.

Aurinia saxatilis
GEBIRGSSTEINKRAUT
☼ ❄❄❄ ↕23cm ↔30cm

Zusammen mit *Arabis* und *Aubrieta* dominiert es die Mauerpflanzen. Ihre Matten immergrüner Blätter verbergen sich im Frühjahr unter gelben Blüten. 🏆

Chiastophyllum oppositifolium
WALDDICKBLATT
☼ ☀ ❄❄❄ ↕20cm ↔15cm

Ihre kleinen Hügel immergrüner Blätter werden im Frühjahr und Frühsommer von Blütenrispen überragt und lassen die Pflanze wie eine Trauerweide erscheinen.

Corydalis ochroleuca
LERCHENSPORN
↕↔ 25cm

Die fleischigen Stiele dieser Steingartenpflanze tragen im späten Frühjahr und Frühsommer Blütentrauben, zwischen Büscheln farnartiger, immergrüner Blätter.

Lewisia 'George Henley'
LEWISIE
PH ↕ 15cm ↔ 10cm

Sie tägt im späten Frühjahr und Sommer über schmalen Blättern Zweige mit dunkel geäderten Blüten. Die Pflanze läßt sich gut an einer Mauer ziehen.

Dryas octopetala
SILBERWURZ
↕ 6cm ↔ unbegrenzt

Die Blätter dieser Pflanze bilden einen dichten Teppich. Vom späten Frühjahr an treten darüber weiße Blüten hervor, auf die später Samenköpfe folgen.

Erinus alpinus
ALPENBALSAM
↕↔ 8cm

Diese Pflanze bildet hübsche kleine Büschel, die im späten Frühjahr und im Sommer zarte Rispen purpurner, rosafarbener oder weißer Blüten tragen.

Persicaria vacciniifolia
KNÖTERICH
↕ 20cm ↔ unbegrenzt

Diese immergrüne Pflanze bildet Teppiche aus Blättern, die sich im Herbst rötlich färben. Vom Spätsommer an treten rotstielige Blütenrispen hervor.

Ramonda myconi
FELSENTELLER
↕ 8cm ↔ 10cm

Seine Blattrosetten bieten im späten Frühjahr und Frühsommer den Hintergrund für die Blütendolden; er gedeiht am besten an einer kühlen, feuchten Wand.

Mehrjährige für Geröllbeete und Steingärten

DIE MEISTEN DER ALS Alpenpflanzen bekannten kleinen oder bodennahen Mehrjährigen sind am besten in einem Steingarten aufgehoben. Sie benötigen bis auf wenige Ausnahmen viel Sonne und eine gute Drainage. Auch in Geröllbeeten mit einer durchlässigen Bodenschicht (mit Kies- oder Splittdecke) wachsen sie gut.

Gentiana verna
FRÜHLINGS-ENZIAN
☼ ❄❄❄ ↕↔5cm

Ein schöner, aber oftmals kurzlebiger Enzian mit kleinen Büscheln immergrüner Blätter; im Frühjahr erblühen aufrecht stehende Blüten von intensivem Blau. 🏆

Aethionema grandiflorum
STEINTÄSCHEL
☼ ❄❄❄ ↕30cm ↔25cm

Diese halbimmergrüne Pflanze hat schmale, blaugrüne Blätter und trägt im späten Frühjahr und Frühsommer lockere Blütenrispen; sie benötigt gute Drainage. 🏆

Artemisia schmidtiana 'Nana'
BEIFUSS
☼ ❄❄ ↕8cm ↔20cm

Eine kleine Polsterpflanze mit silbergrauen, filigranen Blättern, die nur wenige und unscheinbare Blüten hat; sie benötigt einen gut durchlässigen Boden. 🏆

Geranium cinereum var. *subcaulescens*
STORCHSCHNABEL
☼ ❄❄❄ ↕13cm ↔30cm

Er bildet ein Geflecht kleiner, tief geteilter Blätter und trägt verzweigte Köpfe tellerförmiger, magentafarbener Blüten mit schwarzem Auge. 🏆

Arenaria purpurascens
SANDKRAUT
☼ ❄❄❄ ↕1cm ↔15cm

Diese mattenbildende Pflanze hat immergrüne Rosetten spitz zulaufender Blätter und ist im frühen Frühjahr mit kleinen Trauben rosafarbener Blüten bedeckt.

Dianthus 'La Bourboule'
ALPENNELKE
☼ ❄❄❄ ↕5cm ↔8cm

Diese Pflanze bildet ein Geflecht aus schmalen, immergrünen Blättern und hat im Sommer rosafarbene Blüten; sie eignet sich für alkalische, durchlässige Böden. 🏆

Leontopodium alpinum
EDELWEISS
☼ ❄❄❄ ↕↔18 cm

Sehr beliebt und zuverlässig, aber kurzlebig; es bringt im Frühjahr oder Frühsommer silbrigweiße Blütenköpfe hervor. Eine gute Drainage ist unerläßlich. 🏆

Origanum 'Kent Beauty'
DOST
☼ ❄❄ ↕20cm ↔30cm

Die Matten der mit weichen Blättern besetzten Stiele enden im Spätsommer in hopfenähnlichen, rosafarbenen Blüten mit rosig angehauchten Tragblättern.

Phlox douglasii 'Boothman's Variety'
PHLOX
☼ ❄❄❄ ↕5cm ↔20cm

Das Geflecht immergrüner Blätter ist im Frühsommer von lavendelblauen Blüten mit violettblauem Auge überzogen; eine zuverlässige Pflanze für den Anfänger. 🏆

Rhodohypoxis baurii 'Margaret Rose'
RHODOHYPOXIS
☼ ☀ ❄❄ ↕8cm ↔6cm

Ihre rosafarbenen Blüten mit behaarten Blättern treten vom Frühjahr bis Sommer hervor; sie liebt sandigen Boden und muß im Winter trocken gehalten werden. 🏆

Tropaeolum polyphyllum
KAPUZINERKRESSE
☼ ❄❄❄ ↕8cm ↔75cm

Sowohl die gefingerten Blätter als auch die Stiele dieser kriechenden Pflanze sind von blaugrüner Farbe. Die Kapuzinerkresse hat im Sommer gelbe Blüten.

WEITERE MEHRJÄHRIGE PFLANZEN FÜR GERÖLLBEETE UND STEINGÄRTEN

Androsace carnea ssp. *laggeri*
Campanula 'G.F. Wilson'
Corydalis solida 'George Baker'
Erodium reichardii
Geranium cinereum 'Ballerina'
Gypsophila cerastioides
Nierembergia repens
Oxalis adenophylla, siehe S. 37
Phlox bifida
Saponaria × *olivana*
Saxifraga × *apiculata*
Tanacetum argenteum, siehe S. 73

Veronica prostrata 'Kapitan'
EHRENPREIS
☼ ❄❄❄ ↕30cm ↔45cm

Diese zuverlässige Pflanze bildet dicht stehende Stiele mit gezähnten Blättern und treibt im Frühsommer eine Überfülle leuchtend blauer Blütenähren aus.

Viola tricolor 'Bowles Black'
STIEFMÜTTERCHEN
☼ ❄❄❄ ↕10cm ↔6cm

Eine kurzlebige, buschige Pflanze mit blattreichen Stielen und schwärzlich-violetten Blüten mit goldenem Auge, die vom Frühjahr bis zum Herbst blühen.

Zwiebelgewächse für Steingärten und Geröllbeete

EINIGE DER vielversprechendsten Zwiebelgewächse findet man unter den für Steingärten geeigneten zwergwüchsigen Arten. Viele dieser Pflanzen stammen aus bergigen oder trockenen Regionen, so daß sie viel Licht und durchlässige Böden benötigen. Während der Wachstumszeit müssen diese Pflanzen ausreichend Feuchtigkeit haben.

Allium cyathophorum var. *farreri*
LAUCH
☼ ❄❄❄ ↕22cm

Schlanke Stiele tragen zwischen Büscheln schmaler Blätter im Sommer Trauben rötlichpurpurner Blüten; er gedeiht in feuchten, aber gut durchlässigen Böden.

Allium oreophilum
LAUCH
☼ ❄❄❄ ↕10cm

Ein Zwiebelgewächs, das im Winter ein Paar dünner, langer Blätter hat. Diese verwelken zwischen spätem Frühjahr und Frühsommer, wenn die Pflanze blüht. 🏆

Anemone blanda 'Radar'
STRAHLENANEMONE
☼ ◑ ❄❄❄ ↕7cm

Diese zuverlässige, knollige Pflanze hat gelappte farnartige Blätter. Im Frühjahr erscheinen ihre magentafarbenen, vielblättrigen Blüten mit weißer Mitte. 🏆

Chionodoxa luciliae
SCHNEESTOLZ
☼ ◑ ❄❄❄ ↕10cm

Das Zwiebelgewächs hat riemenförmige Blätter; es treibt im Frühjahr leuchtend blaue, sternförmige Blüten aus und verbreitet sich durch Samen oder Ableger. 🏆

Colchicum agrippinum
ZEITLOSE
☼ ❄❄❄ ↕12cm

Sie hat im Früherbst Blüten mit purpurner Zeichnung auf blasserem Hintergrund. Die gewellten Blätter entwickeln sich im folgenden Frühjahr. 🏆

Crocus biflorus
KROKUS
☼ ❄❄❄ ↕9cm

Er hat Büschel aus schmalen Blättern, die mit einem weißen Streifen gezeichnet sind, und bildet zu Beginn des Frühjahrs weiße oder purpurne Blüten.

Iris reticulata 'J.S. Dijt'
NETZIRIS
☼ ❄❄❄ ↕12cm

Ein Exemplar aus einer Gruppe Miniatur-Schwertlilien mit aufrechten, graugrünen Blättern; ihre rötlichpurpurnen Blüten öffnen sich zu Beginn des Frühjahrs. 🏆

Muscari aucheri
Traubenhyazinthe
☼ ❄❄❄ ↕10cm

Aufrechte Stiele tragen im Frühjahr dichte Rispen leuchtend blauer Blüten über riemenförmigen Blättern. Die Spitze der Rispe ist in der Regel heller. 🏆

Weitere Zwiebel- und Knollengewächse für Steingärten, Hoch- und Geröllbeete

Allium karataviense
Arum creticum
Crocus 'E.A. Bowles'
Fritillaria pallidiflora, siehe S. 79
Iris histrioides 'Major'
Leucojum autumnale, siehe S. 83
Muscari latifolium
Narcissus bulbocodium
Ornithogalum balansae
Sternbergia lutea

Puschkinia scilloides 'Alba'
Puschkinie
☼ ❄❄❄ ↕20cm

Diese weiße Sorte der sonst blau blühenden Puschkinie hat zwei schmale Blätter und lockere Trauben sternförmiger Blüten. Sie verträgt keine trockenen Böden.

Narcissus cyclamineus
Zwergnarzisse
☼ ❄❄❄ ↕15cm

Diese Pflanze trägt im späten Winter (oder frühen Frühjahr) eine goldgelbe Blüte, mit nach oben gebogenen Blättern und einer gekräuselten Trompete. 🏆

Scilla siberica 'Atrocoerulea'
Sibirischer Blaustern
☼ ❄❄❄ ↕13cm

Eine leicht zu ziehende Pflanze, die Kolonien bildet; ihre Büschel riemenförmiger Blätter werden im Frühjahr durch lockere Trauben blauer Blüten gekrönt.

Tulipa tarda
Tulpe
☼ ❄❄❄ ↕15cm

Eine der beliebtesten wilden Tulpen, die gut auf trockenen Böden gedeiht; sie trägt über schmalen Blättern im Frühjahr mehrere sternförmige Blüten pro Stengel. 🏆

Zwiebel- und Knollengewächse für Wildgärten

Sie können in Ihrem Garten Zwiebel- und Knollengewächse pflanzen und jedes Jahr ein eindrucksvolles Schauspiel erleben, wenn diese sich weiter ausbreiten. Im Wald heimische Gewächse gedeihen unter laubwechselnden Bäumen oder Sträuchern, während aus dem Grasland stammende Arten Obstgärten oder Wiesen bevorzugen.

Anemone blanda 'Atrocaerulea'
Strahlenanemone
☼ ◑ ❄❄❄ ↕ 7cm

Im Frühjahr bedecken tiefblaue Blüten den Boden über den Blättern. Diese Pflanze eignet sich für alkalische Böden in Waldnähe oder unter Sträuchern. 🏆

Weitere Zwiebel- und Knollengewächse für leicht schattige Standorte in Wildgärten

- *Arum italicum* 'Marmoratum'
- *Colchicum* 'Lilac Wonder'
- *Colchicum* 'The Giant'
- *Crocus kotschyanus*
- *Cyclamen coum*, siehe S. 41
- *Cyclamen coum* 'Album', siehe S. 84
- *Cyclamen hederifolium* 'Album', s. S. 83
- *Cyclamen repandum*
- *Erythronium oregonum*
- *Galanthus elwesii*
- *Galanthus nivalis*
- *Galanthus nivalis* 'Flore Pleno', s. S. 84
- *Galanthus plicatus*
- *Hyacinthoides hispanica*, siehe S. 41
- *Leucojum aestivum*
- *Lilium pyrenaicum*
- *Narcissus pseudonarcissus*
- *Ornithogalum nutans*, siehe S. 41

Camassia leichtlinii 'Alba'
Camassie
☼ ◑ ❄❄❄ ↕ 1,2m

Dieses sommerblühende Zwiebelgewächs hat lange schmale Blätter und aufrechte Ähren sternförmiger Blüten. Es eignet sich für feuchte Böden oder feuchtes Gras.

Crocus tommasinianus
Krokus
☼ ◑ ❄❄❄ ↕ 10cm

Dieser Krokus breitet sich in niedrigem Gras schnell aus. Die blaßlavendel- bis purpurfarbenen Blüten öffnen sich im Spätwinter und frühen Frühling. 🏆

Cyclamen hederifolium
Alpenveilchen
☼ ◑ ● ❄❄❄ ↕ 10cm

Ein Miniatur-Alpenveilchen, das sich für Böden in Waldnähe und schattige Standorte eignet, die im Sommer feucht bleiben. Die Blüten öffnen sich im Herbst. 🏆

Eranthis hyemalis
Winterling
◑ ❄❄❄ ↕ 8cm

Seine Blüten bieten im Spätwinter und frühen Frühjahr einen schönen Anblick. Der Winterling bevorzugt humusreiche Böden in Waldnähe und unter Bäumen. 🏆

Fritillaria meleagris
SCHACHBRETTBLUME
☼ ❄❄❄ ↕30cm

Ihre braunviolett oder weiß gemusterten Frühjahrsblüten an schlanken Stielen machen dieses Zwiebelgewächs zu einer beliebten Pflanze auf feuchtem Grasland. 🏆

Gladiolus communis ssp. *byzantinus*
GLADIOLE
☼ ❄❄❄ ↕1m

Dieses im Frühsommer blühende Knollengewächs breitet sich auf warmen, gut durchlässigen Böden schnell aus. Es hat Rispen magentafarbener Blüten . 🏆

Narcissus pseudonarcissus ssp. *obvallaris* **OSTERGLOCKE**
☼ ☀ ❄❄❄ ↕22cm

Diese reizvolle Pflanze bietet im Frühjahr ein sehr eindrucksvolles Bild, wenn man sie in kurzem Gras oder in waldnahen feuchten Böden pflanzt. 🏆

Galanthus caucasicus
SCHNEEGLÖCKCHEN
☀ ❄❄❄ ↕25cm

Dieses Schneeglöckchen hat blaugrüne Blätter und trägt im Spätwinter und frühen Frühjahr hängende Blüten. Die inneren Blütenteile sind grün gezeichnet. 🏆

Nectaroscordum siculum ssp. *bulgaricum*
☼ ☀ ❄❄❄ ↕1m

Ihre Trauben glockenförmiger Blüten verleihen diesem dekorativen Zwiebelgewächs im späten Frühjahr und Frühsommer ein stattliches Erscheinungsbild.

WEITERE ZWIEBEL- UND KNOLLENGEWÄCHSE FÜR SONNIGE STANDORTE IN WILDGÄRTEN

Chionodoxa luciliae, siehe S. 58
Colchicum autumnale
Crocus 'Dutch Yellow'
Crocus tommasinianus 'Ruby Giant'
Crocus vernus
Lilium hansonii
Narcissus bulbocodium
Narcissus 'Peeping Tom'
Narcissus 'Spellbinder'
Tulipa kaufmanniana

Lilium martagon
TÜRKENBUNDLILIE
☀ ❄❄❄ ↕1,5m

Diese Lilie wächst auf Waldlichtungen, unter laubwechselnden Bäumen und Sträuchern sowie im Gras. Ihre hängenden Blüten öffnen sich im Sommer.

Tulipa sylvestris
WALDTULPE
☀ ❄❄❄ ↕45cm

Diese äußerst beliebte Tulpe gedeiht auf gut durchlässigem Grasboden, besonders in Obstgärten und offenen Waldgebieten; sie blüht im Frühjahr.

Blühende Mehrjährige für die Kübelpflanzung

KÜBEL BIETEN DEM Gärtner die Möglichkeit, in kleinen Gärten oder in Bereichen mit versiegelten Böden vielerlei Pflanzen zu ziehen. Die meisten Mehrjährigen gedeihen auch unter diesen Bedingungen gut. Blumentöpfe ermöglichen in kalten Regionen die Anzucht empfindlicher Gewächse, da sie im Winter unter Glas stehen können.

Argyranthemum 'Mary Wooton'
STRAUCHMARGERITE
☼ ❄ ↕↔ 1m

Den gesamten Sommer trägt diese immergrüne Pflanze mit ihren farnartigen Blättern rosafarbene Blüten (mit anemonenartiger Mitte auf schlanken Stielen).

Bidens ferulifolia
ZWEIZAHN
☼ ❄ ↕ 1m ↔ 1,2m

Eine Fülle goldgelber Blüten überzieht diese schlankstielige, manchmal kriechende Pflanze mit fein gefiederten Blättern vom Spätsommer bis in den Herbst. 🏆

Chrysanthemum 'Pennine Flute'
WUCHERBLUME
☼ ❄❄ ↕ 1,2m ↔ 75cm

Diese aufrechte Pflanze hat ein aromatisch duftendes Blattwerk und zeigt im Frühherbst viele große, rosafarbene, margeritenartige Blüten mit gelber Mitte. 🏆

WEITERE EMPFINDLICHE MEHRJÄHRIGE BLÜTENPFLANZEN FÜR DIE KÜBELPFLANZUNG

Agapanthus inapertus var. *pendulus*
Argyranthemum 'Chelsea Girl'
Eucomis bicolor
Hedychium gardnerianum
Osteospermum 'Pink Whirls'
Osteospermum 'Silver Sparkler'

Begonia sutherlandii
KNOLLENBEGONIE
☼ ◐ ❄❄ ↕↔ 45cm

Diese knollenbildende Pflanze zählt zu den robustesten Begonien. Sie bildet Büschel leuchtender Blätter sowie Trauben orangefarbener Sommerblüten. 🏆

Canna 'Assaut'
BLUMENROHR
☼ ❄ ↕ 1,2m ↔ 60cm

Ihr gerader Stiel mit üppigem Blattwerk trägt einen dichten Kopf scharlachroter Blüten mit purpurnen Deckblättern. Die Pflanze verträgt keine trockenen Böden.

Lotus berthelotii
HORNKLEE
☼ ❄ ↕ 15cm ↔ 60cm

Die scharlachroten Schmetterlingsblüten sind eine Zugabe, da sich dieser Hornklee allein wegen seines halbimmergrünen, silbernen Blattwerks lohnt. 🏆

Osteospermum 'Buttermilk'
KAPKÖRBCHEN
☼ ❄ ↕60cm ↔45cm

Von Sommer bis Herbst tragen die Stiele blaßgelbe, margeritenartige Blüten mit dunkler Mitte über gezähnten, immergrünen Blättern von graugrüner Farbe.

Pelargonium 'Bredon'
EDELPELARGONIE
☼ ❄ ↕45cm ↔30cm

Im Sommer trägt dieser robuste, immergrüne Halbstrauch Dolden großer, kastanienbrauner Blüten über gelapptem und gezähntem Blattwerk.

Strelitzia reginae
PARADIESVOGELBLUME
☼ ❄ ↕1m ↔75cm

Diese orangefarbenen und blauen Frühjahrsblüten erinnern an den Schmuck exotischer Kraniche. Ihre immergrünen Blätter bilden kräftige Büschel.

ROBUSTE MEHRJÄHRIGE BLÜTENPFLANZEN FÜR DIE KÜBELPFLANZUNG

Agapanthus Headbourne Hybriden
Bergenia 'Silberlicht'
Dicentra spectabilis f. *alba*
Francoa sonchifolia
Lilium regale, siehe S. 81
Liriope muscari, siehe S. 43
Paeonia mlokosewitschii
Saxifraga fortunei 'Rubrifolia'
Veronica peduncularis 'Georgia Blue', siehe S. 29

Pelargonium 'Red Cascade'
EFEUPELARGONIE
☼ ❄ ↕ ↔45cm

Diese immergrüne Miniaturausgabe des *P.* 'Ivy-leaf' hat efeuartige Blätter und kriechende Stengel. Die roten Blütendolden blühen in mildem Klima ganzjährig.

Verbena 'Sissinghurst'
VERBENE
☼ ❄ ↕20cm ↔45cm

Diese niedrigwachsende Verbene hat kleine, tief eingeschnittene Blätter und trägt den Sommer hindurch entzückende Ähren leuchtend rosafarbener Blüten.

KRIECHENDE MEHRJÄHRIGE BLÜTENPFLANZEN FÜR DIE KÜBELPFLANZUNG

Diascia 'Lilac Mist'
Persicaria affinis 'Superba'
Saponaria 'Bressingham'
Verbena 'Silver Anne'

Mehrjährige Blattpflanzen für die Kübelpflanzung

BEI VIELEN MEHRJÄHRIGEN Pflanzen lohnt sich die Kübelpflanzung allein schon aufgrund ihres Blattwerks. Einige haben zusätzlich noch attraktive Blüten, die aber bei der folgenden Auswahl nur eine untergeordnete Rolle gespielt haben. Die Verwendung Mehrjähriger als Kübelpflanzen gibt Ihnen eine größere Flexibilität bei der Aufstellung.

Agave americana 'Variegata'
HUNDERTJÄHRIGE ALOE
☼ ❄ ↕↔ 1,5m

Ihre stachelbewehrten, spitz zulaufenden Blätter mit gelbem Rand bilden eine große immergrüne Rosette. Im Sommer öffnen sich statuenhafte Blütenrispen.

Aeonium 'Zwartkop'
AEONIUM
☼ ❄ ↕60cm ↔1m

Die Zweige dieser immergrünen Sukkulente sind mit kräftigen Rosetten glänzender, purpurfarbener Blätter besetzt. Ihre Blütenstände öffnen sich im Frühjahr. 🏆

WEITERE ROBUSTE MEHRJÄHRIGE BLATTPFLANZEN FÜR DIE KÜBELPFLANZUNG

- *Acorus gramineus* 'Ogon'
- *Athyrium nipponicum* var. *pictum*
- *Bergenia* 'Bressingham Ruby'
- *Gunnera tinctoria*
- *Hosta* 'Gold Standard'
- *Hosta* 'Sum and Substance'
- *Hosta* 'Wide Brim'
- *Houttuynia cordata* 'Chamaeleon'
- *Peltiphyllum peltatum*, siehe S. 47
- *Rodgersia podophylla*, siehe S. 47

Aloe arborescens 'Variegata'
ALOE
☼ ❄ ↕↔ 2m

Ihre stachelbewehrten immergrünen Blätter sind von blaugrüner Färbung mit crèmefarbenem Rand. Die roten Blüten öffnen sich im Spätwinter und Frühjahr.

Carex flagellifera
SEGGE
☼ ☀ ❄❄❄ ↕60cm ↔50cm

Diese grasartige Pflanze bildet einen Busch schmaler Blätter von roter Tönung, die sich im Winter dunkel verfärben. Die Segge verträgt keine trockenen Böden.

Dicksonia antarctica
DICKSONIA
☀ ❄ ↕5m ↔4m

Ein Farn mit einem kräftigen „Stamm", der von großen, gefiederten Wedeln gekrönt wird; er verträgt keine exponierten Standorte und trockenen Böden. 🏆

Hosta sieboldiana var. *elegans*
FUNKIE
↕ 1m ↔ 1,5m

Die herzförmigen, blaugrauen Blätter dieser großen Pflanze sind blasig und stark geädert. Im Frühsommer öffnen sich hängende, lilafarbene Trompetenblüten.

WEITERE EMPFINDLICHE BLATTPFLANZEN FÜR DIE KÜBELPFLANZUNG

Arundo donax 'Variegata'
Aspidistra elatior
Astelia nervosa 'Silver Spear'
Canna musifolia
Canna 'Striata'
Cyrtomium falcatum
Melianthus major
Musa acuminata 'Dwarf Cavendish'
Musa basjoo
Phormium tenax 'Yellow Wave', s. S. 66

Phormium 'Sundowner'
NEUSEELÄNDER FLACHS
↕ 1,8m ↔ 1,2m

Diese immergrüne Pflanze fühlt sich im Kübel sichtlich wohl. Sie hat Büschel schwertförmiger Blätter mit rosaroter Kante, die zu einem Crèmeton verblassen.

Pelargonium 'Royal Oak'
PELARGONIE
↕ 38cm ↔ 30cm

Diese buschige immergrüne Pflanze hat gelappte, klebrige Blätter mit flächiger Braunzeichnung. Die malvenrosafarbenen Sommerblüten haben dunkle Flecken.

Ricinus communis 'Impala'
WUNDERBAUM
↕ 1,5m ↔ 1m

Die Blätter dieser kraftvollen Pflanze sind groß und bronzefarben. Sie wird gewöhnlich als Einjährige gezogen und trägt im Herbst stachlige rote Früchte.

Pelargonium 'Dolly Varden'
ZONALPELARGONIE
↕ 30 cm ↔ 23 cm

Das auffällige, aromatische, immergrüne Blattwerk ist grün mit purpurnbrauner und karmesinroter Zeichnung sowie unregelmäßigen, crèmefarbenen Rändern.

Pelargonium tomentosum
PELARGONIE
↕ 60 cm ↔ 1 m

Die kräftigen, gelappten immergrünen Blätter sind ebenso wie die Stiele mit samtigem Flaum bedeckt. Sie wachsen buschig und duften nach Minze.

Tradescantia pallida 'Purple Heart'
DREIMASTERBLUME
↕ 40 cm ↔ 30 cm

Diese unverwechselbare immergrüne Pflanze von niedrigem Habitus bildet Büschel purpurfarbener Blätter und trägt im Sommer rosafarbene Blüten.

Immergrüne Mehrjährige

DER GRÖSSTE VORTEIL mehrjähriger Pflanzen ist ihr Blattwerk, das den ganzen Winter über frisch bleibt – vor allem, da so viele andere Pflanzen während dieser Zeit entweder absterben oder verwelken. Wenn zusätzlich auch noch andere Farben aufleuchten, trägt dies sicherlich zur optischen Vielfalt bei. Darüber hinaus bilden immergrüne Pflanzen einen vorzüglichen Hintergrund für winter- und frühjahrsblühende Gewächse.

Bergenia cordifolia 'Purpurea'
BERGENIE
☼ ◐ ● ❄❄❄ ↕↔50cm

Die aufrechten Stiele dieser Pflanze tragen im Spätwinter und frühen Frühjahr glockenförmige, rosarote Blüten über Büscheln herzförmiger Blätter. 🏆

Blechnum tabulare
RIPPENFARN
◐ ● ❄❄ ↕↔1m

Die gefiederten Wedel dieses für einen geschützten Standort geeigneten Farns sind beim Austreiben bronzefarben und bilden dichte Büschel. 🏆

Celmisia coriacea
CELMISIE
☼ ◐ ❄❄ PH ↕↔30cm

Diese Pflanze bildet auffallende Büschel silbriger Blätter, über die sich im Sommer weiße margeritenartige Blüten erheben; sie verträgt keine trockenen Böden.

Helleborus foetidus
STINKENDE NIESWURZ
◐ ● ❄❄❄ ↕↔45cm

Ihre sich im Spätwinter und frühen Frühjahr öffnenden Blüten zeigen einen blaßgrünen, am Rand purpurnen Farbton. Die gesamte Pflanze ist giftig. 🏆

Helleborus argutifolius
NIESWURZ
◐ ● ❄❄❄ ↕60cm ↔45cm

Diese kräftige, dickstengelige Nieswurz hat große dreigeteilte Blätter. Ihre Trauben apfelgrüner Blüten öffnen sich vom Spätwinter bis zum Frühjahr. 🏆

Phormium tenax 'Yellow Wave'
NEUSEELÄNDER FLACHS
☼ ❄❄ ↕↔1,2m

Seine stark geschwungenen, gelben Blätter mit hellgrünem Rand wachsen in kräftigen Büscheln und entwickeln im Herbst grüne Tönungen. 🏆

Phyllostachys nigra var. *henonis*
BAMBUS
☼ ◐ ❄❄❄ ↕5m ↔3m

Dieser Bambus, der unter guten Bedingungen die doppelte Höhe erreicht, hat schmale Blätter und aufrechte Halme, die von grüner zu gelber Färbung reifen. 🏆

Phyllostachys viridiglaucescens
BAMBUS
☼ ☀ ❄❄❄ ↕6m ↔ unbegrenzt

Dieser Bambus hat Büschel gebogener Halme, die von einem üppigen Blattwerk getragen werden; er kann an geschützten Standorten extrem hoch wachsen. 🏆

WEITERE IMMERGRÜNE MEHRJÄHRIGE

Aciphylla aurea
Asplenium scolopendrium 'Marginatum'
Eryngium eburneum
Eryngium pandanifolium
Euphorbia x *martinii*
Geranium palmatum
Kniphofia caulescens
Kniphofia northiae
Phlomis russelliana
Phormium cookianum 'Tricolor'
Polystichum munitum, siehe S. 45

Sasa veitchii
ZWERGBAMBUS
☼ ☀ ☀ ❄❄❄ ↕1,2m ↔ unbegrenzt

Dieser schnellwachsende Bambus bildet ausgedehnte Kolonien aufrechter Halme, die dicht mit auffälligen ovalen, grünen Blättern mit weißem Rand besetzt sind.

Polystichum setiferum 'Divisilobum'
SCHILDFARN
☀ ☀ ❄❄❄ ↕60cm ↔45cm

Ein immergrüner oder halbimmergrüner Farn, der dichte Büschel gefiederter Wedel trägt, die beim Austreiben blaß sind; er verträgt keine trockenen Böden.

Shibataea kumasaca
BAMBUS
☼ ☀ ☀ ❄❄❄ ↕1m ↔60cm

Dieser besonders für kleine Gärten geeignete Bambus bildet dichte Büschel aufrechter, schlanker Halme, die mit spitz zulaufenden Blättern besetzt sind.

Yucca gloriosa
PALMLILIE
☼ ❄❄❄ ↕2m ↔1,4m

Die Blätter dieser Palmlilie wachsen in kugeligen Büscheln. Ein kurzer Stiel trägt dann im Sommer Rispen elfenbeinweißer, glockenförmiger Blüten. 🏆

Mehrjährige mit panaschierten Blättern

EINE PFLANZE MIT panaschierten Blättern zu finden, die in ein bestimmtes Pflanzschema paßt, kann wegen der reichen Auswahl schwierig werden. Man findet solche mit Farbklecksen, Flecken, mit Maserung sowie Streifen, aber die beliebteste und schönste Zeichnung weisen Blätter mit einem andersfarbigen Rand auf.

Mentha suaveolens 'Variegata'
MINZE
☼ ◑ ❄❄❄ ↕45cm ↔60cm

Diese Pflanze bildet Kolonien. Sie hat blaßgrüne, beflaumte Stiele sowie weiß und crèmefarben gesprenkelte Blätter, die einen aromatischen Duft verströmen.

Astrantia major
STERNDOLDE
☼ ◑ ❄❄❄ ↕60cm ↔45cm

Ihre langstieligen gelappten Blätter sind crèmefarben und gelb gestreift (oder gefleckt); sie trägt im Sommer und Frühherbst grünlichweiße Blütenstände. 🏆

Hosta fortunei 'Aureomarginata'
FUNKIE
☼ ◑ ❄❄❄ ↕75cm ↔1m

Ihre grünen, herzförmigen Blätter wachsen in kugeligen Büscheln. Sie trägt im Sommer violette Blüten und gedeiht gut in feuchten oder fetten Böden. 🏆

Phlox paniculata 'Norah Leigh'
STAUDENPHLOX
☼ ❄❄❄ ↕1m ↔60cm

Seine dicht und aufrecht stehenden Stiele haben crèmeweiße Blätter mit grüner Mitte. Konische, lilafarbene Blütenrispen überragen das Blattwerk im Sommer.

Brunnera macrophylla 'Dawson's White'
KAUKASUS-VERGISSMEINNICHT
◑ ❄❄❄ ↕45cm ↔60cm

Diese Pflanze bildet Büschel behaarter, herzförmiger Blätter mit unregelmäßigen crèmeweißen Rändern. Sie trägt im Frühjahr Rispen von Vergißmeinnichtblüten.

Hosta undulata var. *univittata*
FUNKIE
☼ ◑ ❄❄❄ ↕↔60cm

Diese in Büscheln wachsende Funkie hat Blätter mit weißem Streifen. Im Sommer trägt sie malvenfarbene Blüten; sie gedeiht in feuchten oder fetten Böden. 🏆

WEITERE MEHRJÄHRIGE MIT WEISS ODER CREMEFARBEN PANASCHIERTEN BLÄTTERN

Agapanthus praecox 'Variegatus'
Armoracia rusticana 'Variegata'
Cortaderia selloana 'Albolineata'
Hemerocallis fulva 'Kwanzo Variegata'
Hosta 'Shade Fanfare', siehe S. 30
Iris pallida 'Argentea Variegata'
Miscanthus sinensis 'Variegata'
Physostegia virginiana ssp. *speciosa* 'Variegata'
Pulmonaria saccharata 'Leopard'

Sisyrinchium striatum 'Aunt May' **BINSENLILIE**

☼ ❄❄❄ ↕60cm ↔30cm

Ihre schwertlilienartigen Blätterbüschel sind crèmefarben gestreift. Die Pflanze trägt im Sommer Rispen strohgelber Blüten mit purpurner Zeichnung.

WEITERE MEHRJÄHRIGE PFLANZEN MIT GELB PANASCHIERTEM BLATTWERK

Carex oshimensis 'Evergold', siehe S. 70
Convallaria majalis 'Hardwick Hall'
Cortaderia selloana 'Aureolineata'
Hakonechloa macra 'Aureola'
Hosta 'Gold Standard'
Iris pallida 'Variegata'
Pleioblastus auricomus, siehe S. 71
Symphytum 'Goldsmith'
Trifolium pratense 'Susan Smith'
Yucca flaccida 'Golden Sword'

Polemonium caeruleum 'Brise d'Anjou' **JAKOBSLEITER**

☼ ❄❄❄ ↕45cm ↔30cm

Diese Pflanze bildet Büschel gefiederter Blätter mit zahlreichen, crèmefarben geränderten Blättchen. Ihre kleinen bläulichen Blüten öffnen sich im Frühsommer.

Symphytum × uplandicum 'Variegatum' **BEINWELL**

☼ ◐ ❄❄❄ ↕1 m ↔60 cm

Ihre Blätter mit breitem Rand bilden kräftige Büschel. Im Frühjahr und Frühsommer trägt die Pflanze hängende Blütenstände; sie gedeiht in feuchten Böden. 🏆

Pleioblastus variegatus **ZWERGBAMBUS**

☼ ❄❄❄ ↕80cm ↔ unbegrenzt

Dieser Buschbambus bildet immergrüne Büschel und später Kolonien. Seine schlanken Halme sind dicht besetzt mit grün und weiß gestreiften Blättern. 🏆

Scrophularia auriculata 'Variegata' **BRAUNWURZ**

☼ ◐ ❄❄❄ ↕1,5m ↔60cm

Ihre crèmefarben gestreiften und gefleckten Blätter sind beeindruckend. Die Stiele tragen im Sommer winzige Blüten; gedeiht in fetten oder feuchten Böden.

Yucca gloriosa 'Variegata' **PALMLILIE**

☼ ❄❄ ↕2m ↔1,2m

Die Blätter sind gelb gestreift und bilden eine imposante Rosette. Eine elfenbeinweiße Blütenrispe krönt die ausgewachsene Pflanze im Spätsommer. 🏆

Mehrjährige mit goldenen oder gelben Blättern

DIE MEISTEN gold- oder gelbblättrigen Sorten mehrjähriger Pflanzen stammen von Setzlingen oder Knospenmutationen aus ungeschlechtlicher Fortpflanzung. Stärke und Maß der Färbung variieren dabei beträchtlich. Sie können Ihrem Garten ein Gefühl der Wärme verleihen, besonders im Kontrast zu grünem oder rötlichem Blattwerk.

Carex oshimensis hachijoensis 'Evergold'
SEGGE
☼ ❄❄❄ ↕↔ 20cm

Diese immergrüne Segge hat sich neigende schmale, grasartige, glänzende Blätter mit einem crèmegelben Mittelstreifen; sie bildet einen niedrigen Busch. 🏆

Filipendula ulmaria 'Aurea'
MÄDESÜSS
☼ ☀ ❄❄❄ ↕60cm ↔30cm

Auch wenn ihre bekannten süßduftenden Blüten sehr attraktiv sind, verdient doch das goldgelbe Frühjahrsblattwerk die größere Aufmerksamkeit.

Hosta 'Zounds'
FUNKIE
☀ ❄❄❄ ↕75cm ↔1m

Eine Pflanze, die einen dichten Busch rundlicher und blasig gelber Blätter bildet, über den sich im Frühsommer Rispen lavendelfarbener Blüten erheben.

Lysimachia nummularia 'Aurea'
PFENNINGKRAUT
☼ ❄❄❄ ↕5cm ↔ unbegrenzt

Die kriechenden Stiele des Pfennigkrauts bilden Teppiche runder, blaßgelber Blätter, zu denen sich im Sommer leuchtend gelbe, kelchförmige Blüten gesellen. 🏆

WEITERE KRAUTARTIGE MEHRJÄHRIGE MIT GOLDENEN BLÄTTERN

Alopecurus pratensis 'Aureovargiegatus'
Campanula garganica 'Dickson's Gold'
Centaurea montana 'Gold Bullion'
Hakonechloa macra 'Aureola'
Hosta fortunei 'Aurea'
Hosta 'Golden Prayers'
Hosta 'Midas Touch'
Hosta 'Piedmont Gold'
Hosta sieboldiana 'Golden Sunburst'
Hosta 'Sum and Substance'
Hosta 'Sun Power'
Hosta 'Wogon Gold'
Melissa officinalis 'All Gold'
Milium effusum 'Aureum'
Symphytum 'Gold in Spring'
Symphytum ibericum 'All Gold'
Tanacetum parthenium 'Aureum'
Tanacetum vulgare 'Isla Gold'

Melissa officinalis 'Aurea'
ZITRONENMELISSE
☼ ☀ ❄❄❄ ↕60cm ↔45cm

Die mehrfarbigen Blätter dieses Krauts duften nach Zitrone. Ihre Triebe sollten nach der Blüte beschnitten werden, um eine anhaltende Färbung zu garantieren.

Origanum vulgare 'Aureum'
GEMEINER DOST
☼ ❄❄❄ ↕8cm ↔ unbegrenzt

Zum Ende des Frühlings verblassen die Polster seines leuchtend gelben Frühjahrsblattwerks; dann öffnen sich die winzigen malvenfarbenen Blüten. 🏆

Saxifraga moschata 'Cloth of Gold'
MOSCHUSSTEINBRECH
☀ ❄❄❄ ↕13cm ↔ 15cm

Die Rosetten geteilter Blätter bilden hübsche Polster, seine Sommerblüten erheben sich auf dünnen Stielen; er bevorzugt feuchte, aber durchlässige Böden.

Stachys byzantina 'Primrose Heron'
WOLLZIEST
☼ ❄❄❄ ↕38cm ↔ 60cm

Diese kriechende immergrüne Pflanze bildet Matten aus silbergrauen Blättern, die blaßgelb überzogen sind; trägt im Sommer malvenfarbene Blütenrispen.

Pleioblastus auricomus
ZWERGBAMBUS
☼ ❄❄❄ ↕1,5m ↔ unbegrenzt

Dieser besonders attraktive Zwergbambus bildet große Kolonien, eignet sich aber auch gut für die Kübelpflanzung. Die gelben Blätter sind grün gestreift. 🏆

WEITERE IMMERGRÜNE MEHRJÄHRIGE MIT GOLDENEN BLÄTTERN

Acanthus mollis 'Holland's Gold'
Acorus gramineus 'Ogon'
Carex elata 'Aurea'
Lamium maculatum 'Cannon's Gold'

Valeriana phu 'Aurea'
BALDRIAN
☼ ❄❄❄ ↕38cm ↔ 30cm

Die jungen Frühjahrsblätter dieser buschigen immergrünen Pflanze sind zitronengelb und beherrschen die im Sommer folgenden weißen Blüten vollständig. 🏆

Veronica prostrata 'Trehane'
EHRENPREIS
☼ ❄❄❄ ↕15cm ↔ 30cm

Diese kleine Pflanze bildet Matten aus gezähnten gelben Blättern, die sich gelblichgrün färben. Im Frühsommer erscheinen Trauben tief violettblauer Blüten.

Mehrjährige mit blaugrauen oder silbernen Blättern

SILBER- ODER GRAUBLÄTTRIGE mehrjährige Pflanzen bilden einen reizvollen Hintergrund für pastellfarben oder kräftiger gefärbte Blätter und Blüten. Die gräulichen Blätter verleihen jedem Pflanzschema, das Sorten mit farbigem Blattwerk umfaßt, einen reizvollen Kontrast – hier eine kleine Auswahl aus dem reichen Angebot geeigneter Pflanzen.

Dicentra 'Langtrees'
TRÄNENDES HERZ
☼ ◐ ❄❄❄ ↕45cm ↔30cm

Diese kraftvolle Pflanze bildet Büschel aufrechter Stiele mit blaugrauen farnartigen Blättern. Sie trägt im späten Frühjahr und Frühsommer weiße Blüten. 🏆

Artemisia ludoviciana
BEIFUSS
☼ ❄❄❄ ↕1,2m ↔60cm

Seine dicht und aufrecht stehenden Stiele wie auch seine weidenartigen, scharf gezähnten Blätter sind mit Flaum besetzt; er trägt im Sommer grauweiße Blüten.

Hosta 'Hadspen Blue'
FUNKIE
◐ ● ❄❄❄ ↕↔45cm

Eine eindrucksvolle Blattpflanze mit blaugrauen Blättern, die im Sommer lavendelfarbene Blüten hervorbringt; sie verträgt keine trockenen Böden.

WEITERE MEHRJÄHRIGE MIT SILBERNEN ODER BLAUGRAUEN BLÄTTERN

- *Acaena* 'Blue Haze'
- *Anaphalis triplinervis*
- *Artemisia stelleriana* 'Mori's Form'
- *Convolvulus althaeoides*
- *Cynara scolymus* 'Glauca'
- *Hosta* 'Blue Angel'
- *Iris pallida* var. *dalmatica*
- *Lysimachia ephemerum*
- *Macleaya cordata* 'Flamingo'
- *Thalictrum speciosissimum*

Artemisia 'Powis Castle'
BEIFUSS
☼ ❄❄ ↕1m ↔1,2m

Die grauen Zweige dieses immergrünen Halbstrauchs tragen ein silbernes Blattwerk. Seine sommerlichen Blütenstände sind winzig und nicht sehr zahlreich. 🏆

Lychnis flos-jovis
JUPITERBLUME
☼ ❄❄❄ ↕↔45cm

Wie die Blätter so sind auch die aufrecht wachsenden Stiele dieser beliebten Wiesenpflanze mit samtigem Flaum bedeckt. Die hübschen Sommerblüten sind altrosa.

Onopordum acanthium
Eselsdistel
☼ ❄❄❄ ↕2,2m ↔1,4m

Diese kraftvolle, dornige stattliche Zweijährige hat flaumige Stiele und Blätter. Ihre Blütenköpfe, die im Sommer heranwachsen, wirken sehr eindrucksvoll.

Ruta graveolens 'Jackman's Blue'
Weinraute
☼ ❄❄❄ ↕60cm ↔75cm

Das immergrüne, farnartige, blaugraue Blattwerk dieser Pflanze kann eine allergische Reaktion auslösen. Sie trägt im Sommer Dolden kleiner Blüten. 🏆

Stachys byzantina
Wollziest
☼ ❄❄❄ ↕38cm ↔60cm

Eine der beliebtesten immergrünen Pflanzen, die dichte Teppiche eines weichen silbergrauen Blattwerks bildet und im Sommer malvenfarbene Blüten hat.

Sedum spathulifolium 'Cape Blanco'
Fetthenne
☼ ◐ ❄❄❄ ↕5cm ↔ unbegrenzt

Ihre immergrünen Rosetten silbrig grüner Blätter entwickeln sich zu Polstern und Matten, über die sich im Sommer auffällige Dolden gelber Blüten erheben. 🏆

Tanacetum argenteum
Wucherblume
☼ ❄❄❄ ↕↔23cm

Eine kleine, immergrüne Pflanze mit grauen Stielen. Die gefiederten, silbergrauen Blätter bilden im Sommer den Hintergrund für die weißen Blüten.

Verbascum olympicum
Königskerze
☼ ❄❄❄ ↕2m ↔1m

Diese halbimmergrüne Zweijährige verzweigt sich oft nahe der Basis und hat samtige Stiele sowie Blätter. Die Rispen weisen eine gelbe Färbung auf.

Rote, purpur- oder bronzefarbene Mehrjährige

PFLANZEN MIT DUNKLEN Blättern sind für den Garten wertvoll, wenn man sie in Kontrast zu grünem oder gelbem Blattwerk bringt. Sie sollten aber sparsam eingesetzt werden, da sie sonst für eine düstere Stimmung sorgen. Die meisten haben ihre ausgeprägt dunkle Färbung im Frühjahr, aber man findet auch attraktive Ausnahmen.

Euphorbia dulcis 'Chameleon'
WOLFSMILCH
☼ ◑ ❄❄❄ ↕↔30cm

Sie trägt im Frühjahr winzige gelbe Blüten. Ihre purpurnen Blätter verfärben sich im Herbst. Wegen des giftigen Saftes ist Vorsicht geboten.

Ajuga reptans 'Atropurpurea'
KRIECHENDER GÜNSEL
☼ ◑ ● ❄❄❄ ↕15cm ↔1m

Seine Rosetten bronze-purpurfarbener Blätter bilden einen geschlossenen Teppich; er trägt im Frühjahr blaue Blüten und gedeiht in feuchten Böden. 🏆

Clematis recta 'Purpurea'
WALDREBE
☼ ❄❄❄ ↕1,5m ↔50cm

Im Sommer erheben sich ihre weißen Blüten über den kupfer-purpurfarbenen Blättern. Die stark verzweigten Stiele dieser Pflanze müssen gestützt werden.

Foeniculum vulgare 'Purpureum'
FENCHEL
☼ ❄❄❄ ↕2m ↔45cm

Die Blätter treiben im Frühjahr mahagoni- oder purpurfarben aus und verblassen später zu bronzener Färbung. Die Dolden winziger Blüten öffnen sich im Sommer.

Anthriscus sylvestris 'Ravenswing'
WIESENKERBEL
☼ ◑ ● ❄❄❄ ↕1,2m ↔60cm

Die Büschel gefiederter, farnartiger Blätter sind im Frühjahr von purpurner Farbe und verblassen später. Die Dolden weißer Blüten öffnen sich im späten Frühjahr.

Euphorbia amygdaloides 'Rubra'
WOLFSMILCH
☼ ◑ ● ❄❄❄ ↕↔30cm

Die Blätter und Stiele dieser buschigen Pflanze sind purpurrot. Im Frühjahr öffnen sich gelbe Blüten. Wegen des giftigen Saftes ist Vorsicht geboten.

Heuchera micrantha 'Palace Purple'
PURPURGLÖCKCHEN
☼ ❄❄❄ ↕↔45cm

Die Büschel herzförmiger Blätter sind von kupferpurpurner Farbe. Die Blüten öffnen sich im Frühsommer; sie vermehrt sich durch Selbstaussaat. 🏆

Lobelia 'Queen Victoria'
LOBELIE

☼ ❄❄ ↕1m ↔30cm

Sie trägt von Sommer bis zum Frühherbst Trauben roter Blüten. Die kräftigen Stiele und Blätter sind von purpurroter Farbe; die Pflanze benötigt feuchte Böden. 🏆

Ophiopogon planiscapus 'Nigrescens'
SCHLANGENBART

☼ ◐ ❄❄❄ ↕23cm ↔30cm

Diese kriechende immergrüne Pflanze bildet Büschel schmaler, schwärzlich purpurner Blätter und trägt im Sommer schlanke Rispen lilafarbener Blüten. 🏆

Penstemon digitalis 'Husker's Red'
BARTFADEN

☼ ❄❄❄ ↕75cm ↔30cm

Seine jungen Triebe und Blätter sind im Frühjahr purpurfarben, verblassen aber zu einem grünlichen Purpur, wenn sich die Blüten im Frühsommer öffnen.

WEITERE IMMERGRÜNE MEHRJÄHRIGE MIT PURPUR- ODER BRONZEFARBENEN BLÄTTERN

Ajuga reptans 'Braunherz'
Bergenia 'Ballawley' im Winter, s. S. 90
Bergenia 'Bressingham Ruby' im Winter
Epimedium × rubrum im Winter/Frühling, siehe S. 90
Galax aphylla im Winter
Phormium 'Bronze Baby'
Phormium tenax 'Purpureum'
Veronica peduncularis 'Georgia Blue' im Frühjahr, siehe S. 29

Salvia officinalis 'Purpurascens'
GARTENSALBEI

☼ ❄❄❄ ↕60cm ↔1m

Die flaumigen Blätter dieser strauchigen Pflanze sind beim Austreiben leicht purpurn und reifen zu graugrüner Färbung. Die Blüten öffnen sich im Sommer. 🏆

WEITERE KRAUTARTIGE MEHRJÄHRIGE MIT PURPUR- ODER BRONZEFARBENEN BLÄTTERN

Astilbe 'Dunkellachs'
Cimicifuga simplex 'Brunette'
Imperata cylindrica 'Rubra'
Ligularia dentata 'Othello'
Melica altissima 'Atropurpurea'
Oenothera glaber
Plantago major 'Rubrifolia'
Primula 'Garryarde Guinevere'
Rheum palmatum 'Artopurpureum'
Saxifraga 'Wada'

Sedum telephium ssp. *maximum* 'Atropurpureum' **FETTHENNE**

☼ ❄❄❄ ↕↔60cm

Ihre kräftigen Büschel sukkulenter Stiele, die mit großen leuchtend kastanienbraunen Blättern besetzt sind, tragen im Spätsommer winzige rötlichweiße Blüten. 🏆

Tellima grandiflora 'Purpurea'
TELLIMA

◐ ❄❄❄ ↕↔60cm

Über ihre Büschel immergrüner, stark geäderter, herzförmiger, rötlichpurpurner Blätter erheben sich im späten Frühjahr die Rispen rosa-crèmefarbener Blüten.

Mehrjährige mit duftenden Blüten

BESONDERS AN WARMEN Sommerabenden geben manche Pflanzen einen so intensiven, angenehmen Duft ab, daß er ohne sonderlich entwickelten Geruchssinn wahrgenommen werden kann. An andere Blüten muß man etwas näher herantreten, um ihr feines Aroma zu spüren; doch selbst flüchtiger Wohlgeruch sollte in jedem Garten willkommen sein.

WEITERE MEHRJÄHRIGE MIT DUFTENDEN BLÜTEN

Convallaria majalis, siehe S. 42
Crambe cordifolia, siehe S. 18
Hosta 'Invincible'
Iris graminea
Iris unguicularis
Meehania urticifolia
Paeonia emodi
Petasites fragrans
Phlox maculata 'Alpha'
Viola odorata 'Wellsiana'

Cheiranthus cheiri 'Harpur Crewe'
GOLDLACK
☼ ❄❄❄ ↕↔ 30cm

Von Frühjahr bis Hochsommer erheben sich seine intensiv duftenden Blüten über immergrünen Blättern. Die Pflanze gedeiht auf mageren Böden. 🏆

Hemerocallis lilioasphodelus
TAGLILIE
☼ ❄❄❄ ↕↔ 60cm

Der Duft ihrer Blüten im späten Frühjahr und Frühsommer ist unvergeßlich. Sie erheben sich über einem Büschel riemenförmiger Blätter. 🏆

Clematis recta
WALDREBE
☼ ❄❄❄ ↕ 1,5m ↔ 50cm

Lange Stiele mit geteilten Blättern tragen Rispen süßduftender Sommerblüten. Lassen Sie diese Pflanze über kleine Sträucher wachsen oder stützen Sie sie.

Dianthus 'Doris'
NELKE
☼ ❄❄❄ ↕↔ 30cm

Den gesamten Sommer hindurch bietet diese beliebte Nelke duftende, blaßrosa Blüten mit dunkler Mitte. Ihre immergrünen Blätter bilden ein silbriges Polster. 🏆

WEITERE NELKEN MIT DUFTENDEN BLÜTEN

Dianthus 'Becky Robinson'
Dianthus 'Devon Glow'
Dianthus 'Gran's Favourite', siehe S. 36
Dianthus 'Haytor White'
Dianthus 'Kesteven Kirkstead'
Dianthus 'Lincolnshire Poacher'
Dianthus 'Monica Wyatt'
Dianthus 'Mrs Sinkins'
Dianthus 'Musgrave's Pink'
Dianthus 'Old Mother Hubbard'

Hesperis matronalis
NACHTVIOLE
☼ ❄❄❄ ↕1,2m ↔60cm

Diese duftende Blume des Bauerngartens hat blattreiche Stiele und Trauben weißer oder violetter Sommerblüten. Sie gedeiht auf mageren oder steinigen Böden.

Iris 'Early Light'
SCHWERTLILIE
☼ ❄❄❄ ↕1m ↔ unbegrenzt

Ihre kriechenden Wurzeln entwickeln schwertförmige, graugrüne Blätter; die Stiele tragen im Frühsommer gekräuselte crèmefarbene und gelbe Blüten. 🏆

Phlox maculata 'Omega'
PHLOX
☼ ☀ ❄❄❄ ↕1m ↔45cm

Die blattreichen Stiele tragen einen duftenden Blütenkopf mit lilafarbenem Auge. Die Pflanze bevorzugt feuchte Böden. 🏆

Hosta plantaginea 'Grandiflora'
FUNKIE
☼ ❄❄❄ ↕60cm ↔1,2m

Vom Spätsommer bis in den Herbst hinein erheben sich über dichten Büscheln blaßgrüner Blätter schmale, duftende Trompetenblüten, die sich abends öffnen.

Monarda 'Croftway Pink'
INDIANERNESSEL
☼ ❄❄❄ ↕1m ↔60cm

Die dichten Dolden rosafarbener Sommerblüten verströmen einen eigenen Duft; die an kräftigen Stielen wachsenden Blätter sind angenehm aromatisch. 🏆

Primula veris
SCHLÜSSELBLUME
☼ ❄❄❄ ↕↔20cm

Gelbe Frühjahrsblüten mit unverwechselbarem Duft krönen ihre Stiele, die sich aus gekräuselten Blätter erheben; sie verträgt keine trockenen Böden. 🏆

Inula hookeri
ALANT
☼ ❄❄❄ ↕↔1m

Samtige Knospen öffnen sich im Sommer zu großen duftenden gelben Blüten. Die aufrecht wachsenden kräftigen Stiele sind dicht mit flaumigen Blättern besetzt.

Nicotiana sylvestris
TABAK
☼ ❄❄ ↕1,5m ↔75cm

Die Dolden seiner langen Spätsommerblüten duften am frühen Abend besonders stark; in geschützten Gärten mehrjährig, ansonsten einjährig. 🏆

Verbena rigida
VERBENE
☼ ❄❄ ↕↔30cm

Diese beliebte Pflanze mit knolligen Wurzeln hat verzweigte Stiele, die vom Hochsommer an von duftenden, blaßvioletten Blütenrispen gekrönt werden. 🏆

Frühjahrsblühende Zwiebel- und Knollengewächse

KEINE ANDEREN Pflanzen kündigen die Ankunft des Frühlings so unübersehbar an wie die Zwiebel- und Knollengewächse. Das Erblühen der Tulpen, goldenen Narzissen und der zahllosen Krokusse bringt neues Leben in den Garten. Stärker als zu jeder anderen Jahreszeit bemerken wir nun die Vielfalt und Schönheit der Pflanzenwelt.

Anemone blanda 'White Splendour'
ANEMONE
☼ ◐ ❄❄❄ ↕8cm

Ihre Blätter, die sich aus knotigen Knollen erheben, werden im frühen Frühjahr von vielblättrigen Blüten überragt. Diese Varietät breitet sich gern zu Kolonien aus. 🏆

x *Chionoscilla allenii*
CHIONOSCILLA
☼ ◐ ❄❄❄ ↕13cm

Ein pflegeleichtes Zwiebelgewächs, das tiefblaue Blüten über schmalen Blättern trägt; es eignet sich für eine kühle Nische im Steingarten und bildet Kolonien.

Crocus vernus 'Princess Juliana'
FRÜHLINGSKROKUS
☼ ❄❄❄ ↕9cm

Ein großblütiger Krokus mit schmalen Blättern; seine purpurnen Blüten haben große orangefarbene oder tiefgelbe Narben (eignet sich für Beete und Wiesen).

ZWIEBEL- UND KNOLLENGEWÄCHSE FÜR FRÜHLINGSBEETE

Hyacinthus orientalis 'Delft Blue'
Hyacinthus orientalis 'L'Innocence'
Hyacinthus orientalis 'Pink Pearl'
Muscari armeniacum
Narcissus 'Mount Hood'
Narcissus 'Spellbinder'
Tulipa 'China Pink'
Tulipa 'Garden Party'
Tulipa 'Keizerskroon'
Tulipa 'White Dream'

Chionodoxa forbesii
SCHNEESTOLZ
☼ ◐ ❄❄❄ ↕13cm

Dieses Zwiebelgewächs trägt sternförmige Blütenkronen. Es verbreitet sich besonders unter laubwechselnden Bäumen und Sträuchern durch Selbstaussaat. 🏆

Crocus dalmaticus
KROKUS
☼ ❄❄❄ ↕9cm

Dieser bezaubernde Krokus eignet sich für den Steingarten oder das Geröllbeet. Er hat schmale Blätter und schöne Blüten in verschiedenen Purpurschattierungen.

Erythronium dens-canis
HUNDSZAHN
◐ ❄❄❄ ↕20cm

Über gesprenkelten Blättern erhebt sich die Blüte mit ihren gepreizten Blättchen. Diese Pflanze für den Steingarten oder eine Rabatte sät sich selbst aus. 🏆

Erythronium 'Pagoda'
HUNDSZAHN
◐ ❄❄❄ ↕30cm

Über die Blätter dieser Pflanze erheben sich dunkle Stiele, die hängende Blüten mit spitzen Blütenblättern tragen; vermehrt sich schnell durch Selbstaussaat. 🏆

Fritillaria pallidiflora
KAISERKRONE
☼ ❄❄❄ ↕45cm

Dieses Zwiebelgewächs hat fleischige Blätter und gelbgrüne Blüten, die auf der Innenseite schachbrettartig gemustert sind. Es benötigt eine gute Drainage. 🏆

Narcissus 'Kingscourt'
NARZISSE
☼ ◐ ❄❄❄ ↕45cm

Eine Narzisse, die sich gut zur Beetpflanzung eignet; die aufrechten Stiele tragen eine ausgestellte, goldgelbe Blüte, die von blasseren Blättern umgeben ist. 🏆

Fritillaria imperialis
KAISERKRONE
☼ ❄❄❄ ↕1,2m

Eine Pflanze von robustem Wuchs, die Büschel blattreicher Stiele bildet und Dolden glockenförmiger Blüten unter einer Krone aufrechter Hochblätter trägt.

Ipheion uniflorum 'Froyle Mill'
IPHEION
◐ ❄❄❄ ↕13cm

Die schlanken Stiele dieser Pflanze tragen die Blüten über Büscheln schmaler Blätter; gut geeignet für die Pflanzung unter laubwechselnden Sträuchern. 🏆

Tulipa fosteriana 'Madame Lefeber'
TULPE
☼ ❄❄❄ ↕40cm

Diese großblütige Züchtung einer wilden Tulpe trägt über ihrem schönen graugrünen Blattwerk riesige, leuchtend rote Blüten mit schwarzem Grund.

WEITERE FRÜHJAHRSBLÜHENDE ZWIEBEL- UND KNOLLENGEWÄCHSE

Allium narcissiflorum
Anemone pavonina
Corydalis solida 'George Baker'
Crocus etruscus
Cyclamen repandum
Erythronium californicum 'White Beauty'
Erythronium revolutum
Fritillaria pyrenaica
Ipheion uniflorum 'Wisley Blue'
Tulipa clusiana

Narcissus 'February Gold'
NARZISSE
☼ ◐ ❄❄❄ ↕32cm

Eine für die Gruppenpflanzung beliebte Narzissensorte; die Blüten haben gelbe Blätter und eine dunkler gefärbte Röhre. Sie ist langlebig und zuverlässig. 🏆

Tulipa praestans 'Van Tubergen's Variety'
TULPE
☼ ❄❄❄ ↕28cm

Eine eindrucksvolle Tulpe mit flaumigen Stielen und graugrünen Blättern, auf denen sich große, orangerote Blüten mit gelber Basis erheben; bildet Kolonien. 🏆

Sommerblühende Zwiebel- und Knollengewächse

DER LAIE VERBINDET Zwiebel- und Knollengewächse mit dem Spätwinter und Frühjahr. Man findet jedoch auch sommerblühende Arten und Sorten. Sie eignen sich für die Gruppenpflanzung zwischen Sträuchern oder in Kräuterrabatten. Ist die Pflanze in warmen Klimaten heimisch, kann sie in Mitteleuropa nahe einer Mauer gepflanzt werden.

Crocosmia 'Citronella'
MONTBRETIE
☼ ❄❄ ↕70cm

Die graugrünen Blätter dieser Pflanze bilden Büschel. Ihre trichterförmigen Blüten treten in gebogenen Rispen auf; sie gedeiht am besten auf durchlässigen Böden.

Allium aflatunense
LAUCH
☼ ❄❄ ↕75cm

Dieser Zierlauch trägt eine dichte Dolde sternförmiger Blüten. Die Blätter verwelken, bevor sich die Blüten öffnen; gedeiht am besten auf durchlässigen Böden.

Camassia leichtlinii 'Semiplena'
CAMASSIE
☼ ❄❄❄ ↕1,2m

Eine Pflanze mit langen Blättern. Jeder Stiel endet in einer Traube schmalblättriger Blüten; gedeiht auf durchlässigem Boden und benötigt Stützen.

Crocosmia 'Jackanapes'
MONTBRETIE
☼ ❄❄ ↕50cm

Ihre aufrechten, verzweigten Stiele tragen Rispen orangeroter und gelber Blüten. Die schwertförmigen Blätter bilden Büschel; gedeiht auf durchlässigen Böden.

Alstroemeria 'Ligtu Hybrids'
INKALILIE
☼ ❄❄❄ ↕55cm

Eine Pflanze, die schwer zu züchten ist; ihre Stiele werden von gestreiften Blüten gekrönt. Sie gedeiht an geschützten Standorten mit durchlässigem Boden. 🏆

Crinum × powellii
HAKENLILIE
☼ ❄❄ ↕75cm

Diese attraktive Pflanze bildet Büschel glänzender, schmaler Blätter, über die sich kräftige Stiele mit lockeren Köpfchen duftender Trompetenblüten erheben.

Dahlia 'Bishop of Llandaff'
DAHLIE
☼ ❄❄ ↕1m

Eine imposante Pflanze mit bronzepurpurnen Blättern und vielblättrigen Blüten; die Pflanze sollte im Winter ausgegraben und frostfrei gelagert werden.

Dierama pulcherrimum
TRICHTERSCHWERTEL
☼ ❄❄ ↕1,7m

Anmutige Büschel halbimmergrüner, Blätter erheben sich neben Stielen mit hängenden Blütenbüscheln. Die Pflanze gedeiht in tiefen, fetten Böden.

Lilium 'Enchantment'
LILIE
☼ ❄❄❄ ↕1m

Eine bekannte zuverlässige Hybride mit blattreichen Stielen und aufrechten offenen, orangefarbenen, schwarz gesprenkelten Blüten; bildet Kolonien. 🏆

Lilium regale
KÖNIGSLILIE
☼ ❄❄❄ ↕1,5m

Diese seit langem beliebte Lilie hat aufrechte Stiele mit schmalen Blättern, die von einer Dolde röhrenförmiger Blüten mit gelber Blütenmitte gekrönt sind. 🏆

WEITERE SOMMERBLÜHENDE ZWIEBEL- UND KNOLLENGEWÄCHSE

Allium christophii, siehe S. 40
Cardiocrinum giganteum, siehe S. 85
Eucomis comosa, siehe S. 40
Galtonia viridiflora
Gladiolus communis ssp. *byzantinus*, siehe Seite 61
Iris xiphium 'Dutch Iris'
Lilium martagon, siehe S. 61
Pancratium illyricum
Triteleia laxa, siehe S. 40
Tritonia rubrolucens
Watsonia beatricis
Zantedeschia aethiopica 'Crowborough'

Galtonia candicans
RIESENHYAZINTHE
☼ ❄❄ ↕1,1m

Ihre Blätter bilden Horste, über die sich kräftige Stiele mit glockenförmigen Blüten erheben; gedeiht in fetten Böden, ist aber durch Schnecken gefährdet.

Lilium auratum var. *platyphyllum*
GOLDBANDLILIE
☼ ❄❄❄ PH ↕1,1m

Diese Lilie hat lanzettähnliche Blätter und aufrechte Stiele, die große Blüten tragen. Jedes Blütenblatt besitzt einen gelben Mittelstreifen und rote Punkte. 🏆

Ornithogalum narbonense
MILCHSTERN
☼ ❄❄ ↕35cm

Der starke Stiel dieser kräftigen Pflanze ist von einer Traube sternförmiger, weißer Blüten gekrönt; die Blätter sind schmal. Die Pflanze benötigt durchlässige Böden.

Herbstblühende Zwiebel- und Knollengewächse

Zwiebelgewächse, die im Spätwinter, Frühjahr oder Sommer blühen, erhalten so viel Aufmerksamkeit, daß man als Gärtner leicht dazu neigt, die Sorten zu vernachlässigen, deren Blütezeit im Herbst liegt. Dabei bringen Gewächse wie die Zeitlose dann Farbe in den Garten, wenn die meisten anderen Pflanzen absterben oder ihre Blätter abwerfen.

Crocus banaticus
Krokus
☼ ❄❄❄ ↕ 10cm

Dieser Krokus hat schlanke Stiele, die violette Blüten mit orangefarbenen Narben tragen. Die Blätter mit ihrer blassen Mittelrippe treiben im Frühjahr aus. 🏆

× *Amarcrinum memoria-corsii*
Amarcrinum
☼ ❄❄ ↕ 1m

Diese Hybride zwischen *Amaryllis* und *Crinum* bildet ein immergrünes Büschel langer Blätter und trägt von Spätsommer bis Herbst Dolden röhrenförmiger Blüten.

Colchicum speciosum 'Album'
Zeitlose
☼ ❄❄❄ ↕ 20cm

Die großen kelchförmigen, rein weißen Blüten dieser Zeitlosen sind äußerst wetterfest. Ihre großen, grundständigen Blätter treiben im Frühjahr aus. 🏆

Crocus pulchellus
Krokus
☼ ❄❄❄ ↕ 10cm

Dieser Krokus, der durch Teilung und Samen Kolonien bildet, trägt kleine kelchförmige, blaue Blüten mit dunkleren Adern und einer gelben Blütenmitte. 🏆

Colchicum byzantinum
Zeitlose
☼ ❄❄❄ ↕ 20cm

Im frühen Frühjahr trägt diese Pflanze kelchförmige, purpurfarbene Blüten, die sich in der Sonne öffnen. Ihre Blätter entfalten sich im Frühjahr. 🏆

Colchicum 'Waterlily'
Zeitlose
☼ ❄❄❄ ↕ 15cm

Eine beliebte und auffällige *Colchicum*-Hybride; ihre kräftigen Trauben großer schlankröhriger, gefüllter Blüten haben eine leuchtend rosalilafarbene Tönung.

Crocus speciosus 'Oxonian'
Krokus
☼ ❄❄❄ ↕ 10cm

Die kelchförmigen Blüten sind von violetter Farbe mit dunkleren Adern und orangefarbenen Narben. Die Pflanze wächst im Gras oder unter Sträuchern.

Cyclamen hederifolium 'Album'
ALPENVEILCHEN
☼ ❄❄❄ ↕ 10cm

Diese kleine Polsterpflanze trägt hängende, weiße Blüten mit zurückgebogenen Blütenblättern und dunkler Öffnung. Die Blätter sind wunderschön marmoriert.

ROBUSTE HERBSTBLÜHENDE ZWIEBEL- UND KNOLLENGEWÄCHSE

- *Colchicum agrippinum*, siehe S. 58
- *Colchicum autumnale*
- *Colchicum speciosum*
- *Crocus kotschyanus*
- *Crocus nudiflorus*
- *Crocus speciosus*
- *Crocus speciosus* 'Albus'
- *Cyclamen hederifolium*, siehe S. 60
- *Galanthus reginae-olgae*
- *Schizostylis coccinea* 'Major'
- *Schizostylis coccinea* 'Mrs Hegarty'
- *Schizostylis coccinea* 'Sunrise', s. S. 25

Gladiolus papilio
GLADIOLE
☼ ❄❄ ↕ 1m

Ihre aufrecht wachsenden Stiele tragen bis zu zehn kelchförmige Blüten, deren Färbung aus einer Mischung von Crème, Dunkelviolett, Gelb und Grün besteht.

Leucojum autumnale
KNOTENBLUME
☼ ❄❄ ↕ 15cm

Die schlanken aufrechten Stiele dieses Zwiebelgewächses tragen jeweils bis zu vier kleine weiße, glockenförmige Blüten, die am Ansatz leicht rosa sind. 🏆

Merendera montana
IRRLICHTBLUME
☼ ❄❄❄ ↕ 5cm

Die Blüten dieser krokusartigen Pflanze sind röhrenförmig mit schmalen, nach außen geschwungenen, rosapurpurfarbenen Blütenblättern mit weißem Ansatz.

Nerine bowdenii
NERINE
☼ ❄❄ ↕ 60cm

Ein Zwiebelgewächs, dessen Stiele lockere Dolden rosafarbener Blüten mit gekräuselten Blütenblättern tragen; macht sich gut am Fuß einer sonnigen Mauer. 🏆

WEITERE EMPFINDLICHE HERBSTBLÜHENDE ZWIEBEL- UND KNOLLENGEWÄCHSE

- × *Amarygia parkeri* 'Alba'
- *Amaryllis bella-donna*, siehe S. 40
- *Arum pictum*
- *Crinum × powellii*, siehe S. 80
- *Cyclamen graecum*
- *Eucomis bicolor*
- *Nerine bowdenii* 'Pink Triumph'
- *Scilla scilloides*
- *Sternbergia lutea*
- *Zephyranthes candida*

Winterblühende Zwiebel- und Knollengewächse

MEHRJÄHRIGE PFLANZEN, die während der Wintermonate im Freien blühen, sind äußerst wertvoll, so daß wir uns freuen können, daß auch manche Zwiebelgewächse für diese Jahreszeit geeignet sind. Neben einigen alten Bekannten sind auch noch weniger verbreitete Sorten im Handel, die man durchaus in Betracht ziehen kann.

WINTERBLÜHENDE ZWIEBEL- UND KNOLLENGEWÄCHSE

Crocus laevigatus 'Fontenayi'
Crocus tommasinianus, siehe S. 60
Cyclamen coum (zinkblättrig)
Eranthis cilicica
Eranthis 'Guinea Gold'
Eranthis hyemalis, siehe S. 60
Galanthus elwesii
Galanthus ikariae
Galanthus plicatus ssp. *byzantinus*
Narcissus cyclamineus, siehe S. 59
Narcissus 'February Gold', siehe S. 9

Cyclamen coum 'Album'
ALPENVEILCHEN
☼ ✻✻✻ ↕5cm ↔10cm

Unter guten Bedingungen wird dieses kleine Zwiebelgewächs Kolonien bilden. Weiße Blüten mit dunklem Schlund öffnen sich über nierenförmigen Blättern.

Galanthus nivalis 'Flore Pleno'
SCHNEEGLÖCKCHEN
☼ ✻✻✻ ↕↔10cm

Dies ist ein beliebtes Schneeglöckchen mit langen Blättern und vielblättrigen weißen Blüten mit grüner Zeichnung; es verträgt keine trockenen Böden. 🏆

Eranthis × tubergenii
WINTERLING
☼ ✻✻✻ ↕↔10cm

Seine kelchförmigen, goldenen Blüten öffnen sich über einem Kragen gefiederter Blätter, die im Austrieb bronzefarben sind; sie kann Teppiche bilden.

Galanthus 'Atkinsii'
SCHNEEGLÖCKCHEN
☼ ✻✻✻ ↕25cm ↔10cm

Dieses große Schneeglöckchen hat graugrüne Blätter und trägt hängende, weiße Blüten an schlanken Stielen. Die Pflanze verträgt keine trockenen Böden. 🏆

Narcissus romieuxii
NARZISSE
☼ ✻✻✻ ↕10cm ↔7cm

Dieses Zwiebelgewächs eignet sich für geschützte Standorte im Steingarten. Es trägt rockartige, duftende Blüten; verträgt keine trockenen Böden. 🏆

Dekorative Samenstände im Winter

Gärtner, die zu Beginn des Herbstes alle Blütenstengel sofort abschneiden, berauben sich des Vorteils winterlicher Samenstände, die nämlich besonders attraktiv wirken, wenn sie vom Frost überzuckert sind. Bei den folgenden Pflanzen kommen die Samenstände gut zur Geltung.

Achillea 'Gold Plate'
Garbe
☼ ❄❄❄ ↕1,2m ↔60cm

Diese Pflanze mit kräftigen Stielen hat geteilte Blätter und trägt im Sommer abgeflachte Schirmrispen gelber Blüten, die zu brauner Färbung verblassen. 🏆

Cortaderia selloana 'Pumila'
Pampasgras
☼ ❄❄❄ ↕1,5m ↔1,2m

Während des Spätsommers und im Frühherbst erheben sich die großen Rispen crèmeweißer Blütenspitzchen über einem Büschel scharf gezähnter Blätter. 🏆

Phormium tenax
Neuseeländer Flachs
☼ ❄❄ ↕2,5m ↔2m

Diese immergrüne Pflanze hat schwertförmige Blätter sowie (im Winter) hohe Stiele mit verzweigten Ständen roter Blüten; verträgt keine trockenen Böden. 🏆

Weitere Mehrjährige mit dekorativen Samenständen

Acanthus spinosus, siehe S. 18
Achillea 'Coronation Gold'
Iris foetidissima, siehe S. 43
Matteuccia struthiopteris
Phlomis russeliana
Watsonia beatricis

Cardiocrinum giganteum
Riesenlilie
◐ ❄❄ ↕2,5m ↔60cm

Sie ist beeindruckend auch im Sommer, wenn sie eine kräftige Blattrosette und crèmefarbene, röhrenförmige Blüten trägt; verträgt keine trockenen Böden.

Miscanthus sinensis 'Kleine Fontane'
Chinaschilf
☼ ❄❄❄ ↕1m ↔60cm

Es trägt vom Sommer an bräunlich rosafarbene Blütenstände an dichten Halmen, die seine Büschel schmaler Blätter mit einem blassen Mittelstreifen überragen.

Sedum spectabile
Fetthenne
☼ ❄❄❄ ↕↔45cm

Diese Pflanze trägt im Spätsommer sternförmige Blüten, die sich zum Winter braun verfärben. Ihre Stiele sind im Sommer mit graugrünen Blättern besetzt. 🏆

Mehrjährige Kräuter für Kräuterrabatten

Einige mehrjährige Pflanzen, die in Kräutergärten kultiviert werden, haben neben ihrem kulinarischen und medizinischen Nutzen auch einen hohen dekorativen Wert, der sie für den Blumengarten geeignet erscheinen läßt. Viele dieser Pflanzen, unter denen bereits wohlbekannte sind, bieten sich besonders für schwierige Standorte an.

Allium schoenoprasum
Schnittlauch
☼ ❄❄❄ ↕25cm ↔15cm

Dieses wohlbekannte Kraut bildet niedrige Büschel grasartiger Blätter. Seine rosa- oder purpurfarbenen Blüten sind bei Bienen und Schmetterlingen beliebt.

Weitere krautartige mehrjährige Kräuter

Allium schoenoprasum 'Forescate'
Aristolochia clematitis
Artemisia absinthium 'Lambrook Silver'
Foeniculum vulgare 'Purpureum'
Inula helenium
Melissa officinalis 'All Gold'
Mentha suaveolens 'Variegata', s. S. 68
Monarda 'Beauty of Cobham'
Myrrhis odorata, siehe S. 53
Rumex alpinus 'Ruber'
Rumex scutatus 'Silver Shield'
Tanacetum balsamita var. *tomentosum*

Weitere immergrüne mehrjährige Kräuter

Asarum europaeum, siehe S. 30
Chamaemelum nobile
Pulmonaria officinalis
Pulmonaria saccharata, siehe S. 33
Salvia officinalis 'Purpurea'
Teucrium fruticans
Teucrium scorodonia 'Crispum'
Thymus × citriodorus 'Silver Queen'
Thymus vulgaris, siehe S. 165
Viola odorata

Althaea officinalis
Echter Eibisch
☼ ❄❄❄ ↕2m ↔1m

Die Stiele und Blätter dieses Krauts sind mit grauen oder graugrünen Härchen überzogen. Im Sommer öffnen sich in den Blattachseln seine rosafarbenen Blüten.

Cichorium intybus
Chicorée
☼ ❄❄❄ ↕1,2m ↔45cm

Die verzweigten Stiele erheben sich aus Blattrosetten. Während des Sommers sind diese Stiele mit blauen, vielblättrigen, margeritenartigen Blüten besetzt. 🏆

Foeniculum vulgare
FENCHEL
☼ ❄❄❄ ↕2m ↔45cm

Die dichten Büschel aufrecht wachsender, hohler grüner Stiele besitzen ein gefiedertes, blaugrünes Blattwerk und tragen im Frühjahr Dolden winziger gelber Blüten.

Gentiana lutea
GELBER ENZIAN
☼ ❄❄❄ ↕1,2m ↔60cm

Aus einem Büschel großer, blaugrüner, stark geäderter Blätter erheben sich im Sommer kräftige, blattreiche Stiele, die in dichten Dolden gelber Blüten enden.

Hyssopus officinalis
YSOP
☼ ❄❄❄ ↕60cm ↔1m

Bienen und Schmetterlinge lieben diesen buschigen, niedrigen Halbstrauch mit kleinen Blättern, der vom Spätsommer bis Herbst dichte Ähren blauer Blüten trägt.

Levisticum officinale
LIEBSTÖCKEL
☼ ◑ ❄❄❄ ↕2m ↔1m

Diese Pflanze bildet großzügige Büschel aufrechter Stiele mit im Austrieb bronzefarbenen, später dunkelgrünen Blättern und Dolden gelbgrüner Sommerblüten.

Melittis melissophyllum
IMMENBLATT
◑ ● ❄❄❄ ↕↔30cm

Seine lockeren Polster aufrechter, behaarter Stiele tragen paarige Blätter und im Frühsommer rosafarbene oder weiße, purpurn gefleckte Blüten.

Meum althamanticum
BÄRWURZ
☼ ❄❄❄ ↕30cm ↔15cm

Dieses im Garten eher ungewöhnliche Kraut bildet ein Polster fein geteilter, fedriger Blätter. Im Sommer öffnen sich winzige weiße oder purpurweiße Blüten.

Monarda fistulosa
INDIANERNESSEL
☼ ❄❄❄ ↕1,2m ↔60cm

Im Sommer ist diese Pflanze von dichten Blütenständen gekrönt, die bei Bienen und Schmetterlingen beliebt sind. Die Nessel verträgt keine trockenen Böden.

Ein- und zweijährige Kräuter für Kräuterbeete

NICHT JEDER HAT DEN PLATZ für einen eigenen Kräutergarten; das muß freilich auch gar nicht sein. Viele nützliche Arznei- und Küchenkräuter sind auch sehr dekorativ und lassen sich in gemischten Kräuterbeeten setzen. Dies gilt besonders für die ein- und zweijährigen Kräuter, die sich vorzüglich für das Auffüllen von Lücken eignen.

Anethum graveolens
ECHTER DILL
☼ ❄❄ ↕60cm ↔30cm

Als ein Mitglied der Fenchelfamilie bildet dieses einjährige Kraut Büschel geteilter, fedriger, blaugrüner Blätter und bringt im Sommer Dolden winziger Blüten hervor.

WEITERE EINJÄHRIGE KRÄUTER

Ambrosia artemisiifolia
Artemisia annua
Calendula officinalis
Calendula officinalis 'Fiesta Gitana'
Chrysanthemum coronarium
Cnicus benedictus
Nigella sativa
Ocimum basilicum 'Purple Ruffles'
Phacelia tanacetifolia
Trifolium incarnatum
Vaccaria hispanica

Atriplex hortensis var. *rubra*
ROTE GARTENMELDE
☼ ❄❄ ↕1,5m ↔30cm

Diese einjährige Pflanze wird wegen ihrer karmesinroten, eßbaren Blätter und farbigen Stiele angepflanzt. Sie bildet einen Kontrast zu graublättrigen Pflanzen.

Borago officinalis
BORETSCH
☼ ❄❄❄ ↕60cm ↔30cm

Eine polsterbildende Pflanze, die mit borstigen Haaren bedeckt ist und den gesamten Sommer hindurch hängende, sternförmige blaue Blüten trägt.

WEITERE ZWEIJÄHRIGE KRÄUTER

Dipsacus fullonum
Eryngium maritimum
Oenothera biennis
Origanum majorana
Smyrnium olusatrum

Carthamus tinctorius
FÄRBERDISTEL
☼ ❄❄ ↕1m ↔30cm

Die Blätter dieser einjährigen Pflanze sind ganzrandig oder stachelbewehrt. Die roten, orangefarbenen oder gelben Blüten lassen sich zum Färben verwenden.

Echium vulgare 'Blue Bedder'
NATTERNKOPF
☼ ❄❄❄ ↕30cm ↔20cm

Ein borstiges Kraut mit schmalen Blättern; die Ähren der blauen, glockenförmigen Blüten öffnen sich im Sommer. Die Pflanze gedeiht in durchlässigen Böden.

Isatis tinctoria
FÄRBERWAID
☼ ❄❄❄ ↕1,2m ↔45cm

Diese Zweijährige hat verzweigte Stiele und trägt im Sommer große, lockere Doldentrauben gelber Blüten, auf die viele dunkle Samenkapseln folgen.

Eruca vesicaria ssp. *sativa*
ÖLRAUKE
☼ ❄❄❄ ↕60cm ↔30cm

Die kleinen, blaßgelben Sommerblüten haben rötliche Adern. Diese einjährige Pflanze trägt tief gelappte, rettichartige und auch kleinere gezähnte Blätter.

Linum usitatissimum
FLACHS, LEIN
☼ ❄❄❄ ↕60cm ↔2,5cm

Lange Zeit wurde dieses Kraut wegen seiner Fasern und seines Öls angebaut. Aufrecht und schlankstielig, trägt es im Sommer lockere Blütenstände.

Coriandrum sativum
KORIANDER
☼ ❄❄❄ ↕50cm ↔30cm

Die unteren Blätter dieses einjährigen Krauts sind petersilienartig, während die oberen geteilt sind. Im Sommer öffnen sich purpurfarbene oder weiße Blüten.

Helianthus annuus
SONNENBLUME
☼ ❄❄❄ ↕3m ↔45cm

Diese kräftige einjährige Pflanze hat große Blätter. Im Sommer trägt sie eine große goldene, margeritenartige Blüte auf einem kräftigen, aufrechten Stamm.

Silybum marianum
MARIENDISTEL
☼ ❄❄❄ ↕1,3m ↔60cm

Die stachligen Blätter dieser zweijährigen Pflanze haben weiße Adern, die eine marmorierte Wirkung erzielen. Die Pflanze trägt im Sommer stachlige Distelblüten.

Kaninchensichere Pflanzen

JEDER, DER SCHON EINMAL vor seiner von Kaninchen abgefressenen Lieblingspflanze stand, weiß, wie schwierig diese Tiere zu kontrollieren sind. Die Gefahr ist in ländlichen Gebieten besonders groß. Wenn die Kaninchen zu einem schier unlösbaren Problem werden, sollte man nur solche Pflanzen setzen, die für diese Nager ungenießbar sind. Neben den hier vorgestellten Arten gibt es noch viele andere Züchtungen, die sich für diesen Zweck ebenfalls eignen.

Digitalis purpurea
ROTER FINGERHUT
☼ ❄❄❄ ↕1,5m ↔60cm

Diese Waldpflanze wird im allgemeinen als Zweijährige behandelt. Ihre Rosetten flaumiger Blätter tragen im Sommer Rispen hängender, glockenförmiger Blüten.

Aconitum vulparia
WOLFSEISENHUT
☼ ❄❄❄ ↕1,2m ↔60cm

Der giftige Wolfseisenhut diente früher dazu, Wölfe zu vergiften. Die Blätter haben eine dunkelgrüne Färbung; die strohgelben Blüten öffnen sich im Sommer.

Astilbe 'Ostrich Plume'
PRACHTSPIERE
☼ ❄❄❄ ↕↔1m

Die sich neigenden Rispen korallenfarbener Blüten überragen im Sommer Büschel farnartiger Blätter. Diese und viele andere Sorten bevorzugen fette, feuchte Böden.

FÜR WILD UNGENIESSBARE MEHRJÄHRIGE

Acanthus spinosus, siehe S. 18
Aconitum carmichaelii 'Arendsii'
Dryopteris affinis, siehe S. 53
Epimedium × perralchicum, siehe S. 42
Iris sibirica
Lychnis coronaria
Paeonia 'Bowl of Beauty', siehe S. 21
Rudbeckia fulgida, siehe S. 33
Sisyrinchium striatum
Tellima grandiflora, siehe S. 43
Veratrum viride

Aster novi-belgii 'Marie Ballard'
GLATTBLATTASTER
☼ ❄❄❄ ↕1m ↔45cm

Vom Spätsommer bis Herbst sind die Stiele von lilafarbenen Blüten gekrönt. Diese Aster ist noch in weiteren für Kaninchen ungenießbaren Sorten erhältlich.

Bergenia 'Ballawley'
BERGENIE
☼ ◐ ● ❄❄❄ ↕↔60cm

Ihre großen Blätter verfärben sich im Winter rot. Im Frühjahr öffnen sich die karmesinroten, glockenförmigen Blüten. Die Pflanze bevorzugt einen geschützten Ort.

Epimedium × rubrum
SOCKENBLUME
☼ ❄❄❄ ↕↔30cm

Die Büschel herzförmiger Blättchen sind im Frühjahr bräunlich oder rötlich gezeichnet, wenn sich die lockeren Trauben kleiner, gespornter Blüten öffnen.

Geranium sanguineum
BLUTSTORCHSCHNABEL
☼ ❄❄❄ ↕25cm ↔30cm

Zahlreiche tief rosafarbene Blüten überziehen im Sommer die niedrigen Polster und Matten gerundeter, geteilter Blätter. Die Pflanze eignet sich als Bodendecker.

Helleborus orientalis (rosa Form)
NIESWURZ
☼ ❄❄❄ ↕↔45cm

Die kelchförmigen Blüten von rosafarbener Tönung mit dunklen Flecken öffnen sich noch vor den neuen Blättern im späten Winter und frühen Frühjahr.

Iris 'Bold Print'
SCHWERTLILIE
☼ ❄❄❄ ↕55cm ↔ unbegrenzt

Garben graugrüner Blätter erheben sich aus einem Gewirr dicker Wurzeln. Die Pflanze trägt im Spätfrühling und Frühsommer purpurne oder weiße Blüten.

Lamium maculatum 'White Nancy'
GEFLECKTE TAUBNESSEL
☼ ❄❄❄ ↕15cm ↔1m

Von Frühjahr bis Sommer erheben sich Rispen zweilippiger Blüten über Teppichen silberweißer, gezähnter Blätter; sie verträgt keine trockenen Böden. 🏆

Lysimachia clethroides
FELBERICH
☼ ❄❄❄ ↕1m ↔60cm

Diese sich schnell ausbreitende Pflanze bildet Kolonien. Ihre blattreichen Stengel enden in spitzen Rispen weißer Blüten. Die Pflanze bevorzugt feuchte Böden. 🏆

WEITERE KANINCHENSICHERE MEHRJÄHRIGE

Aconitum 'Blue Sceptre'
Agapanthus Headbourne-Hybriden
Anemone × hybrida 'Königin Charlotte'
Convallaria majalis 'Fortin's Giant'
Crocosmia 'Lucifer'
Kniphofia triangularis
Paeonia officinalis 'Rubra Plena'
Pulmonaria saccharata, siehe S. 33
Sedum telephium ssp. *maximum* 'Atropurpureum', siehe S. 75
Vinca major

Nepeta × faassenii
KATZENMINZE
☼ ❄❄❄ ↕45cm ↔45cm

Diese bekannte und weit verbreitete Mehrjährige bildet Polster gräulichgrüner Blätter und trägt im Frühsommer lockere Rispen kleiner, lavendelblauer Blüten.

Tradescantia 'Purple Dome'
DREIMASTERBLUME
☼ ❄❄❄ ↕60 cm ↔45 cm

Büschel fleischiger Stiele, die mit lanzettförmigen Blättern besetzt sind, tragen im Sommer Trauben leuchtend purpurfarbener Blüten; in vielen Sorten erhältlich.

Trollius europaeus
TROLLBLUME
☼ ❄❄❄ ↕60cm ↔45cm

Diese polsterbildende Pflanze hat langstielige Blätter und verzweigte Stände schöner Frühjahrsblüten. Eine der schönsten Sorten trägt den Namen 'Superbus'.

KLETTERPFLANZEN

△ EFEUBEDECKTER SCHUPPEN *Dieser Efeu (Hedera colchica* 'Dentata Variegata'*) paßt auf eine unansehnliche Wand.*

DIE VERBREITETSTEN Kletterpflanzen sind Mehrjährige mit holzigen Stämmen sowie Sträucher mit langen Zweigen. Sie lassen sich an Bäumen wie Sträuchern hochziehen und können Wände bedekken – unabhängig davon, ob sie nun selber klettern oder mittels Kletterhilfen abgestützt werden.

△ *Abutilon megapotamicum*

IHRE VORZÜGE
• Nützlich für Baumstümpfe oder unansehnliche Gebäude. • Bieten zu jeder Jahreszeit Blüten. • Sträucher dienen auch als Kletterer. • Dichtes oder dekoratives Laub. • Duftende Blüten. • Schutz und Nistplätze für Vögel. • Leuchtende Blattfarben im Herbst. • Bieten dekorative Früchte oder Samenkapseln. • Ganzjährige Wirkung, wenn eine Pflanze eine andere stützt.

Die Pflanzen, die wir hier vorstellen, sind echte Kletterer oder Sträucher, die an Mauern gezogen werden können. Sie bieten eine Vielfalt interessanter Blickfänge, von farbenfrohen Blüten bis zu dekorativen Früchten. Viele verfügen über attraktives Blattwerk. Sobald sie Halt gefunden haben, können sowohl Spaliersträucher als auch Kletterpflanzen andere Gewächse stützen, wodurch sich bei sorgfältiger Planung ein ganzjähriges Arrangement erzielen läßt. Alle vorgestellten Kletterer sind laubwechselnd, solange sie nicht als immergrün beschrieben werden.

DER SONNE ENTGEGEN

Viele der wegen ihrer Blüten angepflanzten Kletterer gedeihen am besten an sonnigen Standorten. Zwei beliebte Arten, *Clematis* und Blauregen, ziehen Sonne für die Blüten und Schatten für die Wurzeln vor. Kletterer, die an einer Mauer wachsen, profitieren von reflektierter Wärme, was Wuchs und Knospenbildung vorantreibt.

WALDSCHATTEN

Die Kühle schattiger Mauern, die oft mit feuchten, durchlässigen Böden einhergeht, bildet eine perfekte Umgebung für viele im Wald heimische Kletterpflanzen. Ein gutes Beispiel ist Efeu (vor allem panaschierte Varietäten), der sich an schattigen bis halbschattigen Mauern wohl fühlt. Dies gilt auch für die südamerikanischen Waldbewohner *Lapageria* und *Berberidopsis.*

△ KLETTERHILFE *Dieser Pfosten wird von einer frühjahrsblühenden Säckelblume und einem Geißblatt geschmückt.*

◁ HÜBSCHES FENSTER *Blauregen, Rose und* Clematis-*Varietäten verleihen diesem Fenster einen farbenfrohen Rahmen.*

▷ SOMMERLICHE PRACHT *Verschwenderische Fülle von* Clematis, *Knöterich und Gemeinem Hopfen bedeckt diese Mauer.*

Kletterpflanzen für warme, sonnige Mauern und Zäune

SONNIGE MAUERN UND ZÄUNE sind ein idealer Standort für Kletterpflanzen. Bei sorgfältiger Auswahl kann man mehrere ineinanderwachsen lassen, um eine ganzjährige Wirkung zu erzielen. Ziegel- oder Steinmauern absorbieren die Sonnenwärme, was Wachstum und Blüte der Kletterer fördert. Alle hier vorgestellten Pflanzen benötigen Kletterhilfen.

Lonicera × americana
GEISSBLATT
☼ ❄❄❄ ↕↔7m

Diese frei blühende Kletterpflanze trägt vom Sommer bis Frühherbst duftende, röhrenförmige gelbe Blüten. Ihre Blätter sind in der Jugend purpurfarben. 🏆

Actinidia kolomikta
STRAHLENGRIFFEL
☼ ❄❄❄ ↕↔4,5m

Diese Pflanze gedeiht relativ langsam. Sie hat herzförmige Blätter, die oft crème- oder rosafarbene Flecken aufweisen, und trägt im Sommer weiße Blüten. 🏆

Passiflora caerulea
PASSIONSBLUME
☼ ❄❄ ↕↔10m

Diese schnellwachsende Pflanze mit gefingerten Blättern trägt vom Sommer bis zum Herbst ungewöhnliche Blüten, auf die attraktive Samenkapseln folgen. 🏆

Clematis 'Bill Mackenzie'
WALDREBE
☼ ❄❄❄ ↕↔7m

Diese kraftvoll kletternde *Clematis* trägt im Sommer und Herbst wunderschöne, lampionartige, hängende Blüten, auf die hübsche, seidige Früchte folgen. 🏆

Clematis 'Jackmanii'
WALDREBE
☼ ❄❄❄ ↕↔3m

Eine beliebte Gartenpflanze, die mit Hilfe rankender Blattstiele klettert. Sie trägt im Sommer große, samtige, purpurblaue Blüten, die sich später violett färben. 🏆

Rosa 'Dublin Bay'
KLETTERROSE
☼ ❄❄❄ ↕↔2,2m

'Dublin Bay' ist eine kletternde Floribunda-Rose von dichtem Wuchs mit dunkelgrünen Blättern und kelchförmigen Blüten vom Sommer bis zum Frühherbst. 🏆

Rosa 'Mme Gregoire Staechelin'
KLETTERROSE
☼ ❄❄❄ ↕↔3m

Diese kraftvolle Kletterrose ist eine der schönsten ihrer Art mit glänzend grünen Blättern und üppigen Büscheln runder, leicht duftender Blüten im Sommer. 🏆

Rosa 'Maigold'
KLETTERROSE
☼ ❄❄❄ ↕↔4m

Diese Kletterrose hat dornige Zweige und üppiges Blattwerk. Ihre in der Knospe rötlichen, bronzegelben Blüten erscheinen vom Sommer bis in den Herbst. 🏆

WEITERE KLETTERPFLANZEN FÜR SONNIGE STANDORTE

Araujia sericifera
Campsis × tagliabuana 'Madame Galen'
Clematis armandii, siehe S. 104
Dregea sinensis
Jasminum officinale 'Affine'
Lonicera periclymenum 'Graham Thomas', siehe S. 103
Mandevilla suaveolens
Mutisia ilicifolia
Rosa banksiae 'Lutea'
Solanum jasminoides, siehe S. 95
Sollya heterophylla
Wisteria sinensis, siehe S. 105

Solanum jasminoides 'Album'
NACHTSCHATTEN
☼ ❄❄ ↕↔6m

Diese halbimmergrüne Pflanze windet sich mit ihren Ranken durch jede Kletterhilfe. Sie trägt vom Sommer bis zum Herbst Büschel sternförmiger Blüten. 🏆

Vitis vinifera 'Purpurea'
ECHTER WEINSTOCK
☼ ❄❄❄ ↕↔7m

Eine kraftvolle Sorte mit Blättern, die eine weinrot-purpurne Färbung annehmen, wenn im Herbst kleine blauschwarze Trauben heranwachsen. 🏆

SELBSTKLETTERNDE PFLANZEN FÜR SONNIGE MAUERN UND ZÄUNE

Campsis radicans
Cissus striata
Decumaria barbara
Decumaria sinensis, siehe S. 105
Ficus pumila
Parthenocissus tricuspidata 'Lowii'
Trachelospermum asiaticum, siehe S. 107
Trachelospermum jasminoides, s. S. 104
Trachelospermum jasminoides 'Variegatum'

Wisteria floribunda 'Alba'
JAPANISCHER BLAUREGEN
☼ ❄❄❄ ↕↔9m

Diese kraftvolle Pflanze hat gefiederte Blätter. Sie trägt im Frühsommer Rispen weißer Schmetterlingsblüten; gedeiht in neutralen bis leicht sauren Böden. 🏆

Kletterpflanzen für schattige Mauern und Zäune

DIE KÜHLEREN BEDINGUNGEN an Orten ohne direkte Sonneneinstrahlung genügen vielen Kletterpflanzen, die in Waldgebieten oder an ähnlich schattigen Orten heimisch sind. Die meisten müssen gestützt werden; auch die Selbstkletternden profitieren in den ersten ein oder zwei Jahren nach der Pflanzung von einer solchen Kletterhilfe.

Berberidopsis corallina
KORALLENSTRAUCH
☼ ☀ ❄❄ PH ↕↔4,5m

Die rankenden Stengel mit immergrünen Blättern müssen an eine Stütze gebunden werden. Seine hängenden Blüten erscheinen von Sommer bis Herbst.

Clematis × *jouiniana* 'Praecox'
WALDREBE
☼ ☼ ❄❄❄ ↕↔3m

Diese dicht wachsende Pflanze sollte an einer Stütze hochgezogen werden. Ihr rauhes Blattwerk bildet im Spätsommer den Hintergrund für röhrenförmige Blüten. 🏆

Clematis montana f. *grandiflora*
BERGWALDREBE
☼ ☼ ❄❄❄ ↕↔10m

Mit der Zeit wird diese kraftvolle Kletterpflanze einen dichten Vorhang bronzepurpurfarbener, später grüner Blätter bilden. Sie trägt im Frühjahr weiße Blüten. 🏆

Clematis 'Nelly Moser'
WALDREBE
☼ ❄❄❄ ↕↔3,5m

Im Frühsommer bedecken malvenfarbene Blüten mit einem karmesinroten Streifen diese rankende Waldrebe. Ihre Färbung verblaßt in starkem Sonnenlicht. 🏆

Hedera colchica 'Dentata Variegata'
KAUKASUSEFEU
☼ ☀ ❄❄❄ ↕↔5m

Eine immergrüne Pflanze mit an der Basis breiten, ledrigen Blättern, die unregelmäßig crèmefarben-weiß gerändert sind. Die Triebe verfügen über Luftwurzeln. 🏆

WEITERE LAUBWECHSELNDE KLETTERPFLANZEN FÜR SCHATTIGE MAUERN

- *Akebia trifoliata*
- *Aristotelia tomentosa*
- *Hydrangea anomala* ssp. *petiolaris*, siehe S. 107
- *Parthenocissus henryana*, siehe S. 107
- *Parthenocissus thomsonii*
- *Parthenocissus tricuspidata* 'Lowii'
- *Parthenocissus tricuspidata* 'Robusta'
- *Schizophragma hydrangeoides*
- *Schizophragma hydrangeoides* 'Roseum'

Hedera colchica 'Sulphur Heart'
KAUKASUSEFEU
☼ ☀ ❄❄❄ ↕↔5m

Dieser Efeu mit panaschierten Blättern ist im Wuchs der *H. c.* 'Dentata Variegata' sehr ähnlich. Zusammen angepflanzt, kommen beide Sorten gut zur Geltung. 🏆

Hedera helix 'Eva'
GEMEINER EFEU
☀ ☀ ❄❄❄ ↕↔ 1,2m

Die immergrünen Blätter dieser mehrfarbigen, selbstkletternden Sorte des Gemeinen Efeu sind grün oder graugrün mit breiten, crèmefarbenen Rändern. 🏆

Lapageria rosea
CHILEGLOCKE
☀ ☀ ❄❄ ↕↔ 5m

Die rankenden Stengel tragen ledrige, immergrüne Blätter und vom Sommer bis in den Spätherbst hängende, röhrenförmige Blüten mit fleischigen Blütenblättern. 🏆

Lonicera japonica 'Halliana'
JAPANISCHES GEISSBLATT
☼ ☀ ☀ ❄❄❄ ↕↔ 10m

Diese fruchtbare, rankende, immergrüne oder halbimmergrüne Kletterpflanze trägt von Sommer bis Herbst weiße Blüten, die sich im Alter gelblich verfärben. 🏆

Hedera helix 'Green Ripple'
GEMEINER EFEU
☀ ☀ ❄❄❄ ↕↔ 1,2m

Diese unverwechselbare Sorte des Gemeinen Efeu mit leuchtenden, spitz zulaufenden immergrünen Blättern eignet sich hervorragend für niedrige Mauern. 🏆

Humulus lupulus 'Aureus'
GEMEINER HOPFEN
☼ ☀ ❄❄❄ ↕↔ 6m

Eine krautartige Pflanze mit kräftigem Wuchs, haarigen, rankenden Stengeln und gelappten, gelbgrünen Blättern. Sie trägt im Herbst Dolden grüner Früchte. 🏆

Schizophragma integrifolium
SPALTHORTENSIE
☼ ☀ ❄❄❄ ↕↔ 12m

Diese langsam wachsende, selbstkletternde Pflanze kann große Höhen erreichen. Sie trägt im Sommer flache Blütenstände zwischen spitz zulaufenden Blättern. 🏆

IMMERGRÜNE KLETTERPFLANZEN FÜR SCHATTIGE MAUERN

Hedera pastuchovii
Holboellia latifolia
Lardizabala biternata
Pileostegia viburnoides, siehe S. 104

Sträucher für warme, sonnige Mauern und Zäune

SONNIGE MAUERN UND Zäune bieten Wärme und Schutz für weniger robuste Pflanzen. Auch eignen sie sich hervorragend für Sträucher mit kriechenden oder fragilen Zweigen, die ihre Durchschnittshöhe mit Unterstützung um einiges übersteigen können, wenn sie an einer Wand hochwachsen. Unter Umständen ist ein sorgfältiges Beschneiden nötig.

Abutilon megapotamicum
SCHÖNMALVE

☼ ❄❄ ↕↔3m

Dieser frei wachsende Strauch verfügt über einen hängenden Habitus mit schlanken Zweigen und trägt Blüten vom späten Frühjahr bis zum Herbst. 🏆

Callistemon pallidus
ZYLINDERPUTZER

☼ ❄❄ PH ↕↔3m

Zylinderputzer zählen zu den exotischsten immergrünen Sträuchern. Diese Sorte ist mit ihren im Sommer blühenden, crèmefarbenen Bürsten keine Ausnahme.

Ceanothus arboreus 'Trewithen Blue'
SÄCKELBLUME

☼ ❄❄❄ ↕↔6m

Dieser immergrüne Strauch eignet sich gut, um größere Flächen zu bedecken. Er blüht im Winter und Frühjahr und bevorzugt durchlässige, kalkfreie Böden. 🏆

Buddleja crispa
SCHMETTERLINGSSTRAUCH

☼ ❄❄ ↕↔2,5m

Die ovalen Blätter dieses Strauchs sind mit einem wolligen Pelz aus weichem, gräulichweißen Flaum bedeckt. Er trägt im Sommer dichte Rispen kleiner Blüten.

WEITERE LAUBWECHSELNDE STRÄUCHER FÜR WARME, SONNIGE MAUERN UND ZÄUNE

Abelia floribunda
Abeliophyllum distichum
Buddleja officinalis
Caesalpinia japonica
Chimonanthus praecox 'Grandiflorus', siehe S. 166
Clianthus puniceus
Colquhounia coccinea
Edgeworthia chrysantha
Indigofera heterantha, siehe S. 126
Lagerstroemia indica
Lavatera maritima
Prunus mume 'Alphandii'
Prunus mume 'Beni-shidore'
Punica granatum 'Flore Pleno'
Ribes speciosum
Viburnum macrocephalum 'Sterile'
Xanthoceras sorbifolium, siehe S. 127

Cytisus battandieri
GEISSKLEE

☼ ❄❄ ↕↔4m

Geißklee zu pflanzen, lohnt sich schon wegen seiner Blätter, die jeweils in drei Blättchen geteilt und mit seidenweichen, silbrigen Haaren bedeckt sind.

Feijoa (Acca) sellowiana
FEIJOA
☼ ❄❄ ↕↔ 3m

Die Sommerblüten dieses immergrünen Strauchs haben eßbare Blütenblätter und karmesinrote Staubfäden. Er trägt nach einem heißen Sommer eßbare Früchte.

Robinia hispida
BORSTIGE ROBINIE
☼ ❄❄❄ ↕↔ 2,5m

Diese Pflanze trägt vom späten Frühjahr bis in den Sommer hängende Trauben großer altrosa Blüten. Die Blätter sitzen an zerbrechlichen Stielen. 🏆

Fremontodendron 'California Glory'
FREMONTODENDRON
☼ ❄❄ ↕↔ 8m

Der Strauch hat von Frühjahr bis Herbst gelbe Blüten. An einem Zaun oder einer Mauer soll er zurückgeschnitten werden. Die Wurzeln dürfen nicht zu naß sein.

Rosa odorata 'Mutabilis'
TEEROSE
☼ ❄❄ ↕↔ 3m

Diese Teerose ist wegen ihrer purpurnen Triebe, der kupferfarbenen jungen Blätter und der Sommerblüten beliebt. An einer Mauer wächst sie höher als normal. 🏆

WEITERE IMMERGRÜNE STRÄUCHER FÜR WARME, SONNIGE MAUERN UND ZÄUNE

Acacia dealbata, siehe S. 158
Carpenteria californica, siehe S. 158
Ceanothus 'Concha'
Viburnum odoratissimum

Desmodium tiliifolium
DESMODIUM
☼ ❄❄ ↕↔ 2m

Von Spätsommer bis Herbst blühen Trauben von Schmetterlingsblüten über großen Blättern. Alte Triebe sollten jedes Frühjahr zurückgeschnitten werden.

Itea ilicifolia
ROSMARINWEIDE
☼ ❄❄ ↕↔ 5m

Von Sommer bis Herbst geben die grünlichen Kätzchen an warmen Sommerabenden ein honigartiges Aroma ab. Die dunkelgrünen Blätter sind immergrün. 🏆

Solanum crispum 'Glasnevin'
NACHTSCHATTEN
☼ ❄❄ ↕↔ 6 m

Dieser kraftvolle, kriechende Strauch ist in wärmeren Gebieten immergrün. Er trägt im Sommer lange Zeit Trauben sternförmiger Blüten; benötigt Stützen. 🏆

Sträucher für schattige Mauern und Zäune

Manche Gärtner mögen schattige Mauern oder Zäune als einen Fluch betrachten. Doch solange überhaupt Licht hingelangt, lassen sich alle Probleme meistern. Hier gedeihen noch viele Sträucher und Kletterpflanzen. Einige bevorzugen solche Bedingungen sogar, während andere mit und ohne Sonne blühen.

Azara microphylla
AZARA
☀ ● ❄❄ ↕↔ 6m

Der Strauch wird ohne Beschneidung zu einem kleinen Baum heranwachsen. Er ist mit Blättern besetzt und trägt im Spätwinter oder Frühjahr winzige Blüten. 🏆

Choenomeles speciosa 'Moerloosei'
ZIERQUITTE
☼ ☀ ● ❄❄❄ ↕↔ 2,5m

Dieser anpassungsfähige Strauch trägt im Frühjahr und Frühsommer große Blütendolden. Die Pflanze muß zurückgeschnitten und an Drähten gezogen werden. 🏆

Choenomeles × superba 'Rowallane'
ZIERQUITTE
☼ ☀ ● ❄❄❄ ↕↔ 1,5m

Eindrucksvoll im Frühjahr, wenn die alten Zweige hinter roten Blütendolden verborgen sind; sollte zurückgeschnitten und an einer Mauer gezogen werden. 🏆

Euonymus fortunei 'Silver Queen'
KLETTERSPINDELSTRAUCH
☼ ☀ ● ❄❄❄ ↕↔ 2,5m

Ein immergrüner Strauch, der im Beet niedrig wächst, sich aber an einer Mauer höher aufrichtet. Die dunkelgrünen Blätter haben crèmefarbene Ränder. 🏆

Forsythia suspensa
HÄNGEFORSYTHIE
☼ ☀ ● ❄❄❄ ↕↔ 3m

Dieser üppig rankende Strauch muß regelmäßig zurückgeschnitten und hochgebunden werden. Im Frühjahr überziehen sternförmige Blüten seine Zweige. 🏆

Garrya elliptica (männlich)
GARRYA
☼ ☀ ● ❄❄❄ ↕↔ 5m

Von Mitte des Winters bis zum Frühjahr sind die Zweige mit Narbenfäden behangen, die bei jedem Luftzug erzittern. Der Strauch hat ledrige, immergrüne Blätter.

Illicium anisatum
JAPANISCHER STERNANIS
☀ ● ❄❄ ↕↔ 2,5m

Die Blätter dieses langsam wachsenden, immergrünen Strauchs werden im Frühjahr durch sternförmige Blüten ergänzt. Das Holz hat ein angenehmes Aroma.

Jasminum humile
JASMIN
☼ ◑ ● ❄❄❄ ↕↔2m

Die zahlreichen Stengel dieses buschigen, immergrünen Strauchs sind mit vielgeteilten Blättern besetzt. Er trägt von Frühjahr bis Herbst Dolden gelber Blüten.

WEITERE IMMERGRÜNE STRÄUCHER FÜR SCHATTIGE MAUERN UND ZÄUNE

Azara lancifolia
Azara serrata
Camellia 'Inspiration'
Crinodendron hookerianum, siehe S. 132
Euonymus fortunei 'Emerald Gaiety', siehe S. 118
Garrya × issaquahenisis 'Glasnevin Wine'
Jasminum humile 'Revolutum'
Pyracantha 'Orange Glow', siehe S. 169

Kerria japonica 'Pleniflora'
GOLDKERRIE
☼ ◑ ● ❄❄❄ ↕↔3m

Dieser beliebte pflegeleichte Strauch hat lange grüne Schößlinge, die eine Stütze benötigen, sowie scharf gezähnte Blätter und leuchtend gelbe Frühjahrsblüten. 🏆

Pyracantha rogersiana
FEUERDORN
☼ ◑ ● ❄❄❄ ↕↔3m

Die stachligen immergrünen Zweige sind dicht besetzt mit schmalen Blättern. Die Blütenrispen des Frühsommers werden von orangeroten Beeren abgelöst. 🏆

WEITERE LAUBWECHSELNDE STRÄUCHER FÜR SCHATTIGE MAUERN UND ZÄUNE

Choenomeles speciosa 'Kermesina Semiplena'
Choenomeles speciosa 'Nivalis'
Choenomeles speciosa 'Phylis Moore'
Choenomeles × superba 'Crimson and Gold'
Choenomeles × superba 'Pink Lady'
Cotoneaster horizontalis
Lonicera × purpusii 'Winter Beauty', siehe S. 167

Jasminum nudiflorum
WINTERJASMIN
☼ ◑ ● ❄❄❄ ↕↔3m

Ein winterblühender Strauch mit langen Schößlingen, die vom Winter bis ins Frühjahr gelbe Blüten tragen; muß nach der Blüte zurückgeschnitten werden. 🏆

Piptanthus nepalensis
PIPTANTHUS
☼ ◑ ● ❄❄ ↕↔3m

Dieser Strauch hat einen kräftigen Wuchs und halbimmergrünes oder immergrünes Laub. Er trägt von Frühjahr bis Sommer Dolden hellgelber Schmetterlingsblüten.

Ribes laurifolium (männlich)
JOHANNISBEERE
◑ ● ❄❄ ↕↔2m

Eine langsam wachsende, immergrüne Johannisbeere, die hochgebunden werden muß und vom Spätwinter bis zum frühen Frühjahr hängende Blütentrauben trägt.

Kletterpflanzen für Bäume und Sträucher

WENN ES AN Mauern und Zäunen mangelt, können Sie Kletterpflanzen auch an Bäumen oder großen Sträuchern hochwachsen lassen, wo sie eine außerordentliche Wirkung entfalten. Ziehen Sie kräftige Kletterer an großen, schwächere an kleinen Bäumen oder Sträuchern. Das Wachstum sollte durch Zurückschneiden kontrolliert werden.

Akebia quinata
FINGERBLÄTTRIGE AKEBIE
☼ ◐ ❄❄ ↕↔ 10m

Diese kraftvolle, halbimmergrüne Pflanze klettert mit Hilfe von Ranken. Ihre bräunlich-purpurnen Blüten werden von walzenförmigen Früchten gefolgt.

Clematis 'Madame Julia Correvon'
WALDREBE
☼ ❄❄❄ ↕↔ 3,5m

Diese Kletterpflanze mit schlanken Zweigen trägt vom Sommer bis zum Frühherbst eine Fülle vierblättriger, weinroter Blüten mit crèmefarbenen Staubfäden. 🏆

Clematis rehderiana
RHEDERS WALDREBE
☼ ❄❄❄ ↕↔ 7m

Vom Spätsommer bis in den Herbst hinein bedecken lockere Rispen blaßgelber Blüten das dichte, gefiederte Blattwerk dieser rankenden Kletterpflanze. 🏆

WEITERE KLETTERPFLANZEN FÜR DEN BEWUCHS VON BÄUMEN

Ampelopsis aconitifolia
Aristolochia macrophylla
Hedera colchica 'Dentata Variegata', siehe S. 96
Humulus lupulus 'Aureus', siehe S. 97
Vitis vinifera 'Purpurea', siehe S. 95

Celastrus orbiculatus
BAUMWÜRGER
☼ ◐ ❄❄❄ ↕↔ 20m

Die Blätter dieser Kletterpflanze verfärben sich im Herbst gelb, wenn sich an den bestäubten weiblichen Pflanzen orangefarbene Samenkapseln bilden. 🏆

Clematis montana var. *rubens*
BERGWALDREBE
☼ ❄❄❄ ↕↔ 10m

Diese rankende Kletterpflanze bildet im späten Frühjahr und Frühsommer dichte Laubvorhänge mit rosafarbenen Blüten; sie ist in vielen Sorten erhältlich. 🏆

Hedera colchica
KAUKASUSEFEU
☼ ◐ ● ❄❄❄ ↕↔ 10m

Der Kaukasusefeu ist eine immergrüne Pflanze mit kräftigem Wuchs, die sich auch als Bodendecker eignet. Seine glänzenden Blätter sind spitz zulaufend. 🏆

Lonicera periclymenum 'Graham Thomas' **WALDGEISSBLATT**

☼ ❄❄❄ ↕↔ 7m

Diese dicht wachsende, rankende Kletterpflanze hat ovale Blätter und trägt im Sommer lockere Büschel weißer Blüten, die sich im Alter gelb färben.

Polygonum baldschuanicum
KNÖTERICH

☼ ❄❄❄ ↕↔ 12m

Diese wuchernde, rankende Kletterpflanze trägt im Sommer und Frühherbst Narbenfäden weißer oder rosagetönter Blüten; verträgt keine trockenen Böden.

Rosa 'Albertine'
KLETTERROSE

☼ ❄❄❄ ↕↔ 5m

Die Sorte 'Albertine' ist eine kraftvoll und üppig rankende Kletterrose. Sie hat dornige rötliche Zweige und trägt im Sommer gefüllte lachsfarbene Blüten.

Rosa filipes 'Kiftsgate'
KLETTERROSE

☼ ❄❄❄ ↕↔ 10m

Diese Rose hat glänzend grünes Blattwerk und trägt im Sommer Trauben duftend weißer Blüten, auf die kleine rote Hagebutten folgen. Sie wuchert üppig.

Tropaeolum speciosum
KAPUZINERKRESSE

☼ ❄❄❄ ↕↔ 3m

Von Sommer bis Herbst schmücken diese Pflanze langspornige Blüten mit fleischigen, rankenden Zweigen, auf die leuchtend blaue Früchte folgen.

Vitis coignetiae
WEINREBE

◐ ❄❄❄ ↕↔ 20m

Diese kraftvolle Weinrebe klettert mit Hilfe von Ranken und wird wegen ihrer Blätter gepflanzt, die sich im Herbst karmesin- und scharlachrot verfärben.

WEITERE BLÜHENDE KLETTERPFLANZEN FÜR DEN BEWUCHS VON BÄUMEN

Clematis 'Jackmanii', siehe S. 94
Clematis 'Perle d'Azur'
Clematis viticella 'Purpurea Plena Elegans'
Hydrangea anomala ssp. *petiolaris*, siehe S. 107
Jasminum officinale
Rosa bruonii 'La Mortola'
Schisandra rubrifolia
Wisteria sinensis, siehe S. 105

Wisteria floribunda 'Macrobotrys'
GLYZINE

☼ ❄❄❄ ↕↔ 10m

Im Frühsommer trägt diese kraftvoll rankende Kletterpflanze lilafarbene Schmetterlingsblüten in hübschen, hängenden Trauben von bis zu 1,2m Länge.

Immergrüne Kletterpflanzen

ABGESEHEN VOM EFEU ist die Auswahl der für kühle, gemäßigte Regionen geeigneten immergrünen Kletterpflanzen klein, wenn man sie mit der Fülle laubwechselnder vergleicht. Dies macht sie – besonders im Winter – um so wertvoller, da ihr Laub dem Garten eine willkommene Farbe verleiht und sowohl unansehnliche Gebäude verbergen kann, als auch Schutz für wildlebende Tiere bietet. Die meisten immergrünen Kletterpflanzen benötigen eine Kletterhilfe.

WEITERE IMMERGRÜNE KLETTERPFLANZEN

Cissus striata
Clematis cirrhosa var. *balearica*
Clematis fasciculiflora
Hedera canariensis 'Gloire de Marengo'
Hedera colchica 'Sulphur Heart', s. S. 96
Holboellia coriacea
Holboellia latifolia
Lapageria rosea, siehe S. 97
Lonicera japonica
Rosa bracteata
Rubus henryi

Clematis armandii
WALDREBE
☼ ❄❄❄ ↕↔5m

Diese Kletterpflanze hat dunkelgrüne Blättchen und trägt im Frühjahr weiße oder rosafarbene Blüten; sie gedeiht am besten an einem geschützten Standort.

Pileostegia viburnoides
SCHNEEBALLHORTENSIE
☼ ◐ ❄❄ ↕↔6m

Diese Verwandte der Hortensie klettert mit Hilfe von Luftwurzeln selbst. Sie trägt im Spätsommer und frühen Herbst winzige, crèmefarbene Blüten. 🏆

Clematis cirrhosa
WALDREBE
☼ ❄❄❄ ↕↔3m

Die Zweige und farnartigen Blätter bilden einen dichten Vorhang. Vom Spätwinter bis zum Frühjahr trägt diese Pflanze Trauben crèmefarbener Blüten.

Hedera helix 'Buttercup'
GEMEINER EFEU
☼ ◐ ❄❄❄ ↕↔6m

Die Blätter dieser Pflanze sorgen für einen dichten Bewuchs. Sie verfärben sich im Sommer leuchtend gelb, können aber bei übermäßiger Sonne verbrennen. 🏆

Trachelospermum jasminoides
STERNJASMIN
☼ ❄❄ ↕↔6m

Diese Pflanze sollte anfangs mit Draht gestützt werden. Sie hat dunkelgrüne Blätter, die sich im Winter rot färben können. Im Sommer trägt sie weiße Blüten. 🏆

Kletterpflanzen mit duftenden Blüten

BEI DER ERWÄHNUNG duftender Kletterpflanzen denken die meisten Menschen sofort an ein Geißblatt, das sich um ein Gartentor herum windet. Es existieren aber noch viele andere Kletterpflanzen, deren Duft man nie vergißt, wenn man ihn einmal erlebt hat.

Clematis flammula
MANDELWALDREBE
☼ ❄❄❄ ↕↔5m

Die krautartigen Zweige dieser kraftvollen Kletterpflanze sind mit gefiederten Blättern besetzt und tragen im Spätsommer und Frühherbst weiße Blüten.

Jasminum officinale 'Argenteovariegatum' **JASMIN**
☼ ❄❄❄ ↕↔5m

Diese halbimmergrüne Pflanze hat rankende Zweige sowie gefiederte Blätter mit crèmefarbenem Rand und trägt im Sommer weiße Blüten mit rosa Spitzen. 🏆

Decumaria sinensis
STERNHORTENSIE
☼ ❄❄ ↕↔4m

Diese immergrüne Kletterpflanze verfügt über Luftwurzeln und schmale, spitz zulaufende Blätter. Sie trägt im Frühjahr Rispen winziger, grünlichweißer Blüten.

Lonicera periclymenum 'Serotina'
WALDGEISSBLATT
☼ ◐ ❄❄❄ ↕↔5m

Diese Pflanze mit in der Jugend purpurfarbenen Schößlingen trägt im Sommer lange, purpurfarbene Blüten, die im Inneren zu einem Gelbton verblassen. 🏆

Rosa 'Wedding Day'
KLETTERROSE
☼ ❄❄❄ ↕↔8m

Die gelben Knospen dieser Kletterrose mit dornigen Zweigen öffnen sich im Sommer zu crèmeweißen Blüten, die sich im Alter blaßrosa verfärben.

Wisteria sinensis
CHINESISCHE GLYZINE
☼ ❄❄❄ ↕↔20m

Diese rankende Pflanze muß beschnitten werden, wenn sie an einer Mauer hochgezogen wird. Sie trägt im Sommer dichte Trauben lila und blaßvioletter Blüten. 🏆

WEITERE KLETTERPFLANZEN MIT DUFTENDEN BLÜTEN

Clematis maximowicziana
Clematis montana 'Fragrant Spring'
Clematis montana var. *wilsonii*
Clematis rehderiana, siehe S. 102
Dregea sinensis
Jasminum x *stephanense*
Lonicera caprifolium
Mandevilla laxa
Rosa polyantha grandiflora
Trachelospermum jasminoides, s. S. 104

Ein- und zweijährige Kletterpflanzen

DIE MEISTEN AUS SAMEN gezogenen Kletterpflanzen, die als einjährige behandelt werden, sind in der Wildnis und in wärmerem Klima mehrjährig. Wenn man sie in Kübel pflanzt, können viele von ihnen unter Glas überwintern; andere überleben an einem warmen, geschützten Standort besonders in milden Wintern auch im Freien mehrere Jahre.

Cobaea scandens
GLOCKENREBE
☼ ❄ ↕↔6m

Diese mit Hilfe von Ranken kletternde Pflanze hat gelbgrüne Blüten, die sich mit dem Alter purpurn färben und auf einem grünen Kelch sitzen. 🏆

Ipomoea 'Heavenly Blue'
PRUNKWINDE
☼ ❄ ↕↔3m

Diese ein- oder mehrjährige Pflanze hat rankende Zweige und herzförmige Blätter mit langer Spitze. Sie trägt von Sommer bis Herbst große, himmelblaue Blüten. 🏆

Rhodochiton atrosanguineus
ROSENKELCH
☼ ❄ ↕↔5m

Diese von Frühjahr bis Herbst blühenden Pflanzen bestehen aus einem altrosafarbenen Kelch und einer kastanienbraunschwarzen, röhrenförmigen Blüte.

EINJÄHRIGE KLETTERPFLANZEN

Asarina barclaiana
Dicentra torulosa
Ipomoea alba
Lablab purpureus
Tropaeolum peregrinum

Eccremocarpus scaber
SCHÖNRANKE
☼ ❄ ↕↔3m

Dieser immergrüne Kleinstrauch klettert mit Hilfe von Ranken. Er hat farnartige Blätter und trägt im Sommer Rispen orangefarbener, roter oder gelber Blüten. 🏆

GARTENWICKEN

Lathyrus odoratus 'Annabelle'
Lathyrus odoratus 'Anniversary'
Lathyrus odoratus 'Painted Lady'
Lathyrus odoratus 'White Supreme'
Lathyrus odoratus 'World's Children'

Thunbergia alata
SCHWARZÄUGIGE SUSANNE
☼ ❄ ↕↔3m

Orangegelbe Blüten mit schwarzer Mitte überziehen diese Kletterpflanze den gesamten Sommer hindurch bis zum Herbst. Sie hat eine Fülle herzförmiger Blätter.

Selbstkletternde Pflanzen

ABGESEHEN VOM EFEU sind nur wenige selbstkletternde Pflanzen für ein kühles Klima robust genug – besonders im Vergleich zu den Pflanzen, die auf andere Art klettern. Deshalb sind winterfeste Selbstkletterer nicht nur für die Begrünung von Mauern und Zäunen von besonderem Wert, sondern auch für die Stämme geeigneter Bäume. Die hier vorgestellte Auswahl schließt solche Pflanzen mit ein, die sich mit Luftwurzeln oder Saugnäpfen festhalten.

Parthenocissus henryana
JUNGFERNREBE
☼ ◑ ● ❄❄❄ ↕↔6m

Dieser Zierwein hält sich mit Rankenenden. Seine fünfgeteilten Blätter, silbern geädert und grün oder bronzefarben, verfärben sich im Herbst stark. 🏆

Hydrangea anomala ssp. *petiolaris*
KLETTERHORTENSIE
☼ ◑ ● ❄❄❄ ↕↔10m

Die Zweige dieses mit Hilfe von Luftwurzeln kletternden Strauchs haben tiefbraune, abblätternde Borke. Er trägt im Sommer Schirmrispen weißer Blüten. 🏆

Parthenocissus tricuspidata 'Veitchii'
DREISPITZ-JUNGFERNREBE
☼ ◑ ● ❄❄❄ ↕↔15m

Diese kraftvolle Jungfernrebe bedeckt in kurzer Zeit mit ihren efeuartigen grünen Blättern, die sich im Herbst leuchtend verfärben, ganze Mauern. 🏆

Hedera helix 'Goldheart'
GEMEINER EFEU
☼ ◑ ● ❄❄❄ ↕↔3m

Dieser Efeu hat immergrüne Blätter mit einem goldenen Fleck in der Mitte. Blätter mit umgekehrter Färbung sollten sofort entfernt werden.

WEITERE SELBSTKLETTERNDE PFLANZEN

Campsis radicans
Decumaria barbara
Decumaria sinensis, siehe S. 105
Euonymus fortunei 'Coloratus'
Ficus pumila
Hedera canariensis 'Gloire de Marengo'
Hedera colchica, siehe S. 102
Hedera colchica 'Sulphur Heart', s. S. 96
Hedera helix 'Cavendishii'
Hedera helix 'Pedata'
Hedera nepalensis
Hydrangea anomala
Hydrangea seemannii
Hydrangea serratifolia
Parthenocissus tricuspidata 'Lowii'
Pileostegia viburnoides, siehe S. 104
Schizophragma hydrangeoides
Schizophragma hydrangeoides 'Roseum'
Schizophragma integrifolium

Trachelospermum asiaticum
☼ ❄❄ ↕↔6m

Die Zweige dieser (an einem windgeschützten Standort) selbstkletternden Pflanze winden sich um jede Stütze. Sie tragen im Sommer crèmeweiße Blüten. 🏆

STRÄUCHER

UNSERE STRÄUCHER schlagen im Garten eine Brücke zwischen den Bäumen und den mehrjährigen Pflanzen. Viele Sträucher sind so unverwechselbar und eindrucksvoll, daß sie sich hervorragend zur Solitärpflanzung auf Rasenflächen oder in Rabatten eignen, wo sie sich frei und zu voller Pracht entwickeln können.

△ INSEKTENPARADIES *Die nektargefüllten Blüten des Schmetterlingsstrauchs* (Buddleja davidii) *locken Insekten an.*

△ *Aucuba japonica* 'Crotonifolia'

DIE VORTEILE VON STRÄUCHERN

- Blühende und früchtetragende Sträucher ziehen Vögel und Kleintiere an.
- Große Vielfalt an Formen und Sorten.
- Blütenreichtum zu jeder Jahreszeit.
- Immergrüne sind im Winter attraktiv.
- Für Rasenflächen und Beete.
- Großartig in Mischpflanzungen mit Mehrjährigen, Kletterpflanzen und/oder Nadelbäumen.
- Üppige Pracht bereits im Frühling.
- Gut als Bodendecker zu verwenden.

Die Vielfalt der Sträucher reicht von kleinen, bodendeckenden bis zu großen, robusten Arten. Dazu gehören auch solche mit Eigenschaften, die sie zu einem wichtigen Bestandteil im Garten machen. Für eine ansprechende Gestaltung sind horizontale Äste wie bei *Viburnum plicatum* 'Mariesii', ein geschwungener Wuchs wie beim Geißklee *(Cytisus)* und aufrechte Pflanzen wie *Viburnum sargentii* 'Onondaga' dankbare Hilfen.

ROBUST UND EMPFINDLICH

Viele Sträucher sind winterhart; einige bevorzugen jedoch wärmere Standorte. Pflanzen Sie empfindliche Sträucher in Kübel und stellen Sie sie im Winter in geschlossene Räume. Manche Sträucher gedeihen im Sommer, ihre Triebe sterben jedoch im Winter ab und sollten entfernt werden, wenn das Wachstum im Frühjahr einsetzt.

STETIG ODER VIELFÄLTIG

Immergrüne Pflanzen verleihen einem Garten einen Hauch von Beständigkeit – besonders, wenn laubwechselnde und krautartige Pflanzen keine Blätter mehr haben. Alle Sträucher in diesem Kapitel sind laubwechselnd, sofern sie nicht als immergrün benannt werden. Bei vielen laubwechselnden Sträuchern lohnt sich die Pflanzung schon wegen ihres Blattwerks. Einige Sorten entwickeln eine herrliche Herbstfärbung und können selbst als Solitärpflanzen Ihren Garten bereichern.

△ BODENDECKER *Die Scheinbeere* (Gaultheria procumbens) *ist ein schöner Bodendecker für kalkfreie Böden.*

◁ FRÜHLINGSFEST *Azaleen und Rhododendren wachsen in der Natur gemeinsam und passen im Garten gut zusammen.*

▷ SPÄTSOMMERZAUBER *Diese Sorte der* Hydrangea macrophylla *hat am Ende des Sommers ein prachtvolles Aussehen.*

Große Sträucher zur Solitärpflanzung

VIELE GÄRTEN HABEN zumindest eine Stelle, an der sich etwas Besonderes pflanzen läßt – vielleicht ein Rasenstück, der Innenhof oder eine Rabatte. Oft pflanzt man dort einen Baum, doch die Entscheidung für einen der eindrucksvollen Sträucher stellt eine erfrischende Alternative dar, was mit einer üppigen Blütenpracht belohnt wird.

Aesculus parviflora
SCHWÄRMER-ROSSKASTANIE
☼ ◐ ❄❄❄ ↕3m ↔5m

Sie bildet ein dichtes, anfangs bronzerotes Blattwerk, das im Herbst eine gelbe Färbung annimmt. Die Pflanze hat im Sommer spitz zulaufende Rispenblüten. 🏆

Clerodendrum trichotomum
LOSBAUM
☼ ❄❄❄ ↕3m ↔4m

Die Blätter dieses Strauchs sind wohlriechend. Rosafarbene Knospen öffnen sich im Spätsommer zu weißen Blüten, denen türkisblaue Beeren folgen. 🏆

Chionanthus virginicus
SCHNEEFLOCKENSTRAUCH
☼ ❄❄❄ ↕3m ↔4m

Dieser Strauch trägt Blätter, die sich im Herbst gelb färben. Weiße Blütenzweige schmücken die Äste im Sommer. Die Pflanze verträgt keine trockenen Böden.

Ligustrum sinense
LIGUSTER
☼ ◐ ❄❄❄ ↕↔5m

Dieser halbimmergrüne Strauch breitet sich mit der Zeit aus. Seine dicht mit Blättern besetzten Äste tragen Blütenköpfe mit kleinen weißen Sommerblüten.

Magnolia liliiflora 'Nigra'
PURPURMAGNOLIE
☼ ◐ ❄❄❄ PH ↕↔3m

Diese Magnoliensorte wächst zu einem Busch mit dichtem glänzenden Blattwerk heran. Die Pflanze trägt Blüten vom Frühjahr bis zum Frühherbst. 🏆

Pieris formosa var. *forrestii* 'Wakehurst'
LAVENDELHEIDE
◐ ❄❄❄ PH ↕↔3m

Die jungen, frischen Blätter dieses immergrünen Strauchs sind im Frühjahr leuchtend rot. Später trägt er hängende Blütenzweige mit weißen Blüten. 🏆

GROSSE STRÄUCHER FÜR DIE EINZEL- UND GRUPPENPFLANZUNG

Aesculus californica
Camellia × williamsii 'Brigadoon'
Elaeagnus 'Quicksilver', siehe S. 220
Genista aetnensis
Hydrangea paniculata 'Pink Diamond'
Hydrangea plicatum 'Mariesii'
Mahonia × media 'Lionel Fortescue'
Malus sargentii
Photinia × fraseri 'Red Robin'
Syringa × josiflexa 'Bellicent'

Sträucher mit starken Blättern

ERFAHRENE GÄRTNER wählen Pflanzen wegen ihres Blattwerks und ihrer Blütenpracht aus. Dies ist bei großen Sträuchern besonders wichtig, da sie im allgemeinen viel Platz in Anspruch nehmen. Wenn ein Strauch sowohl ein schönes Blattwerk als auch reizvolle Blüten hat, sollten Sie ihn auf jeden Fall in Betracht ziehen, denn Pflanzen mit doppelter Wirkung verdienen ihren Platz im Garten. Die im folgenden beschriebenen Sträucher stellen nur eine kleine Auswahl dar.

Paeonia delavayi var. *ludlowii*
PFINGSTROSE
☼ ☀ ❄❄❄ ↕↔ 2,5m

Die losen Äste dieses Strauchs tragen vom späten Frühjahr bis zum Frühsommer gelbe Blüten. *P. delavayi* besitzt ein ähnliches Blattwerk, jedoch dunkelrote Blüten. 🏆

Fatsia japonica
ZIMMERARALIE
☀ ☀ ❄❄❄ ↕↔ 3m

Der sich wölbende, immergrüne Strauch trägt Blätter, die von leuchtender Färbung sind. Ihre Dolden weißer Blüten werden von schwarzen Beeren abgelöst. 🏆

WEITERE STRÄUCHER MIT KRÄFTIGEN BLÄTTERN

Aralia elata
Decaisnea fargesii
Hydrangea sargentiana
Magnolia delavayi
Mahonia lomariifolia
Prunus laurocerasus 'Magnoliifolia'
Rhamnus imeritina
Rhus × pulvinata 'Red Burgundy Lace'
Rubus odoratus
Sambucus canadensis 'Maxima'
Yucca recurvifolia

STRÄUCHER

Eriobotrya japonica
WOLLMISPEL
☼ ❄❄ ↕↔ 4m

Dieser immergrüne Strauch zeichnet sich durch ledrige Blätter aus, die auffällig geädert sind. Auf die weißen Herbstblüten folgen orangegelbe Früchte. 🏆

Hydrangea quercifolia
HORTENSIE
☀ ❄❄❄ ↕ 1,5m ↔ 2,5m

Dieser Strauch trägt ein gelapptes Blattwerk, das im Herbst eine kräftige Färbung annimmt. Er bringt vom Sommer bis Herbst weiße Blumenköpfe hervor. 🏆

Rhus glabra
SCHARLACHSUMACH
☼ ❄❄❄ ↕↔ 2,5m

Die glatten Triebe sind mit blaugrünen, paarig gefiederten Blättern besetzt. Die weibliche Pflanze trägt im Sommer Blüten, denen rotbraune Früchte folgen. 🏆

Große Strauchrosen zur Solitärpflanzung

DIE MEISTEN STRAUCHROSEN treten in freier Natur als Einzelexemplare auf – mit genügend Raum, um sich zu entfalten. In Gärten mit ausreichend Platz sollten Strauchrosen auf die gleiche Weise gepflanzt werden. Setzen Sie sich ausbreitende Sorten als Einzelpflanzen auf den Rasen, wo ihre Schönheit von allen Seiten aus bewundert werden kann.

Rosa 'Complicata'
GALLICA-ROSE
☼ ❄❄❄ ↕2,2m ↔2,5m

Diese Rose ist ein kräftiger Strauch mit dornenbesetzten Stielen. Sie trägt im Sommer rosa Einzelblüten mit weißer Mitte; kann auch in Bäumen ranken. 🏆

Rosa 'Mme Isaac Pereire'
BOURBON-ROSE
☼ ❄❄❄ ↕2,2m ↔2m

Diese Rose ist mit Stacheln besetzt. Vom Sommer bis Herbst trägt sie Blüten von dunkelroter Farbe, die zum Rand hin in Magentarot übergeht. 🏆

WEITERE STRAUCHROSEN MIT HAGEBUTTEN

- *Rosa davidii*
- *Rosa* 'Hillieri'
- *Rosa macrophylla*
- *Rosa macrophylla* 'Master Hugh'
- *Rosa moyesii*
- *Rosa prattii*
- *Rosa roxburghii*
- *Rosa rugosa* 'Scabrosa'
- *Rosa setipoda*
- *Rosa sweginzowii*
- *Rosa* 'Wintonensis'

Rosa 'Alexander'
TEEHYBRIDE
☼ ❄❄❄ ↕1,7m ↔75cm

Diese Teehybride mit raschem Wuchs und aufrechten Trieben läßt sich sehr gut als Hecke verwenden. Sie trägt von Sommer bis Herbst gefüllte rote Blüten. 🏆

Rosa 'Iceberg'
FLORIBUNDA-ROSE
☼ ❄❄❄ ↕1,5m ↔1,2m

'Iceberg' ist eine Floribunda-Rose mit kräftigem, aufrechtem Wuchs und glänzendem Blattwerk; sie trägt im Sommer und Herbst Büschel gefüllter Blüten. 🏆

Rosa 'Marguerite Hilling'
STRAUCHROSE
☼ ❄❄❄ ↕↔2,2m

Ein kraftvoller Strauch mit dichtem Blattwerk; er bringt im Sommer viele, im Herbst eine geringere Zahl von dunkelrosa Blüten mit hellerer Mitte hervor. 🏆

Rosa moyesii 'Geranium'
WILDROSE
☼ ❄❄❄ ↕3m ↔2,2m

Die ausladenden Zweige dieser Rose mit schnellem, aufrechtem Wuchs tragen im Sommer schalenförmige Blüten, auf die flakonförmige Hagebutten folgen. 🏆

Rosa 'Roseraie de l'Hay'
RUGOSA
☼ ❄❄❄ ↕2,2m ↔2m

Diese stark wachsende Rugosa-Rose hat ein schönes Blattwerk und trägt vom Sommer bis Herbst intensiv duftende, samtene, tief karmesinrote Blüten. 🏆

Rosa 'Tour de Malakoff'
GALLICA-HYBRIDE
☼ ❄❄❄ ↕2m ↔1m

Diese Gallica-Hybride von kräftigem Wuchs trägt im Sommer rosettenartige Blüten, die sich mit der Zeit gräulich-purpur färben; benötigt eine Stütze. 🏆

Rosa 'Nevada'
STRAUCHROSE
☼ ❄❄❄ ↕↔2,2m

Diese kraftvolle, blattreiche Strauchrose trägt im Sommer eine Fülle crèmeweißer, duftender Blüten, die bei heißem Wetter eine rosa Färbung annehmen. 🏆

Rosa soulieana
WILDROSE
☼ ❄❄❄ ↕↔3m

Ihre Stiele sind von Stacheln übersät; das Blattwerk zeigt eine blaugrüne Färbung. Die gelben Knospen öffnen sich zu weißen Blüten; benötigt eine Stütze. 🏆

Rosa 'Pink Grootendorst' **RUGOSA-HYBRIDE**
☼ ❄❄❄ ↕2m ↔1,5m

Diese Rugosa-Hybride von buschigem Wuchs und stachelbewehrten Trieben hat runzlige Blätter und trägt vom Sommer bis Herbst rosettenartige Blüten. 🏆

WEITERE GROSSE STRAUCHROSEN ZUR SOLITÄR- UND GRUPPENPFLANZUNG

Rosa 'Alba Maxima'
Rosa 'Alba Semiplena'
Rosa 'Blanc Double de Coubert'
Rosa 'Dupontii'
Rosa eglanteria, siehe S. 169
Rosa 'Frühlingsgold'
Rosa glauca, siehe S. 153
Rosa 'Madame Hardy'
Rosa 'White Grootendorst'
Rosa willmottiae

Rosa xanthina 'Canary Bird'
WILDROSE
☼ ❄❄❄ ↕↔2,2m

Die ausladenden Triebe dieser kräftig wachsenden Wildrose sind mit farnähnlichen Blättern besetzt. Sie hat im Sommer viele, im Herbst wenige gelbe Blüten. 🏆

Mittelgroße Sträucher

VIELE DER SCHÖNSTEN Sträucher haben eine mittlere Höhe von 1,5-2,5m. Wenn Platz keine Rolle spielt, können solche Sträucher durch Gruppen- oder Reihenpflanzung eine großartige Wirkungen erzielen. In kleineren Gärten mit begrenztem Raum stellt jeder der hier aufgeführten Sträucher, auf eine Rasenfläche gesetzt, eine eindrucksvolle Solitärpflanze dar. Sie lassen sich gut mit kleineren Sträuchern oder Bodendeckern kombinieren und bilden lockere Gruppen.

Clerodendrum bungei
LOSBAUM
☼ ❄❄❄ ↕2m ↔ unbegrenzt

Von Spätsommer bis Herbst sitzen dunkelrosa Blütenköpfe zwischen den herzförmigen Blättern. Der Strauch treibt Schößlinge und purpurfarbene Triebe. 🏆

Deutzia × elegantissima 'Rosealind'
DEUTZIE
☼ ❄❄❄ ↕↔1,5m

Ist einer der am besten geeigneten Sträucher für kleine Gärten; ihr Busch aus geschwungenen Zweigen trägt im Sommer Dolden rosafarbener Blüten. 🏆

Exochorda × macrantha 'The Bride'
PRUNKSPIERE
☼ ❄❄❄ ↕1,5m ↔2,5m

Dieser in die Breite wachsende Strauch ist vom Frühjahr bis zum Frühsommer mit weißen Blüten bedeckt. Seine Äste weisen ein dichtes Blattwerk auf. 🏆

Hydrangea aspera
HORTENSIE
☼ ❄❄❄ ↕↔2,5m

Die flaumigen Blätter dieses Strauchs bilden einen ausgezeichneten Hintergrund für seine Blütendolden. Die Pflanze verträgt keine trockenen Böden.

Hydrangea macrophylla 'Lilacina'
HORTENSIE
☼ ❄❄❄ ↕1,5m ↔2m

Ihre Blütendolden an den Astspitzen überragen den dichten Busch aus schmalen, spitzen Blättern. Die Pflanze verträgt keine trockenen Böden.

WEITERE MITTELGROSSE LAUBWECHSELNDE STRÄUCHER

Berberis linearifolia 'Orange King'
Cytisus scoparius 'Cornish Cream'
Deutzia × hybrida 'Pink Pompon'
Lavatera 'Barnsley', siehe S. 129
Neillia thibetica, siehe S. 123
Paeonia delavayi var. *ludlowii*, s. S. 111
Philadelphus 'Belle Etoile'
Spiraea × vanhouttei, siehe S. 135
Syringa × persica, siehe S. 139
Weigela 'Mont Blanc'

Lavatera 'Rosea'
BECHERMALVE
☼ ❄❄❄ ↕↔2m

Die Bechermalve ist einer der schönsten mehrjährigen Sträucher; sie trägt im Sommer eine Fülle rosafarbener Blüten. Ihre Blätter sind mit Flaum besetzt. 🏆

Syringa microphylla 'Superba'
Flieder
☼ ❄❄❄ ↕↔ 2m

Dieser Flieder, der seine schlanken Äste und Blätter weit ausbreitet, trägt vom späten Frühjahr bis zum Frühherbst rosafarbene Blüten mit dunkleren Knospen. 🏆

Weitere mittelgrosse immergrüne Sträucher

Daphne bholua 'Jacqueline Postill', siehe S. 166
Escallonia 'Apple Blossom', s. S. 138
Jasminum humile 'Revolutum'

Philadelphus coronarius 'Variegatus'
Blasser Pfeifenstrauch
☼ ❄❄❄ ↕↔ 2,5m

Weißgerandete Blätter bilden den Blickfang dieses dichten Strauchs. Er trägt im späten Frühjahr und im Frühsommer Dolden intensiv duftender Blüten. 🏆

Viburnum plicatum 'Pink Beauty'
Schneeball
☼ ◐ ❄❄❄ ↕2m ↔1,5m

Seine eleganten Äste sind mit hübschen, gefalteten Blättern besetzt und tragen im Frühsommer Rispen, deren weiße Blüten später eine rosa Färbung annehmen. 🏆

Paeonia delavayi
Pfingstrose
☼ ◐ ❄❄❄ ↕2m ↔1,5m

Die karmesinroten Blüten, die einzeln auf einem Tragblatt sitzen, stehen im Frühsommer auf langen Stielen, die mit hellgrünen, kräftigen Blättern besetzt sind. 🏆

Pieris japonica
Lavendelheide
☼ ◐ ❄❄❄ PH ↕↔ 2m

Dieser immergrüne Strauch, dessen Blattwerk zunächst bronzefarben ist, hat dicht stehende Blätter. Vom späten Winter an trägt er Trauben weißer Blüten.

Viburnum sargentii
'Onondaga' **Schneeball**
☼ ◐ ❄❄❄ ↕2,5m ↔1,5m

Das ahornähnliche Blattwerk dieses Strauchs ist zunächst bronzefarben; im Herbst nimmt es eine üppige Färbung an. Seine Frühlingsblüten sind weiß. 🏆

Kleine Sträucher

DEM GÄRTNER STEHT eine verwirrende Vielzahl kleiner Sträucher zur Verfügung. In großen Gärten können diese in Gruppen von drei bis sechs Pflanzen stehen. Wo jedoch wenig Platz vorhanden ist, erzielt jeder dieser Sträucher auch als Einzelpflanze eine schöne Wirkung. Hier finden Sie einige der schönsten Kleinsträucher, von denen die meisten freilich auf sonnige Standorte angewiesen sind.

Caryopteris × clandonensis 'Arthur Simmonds' **BARTBLUME**

☼ ❄❄❄ ↕↔ 75cm

Zahllose Trauben lavendelfarbener Blüten zieren diesen dichten Strauch im Spätsommer und Frühherbst. Er hat schlanke Stiele und graugrüne Blätter.

Cistus × aguilari 'Maculatus' **ZISTROSE**

☼ ❄❄ ↕↔ 1,2m

Im Sommer trägt dieser Strauch prächtige weiße Blüten, die dunkelrote Flecken aufweisen. Am Rand gewellte Blätter bedecken diese immergrüne Pflanze.

Cytisus × praecox 'Warminster' **ELFENBEINGINSTER**

☼ ❄❄❄ ↕ 1,2m ↔ 1,5m

Einer der zuverlässigsten blühenden Kleinsträucher; im späten Frühjahr sind seine schlanken, grünen Triebe bedeckt mit zartgelben Schmetterlingsblüten.

WEITERE LAUBWECHSELNDE KLEINE STRÄUCHER

Acer palmatum 'Garnet', siehe S. 154
Berberis sieboldii
Berberis thunbergii 'Aurea', siehe S. 150
Caryopteris × clandonensis 'Heavenly Blue'
Cytisus 'Boskoop Ruby'
Daphne × burkwoodii 'Somerset'
Daphne mezereum
Hydrangea involucrata 'Hortensis'
Prunus glandulosa 'Alba Plena'
Spiraea japonica 'Genpei'

Ceratostigma willmottianum **HORNNARBE**

☼ ❄❄ ↕↔ 1m

Dieser Strauch trägt von Spätsommer bis Herbst kobaltblaue Blüten. Danach färben sich seine Blätter rot. In harten Wintern stirbt der Strauch ab.

Cistus × corbariensis **ZISTROSE**

☼ ❄❄❄ ↕ 75cm ↔ 1,2m

Dieser Strauch mit gekräuselten Blättern ist im Sommer übersät mit weißen Blüten, die als Knospen rosafarben sind. Er zählt zu den robustesten Zistrosen.

Deutzia gracilis **DEUTZIE**

☼ ❄❄❄ ↕↔ 1m

Die Blätter dieses Strauchs bilden einen schönen Hintergrund für die weißen Blütenrispen, deren Blüte vom späten Frühling bis zum Frühsommer andauert.

Fuchsia 'Mrs Popple'
FUCHSIE
☼ ❄❄ ↕↔ 1,2 m

Dieser Strauch mit glänzendem Blattwerk gehört zu den robustesten Fuchsien; trägt vom Sommer bis Herbst Blüten, die chinesischen Lampions ähneln. 🏆

Philadelphus 'Manteau d'Hermine'
PFEIFENSTRAUCH
☼ ❄❄❄ ↕75cm ↔1,5m

Wenn im Sommer seine langlebigen crèmeweißen Blüten hervortreten, bedecken sie diesen ausladend wachsenden, buschig aussehenden Strauch. 🏆

Potentilla 'Abbotswood'
FINGERKRAUT
☼ ❄❄❄ ↕75cm ↔1,2m

Im Sommer und Frühherbst ist dieser niedrigwachsende Strauch mit kleinen, weißen Blüten bedeckt. Seine tief eingekerbten Blätter sind graugrün. 🏆

Hebe recurva
STRAUCHVERONIKA
☼ ❄❄ ↕60cm ↔1,2m

Dieser niedrige Strauch ist mit dicht stehenden, blaugrauen Blättern besetzt und trägt im Sommer viele weiße Blüten, die an kleinen, schlanken Rispen hängen.

Rhododendron yakushimanum
RHODODENDRON
☼ ☀ ❄❄❄ PH ↕1m ↔1,5m

Dies ist ein zuverlässiger Rhododendron. Er trägt im späten Frühjahr und Frühsommer rosafarbene Blüten, die später eine weiße Färbung annehmen. 🏆

WEITERE KLEINE IMMERGRÜNE STRÄUCHER

Artemisia arborescens, siehe S. 50
Aucuba japonica 'Rozannie', s. S. 146
Choisya 'Aztec Pearl', siehe S. 144
Daphne retusa
Erica terminalis
Halimium ocymoides 'Susan'
Hedera helix 'Poetica Arborea'
Phlomis italica, siehe S. 131
Pieris japonica 'Little Heath', s. S. 145
Prostanthera cuneata, siehe S. 160
Sarcococca confusa

Phygelius × rectus 'Moonraker'
PHYGELIUS
☼ ❄❄ ↕↔1,5m

Dieser immergrüne oder halbimmergrüne Strauch trägt an seinen Blütenähren vom Sommer bis Herbst röhrenförmige Blüten in crèmeweißer Färbung.

Salix hastata 'Wehrhahnii'
SPIESSWEIDE
☼ ❄❄❄ ↕1m ↔1,5m

Das Pflanzen dieser kleinen Weide lohnt sich schon wegen der silbrigen Kätzchen, die sie im Frühjahr hervorbringt; verträgt keine trockenen Böden. 🏆

Bodendeckende Sträucher

Es gibt viele Sträucher, die sich als Bodendecker eignen. Einige haben weitverzweigte, rankende oder kriechende Triebe; andere bringen ein kurzes Astwerk mit herabhängenden oder gebogenen Zweigen hervor, was ihnen ein kuppelförmiges Äußeres verleiht. Damit Sie in Ihrem Garten auch in kurzer Zeit eine gute Bodendeckung erreichen, sollten diese Sträucher in Gruppen von drei bis fünf Pflanzen stehen. Vor dem Einsetzen muß alles Unkraut entfernt sein.

Cornus canadensis
HARTRIEGEL
↕ 13cm ↔ 30cm

Dieser mehrjährige Strauch trägt vom späten Frühjahr an Blüten aus weißen Deckblättern, die auf ovalen Blättern sitzen. Auf die Blüten folgen rote Beeren.

Euonymus fortunei 'Emerald 'n' Gold'
SPINDELSTRAUCH
↕ 60cm ↔ 1,2m

Dieser Strauch bildet mit seinem hellen Blattwerk und seinen Trieben dichte Hügel. Die Blätter sind goldfarben gerandet und färben sich im Winter rosa.

WEITERE BODENDECKENDE IMMERGRÜNE STRÄUCHER

Arctostaphylos uva-ursi 'Vancouver Jade'
Ceanothus gloriosus
Ceanothus griseus 'Yankee Point'
Ceanothus thyrsiflorus var. *repens*
Cistus salviifolius 'Avalanche'
Cotoneaster cochleatus
Daboecia cantabrica
Gaultheria procumbens
Rubus tricolor
Ulex gallii 'Mizen'

Cotoneaster dammeri
TEPPICHZWERGMISPEL
↕ 8cm ↔ 2m

Diese Pflanze ist einer der besten bodendeckenden immergrünen Sträucher. Ihre rankenden Stiele tragen im Sommer weiße Blüten und im Winter roten Beeren.

Euonymus fortunei 'Emerald Gaiety'
SPINDELSTRAUCH
↕ 1m ↔ 1,5m

Dieser robuste und pflegeleichte Strauch sorgt mit seinen dichten, gerundeten Blättern, die weiß gerandet und grau marmoriert sind, für eine gute Bodendeckung.

× *Halimiocistus sahucii*
ZISTROSE
↕ 30cm ↔ 1,2m

Ein niedriger, dicht wachsender immergrüner Strauch. Die Pflanze trägt im späten Frühjahr und Frühsommer viele kleine, weiße Blüten mit gelber Mitte.

Hedera helix 'Glacier'
GEMEINER EFEU
☼ ◐ ● ❄❄❄ ↕10cm ↔3m

Eine der schönsten Efeusorten für die Bodendeckung; sie klettert auch, wenn man sie stützt. Ihre immergrünen, silbergrauen Blätter haben weiße Ränder.

Leptospermum rupestre
SÜDSEEMYRTE
☼ ❄❄❄ ↕8cm ↔2m

Ein immergrüner Strauch, der einen kräftigen Teppich aus dunkelgrünen Blättern bildet und im Sommer dicht mit kleinen, weißen Blüten bewachsen ist.

Viburnum davidii
SCHNEEBALL
☼ ◐ ❄❄❄ ↕1m ↔1,5m

Dieser wuchtige Busch mit immergrünen Blättern und kleinen weißen Blüten benötigt Platz. Die weiblichen Pflanzen tragen ab Herbst hübsche blaue Beeren.

Hedera helix 'Ivalace'
GEMEINER EFEU
☼ ◐ ● ❄❄❄ ↕10cm ↔1,5m

Dieser hübsche Bodendecker bildet dichte Kissen oder Polster glänzender, gewellter und gelappter dunkelgrüner Blätter; klettert auch, wenn er gestützt wird.

Hypericum calycinum
JOHANNISKRAUT
☼ ◐ ❄❄❄ ↕30cm ↔1,5m

Diese immergrüne Pflanze bildet einen Teppich aus dicht mit Blättern besetzten Trieben; sie trägt vom Sommer bis Herbst gelbe Blüten mit roten Staubfäden.

WEITERE LAUBWECHSELNDE STRÄUCHER ZUR BODENDECKUNG

Cotoneaster adpressus
Prunus pumila var. *depressa*
Salix nakamurana var. *yezoalpina*
Salix uva-ursi

Vinca minor
KLEINES IMMERGRÜN
◐ ● ❄❄❄ ↕10cm ↔1,5m

Seine langen Stiele mit glänzenden Blättern sorgen für eine sichere Bodendeckung. Die violetten oder weißen Blüten öffnen sich von Frühjahr bis Sommer.

Kleinwüchsige Strauchrosen für begrenzten Raum

ZAHLREICHE STRAUCHROSEN von mittlerem oder großem Wuchs benötigen viel Raum, um sich zu voller Pracht entwickeln zu können. Es gibt aber auch kleinere Rosen, die sich bei begrenztem Raum eignen. Einige der hier aufgeführten Arten müssen gestützt werden, damit ihre schlanken Stiele nicht von den Blüten zu Boden gedrückt werden.

Rosa centifolia 'Cristata'
ZENTIFOLIEN-MOOSROSE
☼ ❄❄❄ ↕1,5m ↔1,2m

Ihre auffällig grünen, borstigen Knospen werden im Sommer zu rosafarbenen Blüten. Die schwachen Stiele dieses stachligen Busches benötigen eine Stütze. 🏆

Rosa 'Buff Beauty'
MOSCHATA-HYBRIDE
☼ ❄❄❄ ↕↔1,2m

Eine beliebte Rose mit glänzenden Blättern, die beim Austreiben zunächst eine kupferbraune Färbung haben; mit dicht gefüllten Blüten im Sommer. 🏆

Rosa centifolia 'Muscosa'
ZENTIFOLIEN-MOOSROSE
☼ ❄❄❄ ↕1,5m ↔1,2m

Das Blattwerk dieser Strauchrose bildet einen passenden Hintergrund für die rosafarbenen Blüten, die im Sommer hervortreten; benötigt eine Stütze. 🏆

Rosa gallica var. *officinalis*
ESSIGROSE
☼ ❄❄❄ ↕↔1m

Ein üppiges Blattwerk und eine Fülle halbgefüllter, dunkelrosafarbener Blüten bedecken diese Sommerrose; sie hat niedrig wachsende Stiele. 🏆

Rosa gallica 'Versicolor'
ESSIGROSE
☼ ❄❄❄ ↕↔1m

Diese Rose entstand aus der *R. gallica* var. *officinalis* und unterscheidet sich von dieser in den Blüten, die mit karmesinroten Streifen verziert sind. 🏆

WEITERE KLEINWÜCHSIGE STRAUCHROSEN

Rosa carolina
Rosa 'Cecile Brunner'
Rosa 'Chianti'
Rosa 'Comte de Chambord'
Rosa × *damascena* 'Versicolor'
Rosa 'Jacques Cartier'
Rosa 'Little White Pet'
Rosa 'Lutea Maxima'
Rosa 'Perle d'Or'
Rosa 'Rose de Rescht'
Rosa 'The Fairy'

Niedrig wachsende bodendeckende Rosen

AN SONNIGEN STANDORTEN bieten niedrig wachsende, sich ausbreitende Rosen eine reizvolle Bodendeckung. Sie eignen sich für steile Böschungen, Mauerkronen oder als Bepflanzung unter anderen Rosen, wenn deren Stiele im Alter unansehnlich werden. In den letzten Jahren sind viele reichblühende Züchtungen auf den Markt gekommen. Wo der Platz es erlaubt, können Sie durch großzügige Pflanzung eindrucksvolle Arrangements schaffen; doch auch in kleineren Gärten bereitet eine Solitärpflanze viel Freude.

Rosa 'Grouse'
BODENDECKENDE ROSE
☼ ❄❄❄ ↕45cm ↔3m

Im Sommer bringt diese üppig wachsende Rose an ihren langen, kriechenden Stielen eine immer wiederkehrende Fülle kleiner, rosafarbener Blüten hervor.

Rosa 'Max Graf'
RUGOSA-HYBRIDE
☼ ❄❄❄ ↕45cm ↔3m

Diese Rose trägt im Sommer große Blüten, die einen apfelähnlichen Duft verbreiten. Das hellgrüne Blattwerk dieser dichten Rose sitzt an rankenden Stielen.

Rosa 'Nozomi'
BODENDECKENDE ROSE
☼ ❄❄❄ ↕45cm ↔1,2m

Diese reizvolle Kriechrose hat weit ausladende Stiele, die mit kleinen Blättern bedeckt sind; sie zeigt im Sommer Blüten von rosafarbener und weißer Färbung. 🏆

WEITERE BODENDECKENDE ROSEN

Rosa macrantha
Rosa nitida
Rosa 'Paulii'
Rosa 'Pheasant'
Rosa 'Pink Wave'
Rosa x *polliniana*
Rosa 'Sea Foam'
Rosa 'Snow Fairy'
Rosa 'The Fairy'
Rosa virginiana
Rosa 'William Baffin'

Rosa 'Partridge'
BODENDECKENDE ROSE
☼ ❄❄❄ ↕45cm ↔3m

Diese Rose trägt den ganzen Sommer über eine Fülle strahlend weißer, duftender Blüten. Ihr Wuchs ist dem der *R.* 'Grouse' ähnlich, mit der sie verwandt ist.

MINIATURROSEN

Rosa 'Anytime'
Rosa 'Baby Gold Star'
Rosa 'Chelsea Pensioner'
Rosa 'Hokey Pokey'
Rosa 'Little Sir Echo'
Rosa 'Petit Four'
Rosa 'Popcorn'
Rosa 'Robin Redbreast'
Rosa 'Roulettii'
Rosa 'Snowball'
Rosa 'Stacey Sue'

Rosa 'Seagull'
KLETTERROSE
☼ ❄❄❄ ↕60cm ↔4m

Eine kräftige Kletterrose, die sich als Bodendecker eignet, wenn genügend Platz vorhanden ist. Sie trägt im Sommer große Büschel halbgefüllter weißer Blüten. 🏆

Sträucher für Lehmböden

Haben Sie in Ihrem Garten einen typischen Lehmboden, der bei Nässe schwer und klumpig, bei Trockenheit trocken und rissig wird? Dann sollten Sie versuchen, ihn durch sorgfältige Drainage und regelmäßige Zugabe einer Mischung aus grobem Sand und unbehandeltem organischen Material zu verbessern. Trotz des schlechten Rufes, der schweren Lehmböden normalerweise anhaftet, findet man dennoch viele Sträucher, die dort gut gedeihen.

Cytisus 'Killiney Red'
GEISSKLEE
↕1m ↔1,2m

Dies ist nur eine der Geißkleesorten, die sich für schwere Lehmböden eignen. Die schlanken Triebe tragen im späten Frühjahr und im Frühsommer viele Blüten.

Berberis darwinii
BERBERITZE
↕3m ↔4m

Dieser große, immergrüne Strauch hat kleine, dunkelgrüne Blätter. Die Pflanze trägt im Frühjahr Büschel orangegelber Blüten, auf die schwarze Beeren folgen.

Escallonia 'Langleyensis'
ESCALLONIE
↕↔2m

Dieser immergrüne Strauch hat gewölbte Stengel; er trägt an seinen herabhängenden Ästen kleine glänzende Blätter und Trauben rosafarbener Sommerblüten.

WEITERE LAUBWECHSELNDE STRÄUCHER FÜR SCHWERE LEHMBÖDEN

Colutea × media 'Copper Beauty'
Cotinus coggygria 'Royal Purple', siehe S. 154
Cytisus × praecox 'Allgold', siehe S. 128
Deutzia × elegantissima 'Rosealind', siehe S. 114
Kerria japonica 'Pleniflora', s. S. 101
Magnolia 'Susan'
Prunus glandulosa 'Alba Plena'
Rhododendron occidentale, siehe S. 134
Ribes sanguineum 'White Icicle'
Sambucus nigra 'Guincho Purple', siehe S. 155
Spiraea × vanhouttei, siehe S. 135
Syringa vulgaris 'Charles Joly'
Viburnum sargentii 'Onondaga' s. S. 115
Weigela 'Fiesta'

Choenomeles × superba 'Nicoline'
ZIERQUITTE
↕1m ↔1,5m

Die Äste dieses robusten Strauchs sind im Frühjahr mit vielen großen, scharlachroten Blüten übersät. Auf die Blüten folgen kleine gelbe, apfelähnliche Früchte.

Hydrangea arborescens 'Grandiflora'
WALDHORTENSIE
↕1,5m ↔2m

Im Sommer und Herbst erblühen weiße Blüten. Diese Hortensie hat robuste, ovale Blätter von kuppelförmigem Wuchs; verträgt keine trockenen Böden.

Magnolia stellata 'Waterlily'
STERNMAGNOLIE
☼ ❄❄❄ ↕3m ↔4m

Dieser langsam wachsende Strauch, der breiter als hoch wird, hat im Frühjahr vielblättrige Blüten. Seine Blätter nehmen im Herbst eine gelbe Färbung an. 🏆

Neillia thibetica
BLASSE TRAUBENSPIERE
☼ ❄❄❄ ↕↔2,5m

Die Blüten, die dieser schnell wachsende Strauch vom späten Frühjahr bis zum Frühsommer trägt, hängen inmitten von spitzen, gezackten Blättern. 🏆

Philadelphus 'Virginal'
PFEIFENSTRAUCH
☼ ❄❄❄ ↕3m ↔2,5m

Dieser schnell wachsende Strauch gehört zu den beliebtesten Gartensträuchern – nicht zuletzt wegen seiner vielen gefüllten oder halbgefüllten weißen Blüten. 🏆

Potentilla 'Elizabeth'
FINGERKRAUT
☼ ❄❄❄ ↕75cm ↔1,5m

Dieser Strauch bildet eine niedrige Kuppel aus Ästen, die mit kleinen Blättern besetzt sind und vom späten Frühjahr an gelbe Blüten hervorbringen. 🏆

Rhododendron 'Mrs. G.W. Leak'
RHODODENDRON
☼ ◐ ❄❄❄ ↕↔4m

Dieser immergrüne Strauch ist im späten Frühjahr mit dichten Dolden rosafarbener, trichterförmiger Blüten übersät, die braune und karmesinrote Sprenkel haben.

WEITERE IMMERGRÜNE STRÄUCHER FÜR SCHWERE LEHMBÖDEN

Aucuba japonica 'Crotonifolia', s. S. 148
Berberis sargentiana
Choisya ternata, siehe S. 158
Escallonia rubra 'Crimson Spire'
Osmanthus × burkwoodii, siehe S. 159
Pyracantha 'Orange Glow', siehe S. 169
Skimmia × confusa 'Kew Green', siehe S. 137
Viburnum davidii, siehe S. 119

Spiraea japonica 'Anthony Waterer'
SPIERSTRAUCH
☼ ❄❄❄ ↕↔1,2m

Dieser Strauch hat einen aufrechten und dichten Wuchs. Er trägt dunkelgrüne, gezähnte Blätter und im Sommer flache, karmesinrote bis rosafarbene Blüten. 🏆

Spiraea nipponica 'Snowmound'
SPIERSTRAUCH
☼ ❄❄❄ ↕↔2m

Dieser Strauch ist im Frühsommer eine reine Augenweide. Seine dicht mit Blättern besetzten Stiele tragen entlang der Oberseite Trauben weißer Blüten. 🏆

Sträucher für kalkfreie Böden

Es gibt wenige Sträucher, die kalkfreie oder saure Böden bevorzugen; zu ihnen zählen aber einige der hübschesten und beliebtesten Pflanzen. Rhododendron, Kamelie und Heidekraut sind dafür bekannt, daß sie Kalkböden nicht vertragen; man findet freilich weitere Sträucher mit ähnlichen Anforderungen. Obwohl sie normalerweise auf natürlichen sauren Böden wachsen, gedeihen sie auch in speziell vorbereiteten Beeten oder Kübeln.

Calluna vulgaris 'Annemarie'
HEIDEKRAUT
☼ ✻✻✻ PH ↕↔45cm

Stark blühend und zuverlässig, bildet dieses Kraut ein dichtes Polster. Im Herbst treten aus dem immergrünen Blattwerk hellrosafarbene Blütentrauben hervor.

Camellia japonica 'Adolphe Audusson'
KAMELIE
☼ ✻✻✻ PH ↕3m ↔2,5m

Diese Kamelie formt einen dichten, immergrünen Busch. Sie trägt vom späten Winter bis zum Frühjahr dunkelrote Blüten mit goldgelben Staubblättern.

Camellia × williamsii 'Donation'
KAMELIE
☼ ✻✻✻ PH ↕3m ↔2m

Eine der schönsten Kamelien für den heimischen Garten; der immergrüne Strauch trägt vom späten Winter bis zum Frühjahr viele große Blüten.

Clethra delavayi
SCHEINELLER
☼ ✻✻ PH ↕4m ↔3m

Dichte Rispen weißer Blüten, deren Knospen rosafarben sind, geben diesem Strauch das besondere Aussehen; verträgt keine trockenen Böden.

Daboecia cantabrica 'Bicolor'
IRISCHE HEIDE
☼ ✻✻✻ PH ↕45cm ↔60cm

Dieser immergrüne Strauch trägt vom späten Frühjahr bis zum Herbst weiße, violette oder violett gestreifte, hängende Blüten. Sie bilden lockere Trauben.

Desfontainia spinosa
DESFONTAINIA
☼ ✻✻ PH ↕2m ↔1,5m

Von Hochsommer bis Herbst hat dieser immergrüne Strauch rote Blüten. Die Blätter ähneln denen der Stechpalme; verträgt keine trockenen Böden.

Enkianthus cernuus var. *rubens*
PRACHTGLOCKE
☼ ✻✻✻ PH ↕2,5m ↔2m

Im Frühjahr hängen tiefrote Blüten unterhalb der Blattrosetten. Die Blätter nehmen eine starke Herbstfärbung an; verträgt keine trockenen Böden.

Erica cinerea 'C.D. Eason'
GRAUHEIDE
↕30cm ↔60cm

Von Sommer bis Herbst ist dieser niedrige, immergrüne Strauch mit dichten Trauben aus karmesinroten bis rosafarbenen kelchförmigen Blüten übersät.

Pieris 'Forest Flame'
LAVENDELHEIDE
↕4m ↔2m

Die Blätter dieses immergrünen Strauchs sind karmesinrot, verblassen dann zu einer rosa- und crèmefarbenen Tönung, bevor sie ein glänzendes Grün annehmen.

Rhododendron 'May Day'
RHODODENDRON
↕↔1,5 m

Dieser Rhododendron ist für fast alle Standorte geeignet. Der abgeflacht oder kuppelförmig wachsende Strauch bringt im Frühjahr rote Blüten hervor.

Kalmia latifolia
BREITBLÄTTRIGE LORBEERROSE
↕↔3m

Dieser kräftige Strauch hat immergrünes, glänzendes Blattwerk und trägt im Frühsommer Trauben rosafarbener Blüten, deren Knospen ein wenig dunkler sind.

LAUBWECHSELNDE STRÄUCHER FÜR KALKFREIE BÖDEN

Clethra alnifolia 'Paniculata'
Enkianthus campanulatus
Enkianthus perulatus
Fothergilla gardenii, siehe S. 157
Menziesia ciliicalyx
Rhododendron 'Homebush', s. S. 145
Rhododendron 'Hotspur'
Rhododendron schlippenbachii
Vaccinium corymbosum, siehe S. 135
Zenobia pulverulenta

WEITERE IMMERGRÜNE STRÄUCHER FÜR KALKFREIE BÖDEN

Calluna vulgaris 'Kinlochruel'
Camellia 'Spring Festival'
Camellia × williamsii 'St. Ewe'
Crinodendron hookerianum, siehe S. 132
Erica australis 'Riverslea'
Grevillea juniperina f. *sulphurea*
Kalmia latifolia 'Ostbo Red'
Leptospermum scoparium 'Red Damask'
Rhododendron 'P.J. Mezitt'
Rhododendron yakushimanum, s. S. 117

Rhododendron 'Hino-mayo'
AZALEE
↕↔1,5m

Dieser immergrüne Strauch ist mit kleinen Blättern besetzt und trägt im Frühjahr viele pinkfarbene Blüten. Die Pflanze verträgt keine trockenen Böden.

Rhododendron 'Narcissiflorum'
AZALEE
↕↔2m

Ein kräftig wachsender Strauch, der im Frühjahr und Frühsommer viele zartgelbe Blüten trägt; die Blätter nehmen im Herbst oft eine bronzene Färbung an.

Sträucher für alkalische Böden

Alkalische Böden sind keineswegs problematisch; auf ihnen kann eine große Zahl von Sträuchern gepflanzt werden, die bei hohen pH Werten und den wärmeren, oftmals trockenen Bedingungen solcher Böden gut gedeihen. Einige dieser Pflanzen vertragen mitunter sogar eine kurze Dürreperiode; trotzdem sollten sie regelmäßig und ausreichend bewässert werden. Um gute Ergebnisse zu erzielen, sollten Sie alkalischen Böden noch zusätzlich organische Stoffe zuführen. Ausreichend Wasser verbessert die Wachstumsfähigkeit der meisten Gartensträucher und erhält ihre Blätter gesund und grün.

Indigofera heterantha
Indigostrauch
☼ ❄❄❄ ↕1,5m ↔1,7m

Dieser stark verästelte Strauch ist mit farnähnlichen Blättern besetzt. Er trägt vom Sommer bis zum Herbst malven- bis rosafarbene Schmetterlingsblüten.

Buddleja davidii 'Dartmoor'
Schmetterlingsstrauch
☼ ❄❄❄ ↕↔2,5m

Im Sommer ist dieser Strauch mit Blütendolden übersät, die bei Schmetterlingen und Bienen beliebt sind. Seine geschwungenen Äste tragen spitze Blätter.

Kolkwitzia amabilis 'Pink Cloud'
Kolkwitzie
☼ ❄❄❄ ↕↔3m

Dieser kräftige Strauch hat kleine ovale Blätter und trägt im Frühjahr und Frühsommer viele Glockenblumen, denen borstenbesetzte Samenkapseln folgen.

Deutzia longifolia 'Veitchii'
Deutzie
☼ ❄❄❄ ↕2,2m ↔1,7m

Eine der beliebtesten Deutzien, mit geschwungenen Ästen und schlankem Blattwerk; sie trägt im Sommer Schirmrispen aus rosa- bis purpurfarbenen Blüten.

Hibiscus syriacus 'Red Heart'
Roseneibisch
☼ ❄❄❄ ↕↔2,2m

Die Äste dieses langsam wachsenden Strauchs breiten sich mit zunehmendem Alter aus; trägt vom Spätsommer bis in den Herbst hinein große Blüten.

Weitere immergrüne Sträucher für alkalische Böden

Berberis darwinii, siehe S. 122
Choisya 'Aztec Pearl', siehe S. 144
Escallonia 'Iveyi'
Itea ilicifolia, siehe S. 99
Jasminum humile, siehe S. 101
Mahonia × media 'Buckland', s. S. 167
Olearia macrodonta, siehe S. 146
Osmanthus × burkwoodii, siehe S. 159
Sarcococca hookeriana var. *digyna*, siehe S. 167

Osmanthus delavayi
DUFTBLÜTE
☼ ◐ ❄❄❄ ↕↔ 2,2m

Dieser immergrüne Strauch hat schlanke Stiele, die dicht mit kleinen Blättern besetzt sind. Er bringt im Frühjahr Büschel kleiner röhrenförmiger Blüten hervor. 🏆

Santolina pinnata ssp. *neapolitana* 'Sulphurea' **ZYPRESSENKRAUT**
☼ ❄❄❄ ↕ 70cm ↔ 1m

Viele kleine, langstielige Blütenköpfchen überragen im Hochsommer das schmale, feingefiederte Blattwerk; ein niedrig wachsender immergrüner Strauch.

Weigela 'Looymansii Aurea'
WEIGELIE
◐ ❄❄❄ ↕ 1,5m ↔ 1,1m

Dieser Strauch treibt goldfarbenes Blattwerk aus, das später gelbgrün wird. Im späten Frühjahr und im Frühsommer erscheinen trichterförmige Blüten.

Philadelphus 'Boule d'Argent'
PFEIFENSTRAUCH
☼ ❄❄❄ ↕↔ 1,5m

Dieser Strauch mit geschwungenen Ästen gehört zu den Pfeifenstrauchsorten, die sich für kleine Gärten eignen. Er trägt im Sommer eindrucksvolle Blütentrauben.

Spiraea canescens
SPIERSTRAUCH
☼ ❄❄❄ ↕ 2,2m ↔ 1,7m

Die gebogenen Stiele dieses anmutigen Strauchs tragen kleine, graugrüne Blätter und sind fast vollständig mit Trauben kleiner weißer Sommerblüten bedeckt.

Xanthoceras sorbifolium
GELBHORN
☼ ❄❄❄ ↕ 3m ↔ 2,2m

Dieser seltene, ungewöhnliche Strauch von aufrechtem Wuchs hat scharf gesägte Blätter und trägt vom späten Frühjahr an senkrecht wachsende Blütentrauben. 🏆

Prunus tenella
ZWERGMANDEL
☼ ❄❄❄ ↕ 70cm ↔ 1,2m

Dieser niedrig wachsende Strauch hat schlanke Stiele mit schmalen, glänzenden Blättern. Seine Äste sind im Frühjahr mit leuchtend rosafarbenen Blüten übersät.

Syringa × persica
FLIEDER
☼ ❄❄❄ ↕↔ 2,2m

Ein beliebter Flieder, der zu einem großen Busch heranwächst; seine schlanken Stiele tragen im späten Frühjahr imposante Rispen voller duftender Blüten. 🏆

LAUBWECHSELNDE STRÄUCHER FÜR ALKALISCHE BÖDEN

Abelia triflora
Buddleja alternifolia 'Argentea'
Choenomeles speciosa 'Moerloosii', siehe S. 100
Cotinus coggygria 'Notcutt's Variety'
Dipelta floribunda
Forsythia × intermedia 'Lynwood', siehe S. 136
Hydrangea paniculata 'Pink Diamond'
Rubus 'Benenden', siehe S. 165

Sträucher für sandige Böden

Zahlreiche Sträucher bevorzugen sandige Böden, weil diese im allgemeinen warm und gut durchlässig sind. In Trockenzeiten können sich Sandböden allerdings leicht zu Staub verwandeln; Pflanzen, die unter solchen Bedingungen wachsen müssen, benötigen darum eine gute Bewässerung. Die Bodenbeschaffenheit läßt sich natürlich auch durch regelmäßiges Einarbeiten von Torf oder anderer wasserspeichernder organischer Materialien verbessern.

Ballota acetabulosa
Gottvergess
☼ ❄❄ ↕60cm ↔75cm

Diese graugrüne Pflanze hat aufrechte Stiele mit gerundeten Blättern und trägt im Sommer kleine, rosafarbene Blüten. Sie sollte stark zurückgeschnitten werden.

Brachyglottis monroi
Brachyglottis
☼ ❄❄❄ ↕1m ↔1,5m

Dieser kompakte immergrüne Strauch ist mit kleinen Blättern bedeckt, deren Unterseite eine weiße Färbung aufweist. Er trägt im Sommer gelbe Blüten. 🏆

Callistemon citrinus 'Splendens'
Zylinderputzer
☼ ❄❄ ↕2 m ↔2 m

Im Sommer trägt dieser immergrüne Strauch rote Blütenrispen. Er hat viele geschwungene Stiele; seine Äste sind mit schmalen, glänzenden Blättern besetzt. 🏆

Cistus × purpureus
Zistrose
☼ ❄❄ ↕↔1m

Im Frühsommer trägt dieser buschige immergrüne Strauch rosenähnliche violette Blüten, für die seine schmalen, graugrünen Blätter den Hintergrund bilden. 🏆

Cytisus × praecox 'Allgold'
Elfenbeingister
☼ ❄❄❄ ↕↔2m

Die schlanken Triebe dieses Strauchs bilden einen dichten Busch. Seine graugrünen Zweige sind im Frühjahr mit gelben Schmetterlingsblüten übersät. 🏆

Weitere Sträucher für sandige Böden

Atraphaxis frutescens
Brachyglottis 'Sunshine', siehe S. 136
Cistus populifolius var. *lasiocalyx*
Coronilla emerus
Cytisus nigricans
Genista tenera 'Golden Showers'
Halimodendron halodendron
Indigofera amblyantha
Potentilla 'Elizabeth', siehe S. 123
Robinia hispida 'Macrophylla'
Santolina chamaecyparissus, siehe S. 153

Dorycnium hirsutum
Backenklee
☼ ❄❄❄ ↕↔60cm

Dieser kleine Strauch ist mit silbergrauem Flaum überzogen. Er trägt im Sommer viele kleine weiße Schmetterlingsblüten, denen rötliche Samenschoten folgen.

Grevillea 'Canberra Gem'
AUSTRALISCHE SILBEREICHE
☼ ❄❄ ↕↔ 2m

'Canberra Gem' ist eine robuste Sorte; sie bildet eine immergrüne Kuppel aus nadelförmigen Blättern und trägt Blüten vom späten Winter bis zum Frühjahr. 🏆

Hibiscus syriacus 'Woodbridge'
ROSENEIBISCH
☼ ❄❄❄ ↕ 2,5m ↔ 3m

Dieser langsam wachsende und spät blattreiche Strauch breitet sich in der Reife aus. Er trägt von Spätsommer bis Herbst rosafarbene, schalenförmige Blüten. 🏆

Lespedeza thunbergii
THUNBERGS BUSCHKLEE
☼ ❄❄❄ ↕ 1,5m ↔ 2,5m

Ein schöner herbstblühender Strauch; die purpurfarbenen Blütentrauben drücken seine lang geschwungenen Stiele zu Boden; benötigt eventuell eine Stütze. 🏆

Lavatera 'Barnsley'
BECHERMALVE
☼ ❄❄ ↕↔ 2m

Den ganzen Sommer hindurch blühen an diesem Strauch rosaweiße Blüten mit roten Augen. Die eingeschnittenen, flaumüberzogenen Blätter sind salbeigrün. 🏆

Potentilla fruticosa var. *mandshurica* 'Manchu' **FINGERKRAUT**
☼ ❄❄❄ ↕ 45cm ↔ 60cm

Die verzweigten Äste bilden ein Polster und tragen silbergraues Blattwerk. Vom späten Frühjahr bis zum Frühherbst ist der Busch mit weißen Blüten übersät.

Romneya coulteri
ROMNEYA
☼ ❄❄❄ ↕↔ 2m

Diese kräftig wachsende Pflanze mit blaugrauen Stielen und eingeschnittenem Blattwerk trägt im Spätsommer große weiße Blüten mit goldenen Staubfäden. 🏆

STRÄUCHER

Sträucher für trockene, sonnige Standorte

AN SONNIGEN UND trockenen Stellen gedeihen viele Sträucher. Wenn bei Ihnen keine milden Winter vorherrschen, sollten Sie diese Pflanzen vor Mauern oder zwischen robustere Pflanzen setzen. Viele Sträucher, die an trockenen, sonnigen Standorten gedeihen, stammen aus warmen Regionen, wo durchlässige Böden die Regel sind.

Cistus × cyprius
ZISTROSE
☼ ❄❄❄ ↕2m ↔1,5m

Trägt im Frühsommer weiße Blüten mit roten Tupfen und gelben Staubfäden. Triebe und Blattwerk dieses kräftigen Strauchs fühlen sich leicht klebrig an. 🏆

WEITERE STRÄUCHER FÜR TROCKENE, SONNIGE STANDORTE

Abutilon × suntense 'Violetta'
Carpenteria californica, siehe S. 158
Caryopteris incana
Cistus × hybridus
Colquhounia coccinea
Fremontodendron 'California Glory', siehe S. 99
Grevillea 'Canberra Gem', siehe S. 129
Grevillea juniperina f. *sulphurea*
Xanthoceras sorbifolium, siehe S. 127
Zauschneria californica 'Dublin'

Erythrina crista-galli
KORALLENSTRAUCH
☼ ❄ ↕↔2m

Trägt im Spätsommer Rispen wachsartiger, korallenroter Blüten. Seine stachligen Triebe sind mit dreiteiligen Blättern bedeckt, die in kalten Wintern absterben. 🏆

Euphorbia characias ssp. *wulfenii*
WOLFSMILCH
☼ ❄❄ ↕↔1m

Dieser immergrüne Strauch hat Stiele, die im ersten Jahr mit graugrünen Blättern besetzt sind und im folgenden Frühling Trauben gelblichgrüner Blüten tragen. 🏆

Euryops pectinatus
EURYOPS
☼ ❄ ↕↔1m

Ein immergrüner Strauch mit tief eingeschnittenen graugrünen Blättern; er wird vom späten Winter bis zum Frühsommer von leuchtend gelben Blüten überragt. 🏆

Grindelia chiloensis
GRINDELIE
☼ ❄❄ ↕75cm ↔60cm

Dieser immergrüne Strauch trägt vom späten Winter bis zum Frühsommer gelbe margeritenartige Blüten. Die Pflanze fühlt sich bei Berührung klebrig an. 🏆

Phlomis fruticosa
BRANDKRAUT
☼ ❄❄ ↕↔1m

Diese immergrüne Pflanze lohnt sich schon wegen ihrer flaumigen, graugrünen Blätter. Die goldgelben Blüten unterstreichen den positiven Eindruck. 🏆

Hibiscus syriacus 'Blue Bird'
ROSENEIBISCH
☼ ❄❄❄ ↕2,5m ↔2m

Dieser langsam wachsende Strauch mit spät austreibenden Blättern breitet sich mit zunehmendem Alter aus. Er trägt im Spätsommer und Herbst violettblaue Blüten.

Phlomis italica
BRANDKRAUT
☼ ❄❄ ↕1m ↔60cm

Die Stiele und Blätter dieses immergrünen Strauchs sind mit graugrünem Flaum überzogen. Seine zweilippigen Sommerblüten haben eine violettrosa Färbung.

Fabiana imbricata 'Violacea'
FABIANA
☼ ❄❄ ↕2,5m ↔2m

Die Stiele dieses immergrünen Strauchs mit aufrechtem Wuchs sind von heideähnlichen Blättern bedeckt und im Frühsommer mit violetten Blüten übersät. 🏆

Olearia stellulata
OLEARIE
☼ ❄❄ ↕↔1,5m

Während des späten Frühjahrs sind die Triebe und schmalen Blätter dieses immergrünen Strauchs fast vollständig von kleinen weißen Blüten verdeckt. 🏆

Sophora davidii
SCHNURBAUM
☼ ❄❄❄ ↕1,5m ↔2m

Die Stiele dieses Strauchs werden mit zunehmendem Alter stachlig. Zwischen seinen kleinen eingeschnittenen Blättern trägt er im Sommer bläulichweiße Blüten.

Sträucher für schattige Orte

WAHRSCHEINLICH WÄREN Sie erstaunt über die Vielfalt von Sträuchern, die sich für schattige Standorte eignen. In der freien Natur wachsen viele Sträucher in Waldgebieten, wo sie der Sonne nicht direkt ausgesetzt sind. Dies bedeutet nicht, daß sie ohne Licht leben können – alle Grünpflanzen benötigen es für die Photosynthese. Einige kommen aber mit wenig Licht aus und gedeihen durchaus gut, wenn sie im Schatten von Bäumen oder Häusern stehen.

Euonymus fortunei 'Sarcoxie'
SPINDELSTRAUCH
☀ ☀ ❄❄❄ ↕↔ 1,5m

Dieser buschige und aufrechte immergrüne Strauch hat ledrige Blätter mit weißem Rand. Er trägt im Herbst crèmeweiße Kapseln mit orangefarbenem Samen.

Crinodendron hookerianum
CRINODENDRON
☀ ☀ ❄❄ PH ↕3m ↔2m

Vom späten Frühjahr bis zum Frühsommer sind die Äste dieses immergrünen Strauchs mit roten Blüten behangen; er verträgt keine trockenen Böden. 🏆

LAUBWECHSELNDE STRÄUCHER FÜR SCHATTIGE STANDORTE

Cornus canadensis, siehe S. 118
Euonymus obovata
Hydrangea macrophylla 'Generale Vicontessa de Vibraye'
Hypericum androsaemum
Kerria japonica
Rhodotypos scandens, siehe S. 135
Rubus odoratus
Rubus spectabilis 'Olympic Double'
Symphoricarpos × chenaultii 'Hancock'

Euonymus fortunei 'Vegetus'
SPINDELSTRAUCH
☀ ☀ ❄❄❄ ↕30cm ↔2m

Da dieser immergrüne Strauch aufrecht wachsende und kriechende Triebe hat, bildet er dichte Polster. Er trägt grüne Blätter und rosafarbene Samenkapseln.

Daphne laureola ssp. *philippi*
LORBEERSEIDELBAST
☼ ☀ ☀ ❄❄❄ ↕30cm ↔60cm

Diese Zwergvarietät einer immergrünen Waldpflanze gedeiht auch in der Sonne. Sie trägt im späten Winter und im frühen Frühjahr Trauben hellgrüner Blüten.

Hydrangea macrophylla 'Veitchii'
HORTENSIE
☀ ☀ ❄❄ ↕1,5m ↔2,5m

Dieser eher breit wachsende Strauch hat ein kräftiges Blattwerk und trägt im Sommer Trauben winziger Blüten; verträgt keine trockenen Böden. 🏆

Hydrangea serrata 'Bluebird'
HORTENSIE

↕ 1,2m ↔ 1,5m

Die Blätter dieses buschigen Strauchs haben eine intensive Herbstfärbung. Er trägt im Sommer blauviolette Blüten; verträgt keine trockenen Böden.

Pachysandra terminalis
PACHYSANDRA

↕ 10cm ↔ 20cm

Dieser immergrüne Kleinstrauch liebt feuchte Böden; er eignet sich zur Bodendeckung an schattigen Stellen. Die Blätter tragen im Frühjahr weiße Blüten.

Skimmia japonica 'Fructu-albo'
SKIMMIE

↕↔ 75cm

Wenn Sie in der Nähe dieses niedrig wachsenden immergrünen Strauchs eine männliche Pflanze setzen, wird er im Frühjahr viele weiße Beeren tragen.

Lonicera pileata
GEISSBLATT

↕ 60cm ↔ 2m

Sein niedriger Habitus macht den Strauch zu einem guten Bodendecker. Er trägt im späten Frühjahr winzige Blüten, auf die wenige violette Beeren folgen.

Mahonia nervosa
MAHONIE

PH ↕ 60cm ↔ 1m

Dieser immergrüne Strauch hat aufrechte Stiele mit Blättern, die eine rote oder violette Winterfärbung annehmen. Er trägt im Frühsommer Rispen gelber Blüten.

Prunus laurocerasus 'Otto Luyken'
KIRSCHLORBEER

↕ 75cm ↔ 1,2m

Dieser niedrige immergrüne Strauch hat ledrige Blätter. Er trägt im späten Frühjahr aufrechte Trauben weißer Blüten, auf die schwarze Früchte folgen.

WEITERE IMMERGRÜNE STRÄUCHER FÜR SCHATTIGE STANDORTE

Aucuba japonica 'Rozannie', siehe S. 146
Buxus sempervirens 'Latifolia Maculata'
Daphne pontica
Fascicularia lizei, siehe S. 144
Fatsia japonica, siehe S. 111
Osmanthus heterophyllus
Rubus tricolor
Ruscus hypoglossum
Sarcococca confusa
Viburnum davidii, siehe S. 119

Vinca major 'Variegata'
GROSSES IMMERGRÜN

↕ 30cm ↔ 1,5m

Die auffälligen, mehrfarbigen Blätter mit crèmeweißem Rand ergeben eine gute Bodendeckung. Dieser Strauch wuchert stark, wenn man ihn nicht stutzt.

Sträucher für feuchte Böden und Uferbepflanzungen

FEUCHTE BÖDEN, DIE überflutet werden, sind keine idealen Pflanzstellen. Daher bleiben Sträucher, die diese Bedingungen tolerieren, für den Gärtner äußerst wertvoll. Ein solcher Boden läßt sich durch Drainage noch verbessern; wenn Sie ihn aber unverändert lassen wollen, werden die hier genannten Pflanzen auch bei Ihnen gedeihen.

Myrica gale
GAGELSTRAUCH
PH ↕↔1m

Bevor die Blätter dieses Strauchs austreiben, ist er mit Kätzchen übersät. Darauf folgen die abgebildeten Fruchtstände; toleriert auch besonders sumpfige Böden.

Aronia arbutifolia
ZWERGVOGELBEERE
↕3m ↔2m

Die Stiele dieses kräftigen Strauchs wachsen aufrecht in Büscheln und sind später weit ausladend. Kleine, weiße Frühlingsblüten werden von roten Beeren gefolgt.

Lindera benzoin
FIEBERSTRAUCH
PH ↕↔3m

Das Blattwerk dieses Strauchs nimmt im Herbst eine hellgelbe Färbung an. Die Pflanze trägt im Frühjahr Doldenrispen kleiner, grünlichgelber Blüten.

Physocarpus opulifolius 'Dart's Gold'
BLASENSPIERE
↕↔2m

Dieser robuste, anpassungsfähige Strauch trägt von Frühjahr bis Sommer ein goldgelbes Blattwerk, das im späten Frühjahr seine Blüten in den Schatten stellt.

Clethra alnifolia
SCHEINELLER
PH ↕2m ↔1,5m

Trägt im Spätsommer Rispen kleiner, weißer Blüten; die gezähnten Blätter dieses häufig Sprossen treibenden Strauchs nehmen eine gelbe Herbstfärbung an.

WEITERE STRÄUCHER FÜR FEUCHTE STANDORTE UND UFERBEPFLANZUNGEN

Amelanchier canadensis
Aronia melanocarpa
Calycanthus floridus
Cephalanthus occidentalis
Clethra tomentosa
Cornus alba 'Aurea', siehe S. 150
Cornus alba 'Elegantissima', s. S. 148
Cornus alba 'Gouchaultii'
Cornus stolonifera 'Flaviramea', siehe S. 168
Hamamelis vernalis
Myrica cerifera
Neillia thibetica, siehe S. 123
Photinia villosa, siehe S. 228
Sorbaria aitchisonii
Viburnum lantanoides
Viburnum opulus 'Xanthocarpum'
Viburnum sieboldii

Rhododendron occidentale
AZALEE
PH ↕↔2m

Diese Azaleensorte trägt im Frühsommer duftende Blüten in Weiß, Rosa oder Hellgelb. Die Blätter dieses Strauchs nehmen eine intensive Herbstfärbung an.

Rhodotypos scandens
SCHEINKERRIE
☼ ◑ ❄❄❄ ↕↔ 2m

Diese Pflanze trägt von Frühjahr bis Sommer leuchtend weiße Blüten, denen schwarze Früchte folgen. Der kraftvolle Strauch hat gezähnte, geäderte Blätter.

WEIDENSTRÄUCHER FÜR FEUCHTE STANDORTE UND UFERBEPFLANZUNGEN

Salix acutifolia
Salix discolor
Salix eleagnos
Salix exigua, siehe S. 153
Salix gracilistyla 'Melanostachys'
Salix irrorata
Salix japonica
Salix purpurea 'Nana'
Salix triandra
Salix udensis 'Sekka'

Spiraea × vanhouttei
SPIERSTRAUCH
☼ ❄❄❄ ↕↔ 1,5m

Die geschwungenen Äste dieses kräftig wachsenden Strauchs bilden eine dichte Kuppel. Seine Äste sind im Sommer von weißen Blütendolden überzogen. 🏆

Salix daphnoides
REIFWEIDE
☼ ❄❄❄ ↕↔ 6m

Wird wegen ihrer violetten Wintertriebe geschätzt; männliche Pflanzen tragen im Frühjahr silberne Kätzchen, die dann eine gelbe Färbung bekommen.

Vaccinium corymbosum
AMERIKANISCHE BLUEBERRY
☼ ◑ ❄❄❄ PH ↕↔ 1,5m

Diese Pflanze trägt im späten Frühjahr weiße oder zartrosa Blüten, denen eßbare Beeren folgen. Im Herbst nehmen die Blätter eine karmesinrote Färbung an. 🏆

Viburnum opulus
GEMEINER SCHNEEBALL
☼ ◑ ❄❄❄ ↕↔ 4m

Weiße Blütenrispen, die im Sommer blühen, werden dann durch rote Beeren abgelöst. Die Blätter haben im Herbst eine orange, violette oder rote Färbung.

Gegen Luftverschmutzung unempfindliche Sträucher

DIE ZEITEN, IN DENEN die Luft stark mit industriellen Schadstoffen veschmutzt war, sind leider noch nicht vorbei. Hinzu kommen noch die Autoabgase, die den Gärtner auch weiterhin vor schwere Probleme stellen. Deshalb sind Sträucher, die auch in belasteter Luft gedeihen, heute besonders wertvoll.

WEITERE GEGEN LUFTVERSCHMUTZUNG UNEMPFINDLICHE IMMERGRÜNE STRÄUCHER

Aucuba japonica 'Rozannie', s. S. 146
Camellia japonica 'Adolphe Audusson', siehe S. 124
Cotoneaster sternianus, siehe S. 162
Elaeagnus x *ebbingei* 'Gilt Edge', siehe S. 149
Euonymus fortunei 'Emerald Gaiety', siehe S. 118
Sarcococca hookeriana var. *digyna*, siehe S. 167

Brachyglottis 'Sunshine'
BRACHYGLOTTIS
☼ ❄❄❄ ↕1m ↔1,5m

Einer der beliebtesten blühenden Sträucher; er trägt ein schönes graugrünes Blattwerk, das zunächst silbern ist. Im Sommer treten gelbe Blüten hervor. 🏆

Forsythia × *intermedia* 'Lynwood'
FORSYTHIE
☼ ◑ ❄❄❄ ↕3m ↔2,5m

Dieser robuste Strauch ist wegen seiner Blütenpracht sehr beliebt. Im Frühjahr sind seine Äste mit leuchtend gelben, sternförmigen Glockenblüten übersät. 🏆

Buddleja davidii 'Royal Red'
SCHMETTERLINGSSTRAUCH
☼ ❄❄❄ ↕↔4m

Die Blätter dieses Strauchs tragen einen Hauch Silber. Im Sommer, wenn er Blütenrispen austreibt, nimmt das Blattwerk eine grüne Färbung an. 🏆

Hypericum 'Hidcote'
JOHANNISKRAUT
☼ ◑ ❄❄❄ ↕1,2m ↔1,5m

Dieser kräftig wachsende immergrüne oder halbimmergrüne Strauch hat hübsche dunkelgrüne Blätter und trägt von Sommer bis Herbst goldgelbe Blüten. 🏆

Mahonia aquifolium 'Smaragd'
MAHONIE
☼ ◑ ❄❄❄ ↕75cm ↔1,5m

Dieser immergrüne Strauch trägt bronzefarbene Blätter, die später grün werden und Stachelzähne haben. Er bringt im Frühjahr Trauben gelber Blüten hervor.

Olearia × haastii
OLEARIE
☼ ❄❄❄ ↕↔2m

Während des späten Frühjahrs sind die Triebe und die Blätter dieses immergrünen Strauchs fast vollständig von weißen, gänseblümchenartigen Blüten verdeckt.

Skimmia × confusa 'Kew Green'
SKIMMIE
☼ ◐ ● ❄❄❄ ↕75cm ↔1,2m

Die dunkelgrünen Blätter dieses immergrünen Strauchs werden im Frühjahr von kegelförmigen Rispen crèmeweißer Blüten überragt; ist von kugeligem Wuchs. 🏆

WEITERE GEGEN LUFTVERSCHMUTZUNG UNEMPFINDLICHE LAUBWECHSELNDE STRÄUCHER

Amelanchier lamarckii, siehe S. 222
Buddleja 'Pink Delight'
Colutea × media 'Copper Beauty'
Lonicera ledebourii
Sambucus nigra 'Guincho Purple', siehe S. 155
Sorbaria aitchisonii
Spartium junceum, siehe S. 139
Viburnum opulus 'Notcutt's Variety'
Weigela coraeensis

Rhododendron 'Susan'
RHODODENDRON
◐ ❄❄❄ PH ↕↔3m

Dieser immergrüne Strauch hat im Frühjahr Schirmtrauben gerandeter Blüten mit violetter Zeichnung, die später verblassen und mit weißer Färbung ausblühen. 🏆

Syringa vulgaris 'Mme Lemoine'
GEMEINER FLIEDER
☼ ❄❄❄ ↕4m ↔3m

Trägt im späten Frühjahr und im Frühsommer imposante, dichte Rispen weißer, duftender Blüten; der Strauch breitet sich später aus. 🏆

Philadelphus 'Beauclerk'
PFEIFENSTRAUCH
☼ ❄❄❄ ↕2,5m ↔2m

Dieser herrliche Strauch lohnt die Anpflanzung aufgrund der Vielzahl großer weißer, breitblättriger Blüten, die er vom Früh- bis Hochsommer trägt. 🏆

Ribes sanguineum 'Pulborough Scarlet'
BLUTJOHANNISBEERE
☼ ❄❄❄ ↕2,5m ↔2m

Dieser Strauch mit kräftigem Wuchs trägt duftende Blätter. Gemeinsam mit dem Blattwerk bringt er im Frühjahr hängende rote Blütentrauben hervor. 🏆

Tamarix tetrandra
TAMARISKE
☼ ❄❄❄ ↕↔4 m

Die Triebe dieses Strauchs sind dicht mit grünen Blättern besetzt. Im späten Frühjahr und im Frühsommer erscheinen büschelige Trauben winziger Blüten. 🏆

Sträucher für Küstenregionen

Es gibt eine grosse Anzahl von Sträuchern, die auch in küstennahen Gärten angepflanzt werden können; einige lieben sogar den kräftigen Meereswind und die salzige Gischt; andere tolerieren das Küstenklima zwar, bevorzugen aber geschützte Standorte. Die hier aufgelisteten Sträucher gehören zu den zuverlässigsten für küstennahe Gärten.

Atriplex halimus
MELDE
☼ ❄❄❄ ↕↔ 2m

Dieser buschige, immergrüne Strauch mit attraktivem Blattwerk ist in kalten Regionen teilweise laubwechselnd; besonders als Solitärpflanze oder Hecke geeignet.

Buddleja globosa
SCHMETTERLINGSSTRAUCH
☼ ❄❄❄ ↕↔ 3m

Im Sommer trägt dieser Strauch kugelige, kleine orangefarbene Blütenköpfe. Er ist robust und zählt in milden Klimaten zu den halbimmergrünen Sträuchern.

Bupleurum fruticosum
HASENOHR
☼ ❄❄ ↕↔ 2m

Dieser immergrüne Strauch wird wegen seiner glänzend blaugrünen Blätter gepflanzt. Er trägt von Sommer bis Herbst kleine gelbliche Blütenköpfe.

Colutea arborescens
GELBER BLASENSTRAUCH
☼ ❄❄❄ ↕↔ 2,5m

Dieser breitwüchsige Strauch hat stark gefiederte Blätter. Seine im Sommer blühenden Trauben werden später von blasig aufgetriebenen Fruchthülsen abgelöst.

Escallonia 'Apple Blossom'
ESCALLONIE
☼ ❄❄❄ ↕↔ 2m

Glänzend dunkelgrünes Blattwerk bedeckt diesen dichten immergrünen Strauch. Im Sommer schmücken ihn Rispen weißer und rosafarbener Blüten.

LAUBWECHSELNDE STRÄUCHER FÜR KÜSTENREGIONEN

Colutea × media 'Orange Beauty'
Cytisus 'Killiney Red', siehe S. 122
Elaeagnus angustifolia
Elaeagnus 'Quicksilver', siehe S. 220
Halimodendron halimifolium
Hydrangea macrophylla 'Ayesha'
Lycium barbarum
Rosa rugosa, siehe S. 141
Tamarix ramosissima 'Rubra'
Tamarix tetrandra, siehe S. 137

Fuchsia magellanica
SCHARLACHFUCHSIE
☼ ❄❄❄ ↕↔ 2m

Dieser Strauch eignet sich wegen seines kugeligen Wuchses zur Solitärpflanzung. Von Hochsommer bis Herbst hängen an seinen Trieben lampionähnliche Blüten.

Hebe × franciscana 'Blue Gem'
STRAUCHVERONIKA
☼ ❄❄ ↕60cm ↔1,2m

Diesen immergrünen Strauch findet man häufig an den Promenaden von Küstenorten. Er trägt vom Sommer bis Winteranfang kurze Trauben violetter Blüten.

Hydrangea macrophylla
'Lanarth White' **HORTENSIE**
☼ ☀ ❄❄❄ ↕1,5m ↔2m

Dieser zuverlässige Strauch von kugeligem Wuchs ist im Sommer mit Schirmrispen dunkelblauer fruchtbarer und weißer unfruchtbarer Blüten übersät.

Olearia nummulariifolia
OLEARIE
☼ ❄❄❄ ↕↔2m

Straffe, dicht mit immergrünen Blättern besetzte Triebe sind charakteristisch für diesen Strauch. Im Sommer treten um die Astspitzen kleine Blüten hervor.

Spartium junceum
BINSENGINSTER
☼ ❄❄❄ ↕↔2,5m

Ein kräftig wachsender Strauch mit weichen, dunkelgrünen und fast blattlosen Trieben; er trägt Trauben duftender gelber Schmetterlingsblüten.

WEITERE IMMERGRÜNE STRÄUCHER FÜR KÜSTENREGIONEN

Brachyglottis 'Sunshine', siehe S. 136
Elaeagnus macrophylla
Escallonia 'Iveyi'
Olearia macrodonta 'Major'

Lupinus arboreus
BAUMLUPINE
☼ ❄❄❄ ↕↔1m

Dieser halbimmergrüne Strauch von kräftigem Wuchs trägt gefiederte Blätter und bringt im Frühsommer aufrechte, konische Trauben gelber Blüten hervor.

Tamarix ramosissima
TAMARISKE
☼ ❄❄❄ ↕↔4m

Dieser kraftvolle Strauch besitzt offen verzweigte Äste mit gefiederten Blättern. Er trägt von Spätsommer bis Frühherbst Trauben winziger, rosafarbener Blüten.

Sträucher als Hecken oder Sichtschutz

STRÄUCHER, DIE SICH für Hecken eignen, kann man regelmäßig zurückschneiden oder aber frei zu ihrer natürlichen Form heranwachsen lassen. Pflanzen von starkem Wuchs eignen sich als Windfang oder Sichtschutz. Die hier angegebenen Maße beziehen sich auf die durchschnittliche Größe der ausgewachsenen unbeschnittenen Pflanze.

WEITERE STRÄUCHER FÜR KLEINE HECKEN

Berberis thunbergii 'Red Pillar'
Buxux sempervirens 'Suffruticosa', siehe S. 170
Hebe × franciscana 'Blue Gem', siehe S. 139
Ilex cornuta 'Burfordii'
Ilex crenata 'Convexa'
Lavandula angustifolia 'Hidcote', siehe S. 164
Myrtus communis var. *tarentina*

Berberis × stenophylla
BERBERITZE
☼ ❄❄❄ ↕↔ 2,5m

Dieser robuste Strauch ist für formlose Hecken beliebt. Seine überhängenden Zweige haben schmale Blätter und tragen im Frühjahr goldgelbe Blüten. 🏆

Cotoneaster lacteus
ZWERGMISPEL
☼ ❄❄❄ ↕4m ↔3m

Sie ist einer der schönsten immergrünen Sträucher für Formhecken; trägt geäderte Blätter, weiße Sommerblüten und vom Herbst an rote Beeren. 🏆

Buxus sempervirens 'Handsworthensis'
IMMERGRÜNER BUCHSBAUM
☼ ◐ ❄❄❄ ↕↔ 3m

Dieser stark wachsende immergrüne Strauch hat einen aufrechten Wuchs und ist dicht belaubt. Daher eignet er sich gut für Formhecken oder als Sichtschutz.

IMMERGRÜNE STRÄUCHER ALS HECKEN ODER SICHTSCHUTZ

Berberis darwinii, siehe S. 122
Elaeagnus macrophylla
Escallonia rubra 'Crimson Spire'
Escallonia rubra var. *macrantha*
Euonymus japonica
Ilex aquifolium
Olearia macrodonta, siehe S. 146
Pittosporum colensoi
Pittosporum crassifolium
Viburnum tinus

Cotoneaster simonsii
ZWERGMISPEL
☼ ❄❄❄ ↕2,5m ↔2m

Dieser laubwechselnde oder halbimmergrüne Strauch eignet sich gut für Formhecken. Er bringt weiße Sommerblüten und im Herbst rote Beeren hervor. 🏆

Elaeagnus × ebbingei
ÖLWEIDE
☼ ❄❄❄ ↕↔4m

Die Zweige tragen glänzende Blätter und im Herbst silbrigweiße Blüten. Dieser immergrüne Strauch von kraftvollem Wuchs eignet sich als Sichtschutz.

Griselinia littoralis
GRISELINIA
☼ ❄❄ ↕6m ↔5m

Der kräftige, immergrüne Strauch wächst einzeln oder in Mischkulturen, wie hier zusammen mit *Prunus cerasifera* 'Nigra'. Er eignet sich für küstennahe Gärten.

Prunus laurocerasus 'Rotundifolia'
KIRSCHLORBEER
☼ ◐ ● ❄❄❄ ↕3m ↔2m

Kirschlorbeer ist wegen seines aufrechten Wuchses und der eindrucksvollen, immergrünen, glänzenden Blätter einer der beliebtesten Sträucher für Formhecken.

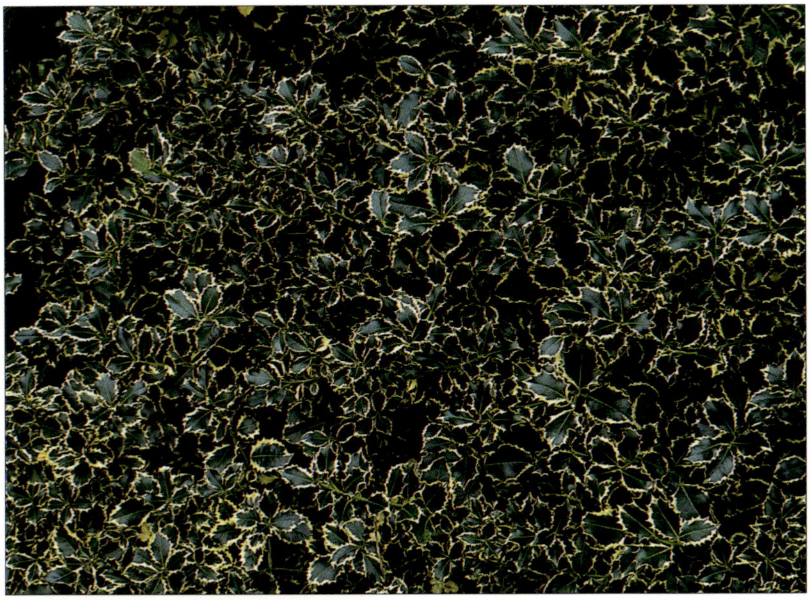

Ilex aquifolium 'Argentea Marginata'
STECHPALME
☼ ❄❄❄ ↕8m ↔4m

Dieser Strauch oder Baum eignet sich hervorragend für Formhecken oder als Sichtschutz. Seine immergrünen Blätter sind stachlig gezähnt, die Früchte rot.

Prunus lusitanica
PORTUGIESISCHER KIRSCHLORBEER
☼ ◐ ❄❄❄ ↕↔6m

Dieser buschige, immergrüne Strauch bringt im Frühjahr Trauben weißer Blüten hervor. Die Pflanze hat glänzende Blätter, die an roten Stielen sitzen.

Fuchsia magellanica 'Riccartonii'
SCHARLACHFUCHSIE
☼ ❄❄ ↕↔2m

Dieser kraftvolle Strauch eignet sich als formlose Hecke. Er bildet einen dichten Busch und ist vom Spätsommer an mit laternenähnlichen Blüten übersät.

LAUBWECHSELNDE STRÄUCHER ALS HECKEN ODER SICHTSCHUTZ

Amelanchier canadensis
Berberis thunbergii 'Atropurpurea'
Carpinus betulus
Choenomeles speciosa 'Moerlooseii', siehe S. 100
Crataegus monogyna
Fagus sylvatica, siehe S. 215
Hydrangea macrophylla 'Joseph Banks'
Prunus spinosa
Symphoricarpos 'White Hedge'

Rosa rugosa
KARTOFFELROSE
☼ ❄❄❄ ↕↔1,5m

Diese Wildrose mit großen Blättern wird für formlose Hecken geschätzt. Sie trägt vom Sommer an violettrote Blüten, auf die tomatenrote Hagebutten folgen.

Sträucher für Steingärten, Hoch- und Geröllbeete

VIELE ZIERLICHE Sträucher besitzen hübsche Blüten, Blätter und Früchte. Sie werden wegen ihrer geringen Größe nur selten in gemischten Rabatten gepflanzt, bzw. nur an Stellen, die ausreichend Abstand zu dominanteren Pflanzen bieten. Sie eignen sich ideal für Steingärten oder Hochbeete, wo ihr besonderer Charme voll zur Geltung kommt.

Genista lydia
GINSTER
☼ ❄❄❄ ↕55cm ↔75cm

Er ist im späten Frühjahr und im Frühsommer mit Trauben kleiner Schmetterlingsblüten übersät. Ginster eignet sich gut für trockene Mauerkronen. 🏆

WEITERE STRÄUCHER FÜR STEINGÄRTEN

Anthyllis hermanniae
Berberis × stenophylla 'Corallina Compacta'
Convolvulus cneorum, siehe S. 152
Crassula sarcocaulis
Daphne collina
Helichrysum selago
Hypericum olympicum 'Citrinum'
Penstemon pinifolius
Sorbus poteriifolia
Teucrium polium

Acer palmatum 'Corallinum'
JAPANISCHER AHORN
☼ ☀ ❄❄❄ ↕75cm ↔45cm

Ein langsam wachsender, kompakter Strauch, der auf feuchtem, reichhaltigem und gut durchlässigem Boden doppelt so groß werden kann wie hier angegeben.

Daphne retusa
SEIDELBAST
☼ ☀ ❄❄❄ ↕↔70cm

Dieser kugelige Strauch trägt vom späten Frühjahr an duftende Blüten, deren Knospen eine violette Färbung haben. Nach der Blüte bringt er rote Beeren hervor. 🏆

Berberis empetrifolia
SAUERDORN
☼ ❄❄❄ PH ↕30cm ↔45cm

Die Stiele dieses Zwergstrauchs sind drahtig und stachlig, die Zweige mit kleinen, unten eingerollten Blättern bedeckt. Er trägt im Frühjahr goldgelbe Blüten.

Euryops acraeus
EURYOPS
☼ ❄❄❄ ↕↔30cm

Ein auffälliger Strauch, der im späten Frühjahr von kleinen Blüten an dornigen Stielen überragt wird; gedeiht in der Sonne und auf gut durchlässigen Böden. 🏆

Hebe cupressoides 'Boughton Dome'
STRAUCHVERONIKA
☼ ❄❄ ↕30cm ↔45cm

Dieses immergrüne Polster aus zierlichen Blättern ähnelt dem Zwergwacholder; sie trägt weiße Sommerblüten. Die Pflanze benötigt gut durchlässige Böden. 🏆

Helianthemum 'Fire Dragon'
SONNENRÖSCHEN
☼ ❄❄❄ ↕28cm ↔55cm

Dieser immergrüne polsterbildende Strauch hat schmale, graugrüne Blätter und trägt vom späten Frühjahr an orange-scharlachrote Büten. 🏆

Penstemon serrulatus
BARTFADEN
☼ ❄❄❄ ↕60cm ↔30cm

Dieser halbimmergrüne Strauch bildet ein Polster aus dunkelgrünem Blattwerk. Seine Zweige tragen im Sommer verzweigte Trauben blauer bis violetter Blüten. 🏆

Punica granatum var. *nana*
GRANATAPFELBAUM
☼ ❄❄❄ ↕↔60cm

Die glänzenden Blätter dieses Granatapfels nehmen im Herbst eine goldene Färbung an. Die Pflanze bevorzugt warme Standorte mit gut durchlässigem Boden.

Linum arboreum
LEIN
☼ ❄❄❄ ↕28cm ↔30cm

Dolden leuchtend gelber Blüten erfreuen uns den gesamten Sommer über. Dieser immergrüne Strauch benötigt Wärme und einen gut durchlässigen Boden. 🏆

Parahebe catarractae
PARAHEBE
☼ ❄❄ ↕↔30cm

Diese Pflanze bildet Kissen aus immergrünen Blättern und trägt im Spätsommer und Frühherbst Zweige kleiner Blüten mit karmesinroten und weißen Mitten. 🏆

WEITERE POLSTERBILDENDE STRÄUCHER

Cistus salviifolius 'Avalanche'
Cytisus purpureus 'Atropurpureus'
Genista sagittalis
Helianthemum apenninum 'Roseum'
Hypericum empetrifolium var. *oliganthum*

Salix reticulata
NETZWEIDE
☼ ❄❄❄ ↕4cm ↔30cm

Ihre Zweige sind mit ovalen Blättern bedeckt. Die männlichen Pflanzen tragen im Frühjahr Kätzchen. Der Strauch gedeiht am besten in feuchten Böden. 🏆

Sträucher für die Bepflanzung von Kübeln

NAHEZU ALLE STRÄUCHER lassen sich in Kübeln pflanzen. Man sollte jedoch keine stark wachsenden Pflanzen wählen, da diese regelmäßig zurückgeschnitten werden müßten. Pflanzschalen sind auf Terrassen und in Innenhöfen nützlich, aber auch für empfindliche Sträucher, um sie nämlich bei Kälte an einen geschützten Ort bringen zu können.

Aloysia triphylla
ZITRONENSTRAUCH
☼ ❄❄ ↕↔ 2m

Dieser hauptsächlich wegen seiner duftenden Blätter geschätzte Busch trägt im Sommer zarte Blütenrispen. Er sollte im späten Winter zurückgeschnitten werden.

Cestrum elegans
HAMMERSTRAUCH
☼ ❄ ↕3m ↔2m

Die Triebe und Zweige dieses kräftigen, immergrünen Strauchs biegen sich vom Frühjahr bis Herbst unter der Last seiner üppigen Trauben aus roten Blüten. 🏆

Choisya 'Aztec Pearl'
ORANGENBLUME
☼ ☀ ❄❄❄ ↕↔ 1,2m

Die Blätter dieses immergrünen Strauchs duften aromatisch. Weiße Blüten mit rosafarbenen Knospen erblühen im späten Frühjahr und wieder im Spätsommer. 🏆

Fascicularia lizei
EFEUARALIE
☼ ☀ ❄❄ ↕↔ 2m

Dieser immergrüne Strauch bildet eine Kuppel aus eingeschnittenen glänzenden Blättern. Die Pflanze trägt im Herbst Blütenköpfe kleiner crèmefarbener Blüten.

Felicia amelloides 'Santa Anita'
KAPASTER
☼ ❄ ↕↔ 30cm

Seine langstieligen blauen margeritenartigen Blüten mit gelbem Auge überragen vom späten Frühjahr an eine buschige Kuppel ovaler, immergrüner Blätter. 🏆

EMPFINDLICHE STRÄUCHER FÜR DIE BEPFLANZUNG VON KÜBELN

Abutilon 'Canary Bird'
Cestrum nocturnum
Datura × candida 'Knightii'
Nerium oleander

Fuchsia 'Celia Smedley'
FUCHSIE
☼ ❄❄ ↕1,5m ↔1m

Sie zählt zu den widerstandsfähigen Sorten. Rosaweiße und rote Blüten mit grünlichweißen Blütenbechern erfreuen uns den ganzen Sommer über. 🏆

Fuchsia 'Thalia'
FUCHSIE
☼ ❄ ↕↔ 1m

Dieser Strauch erfreut sich wegen seiner Blütenbüschel größter Beliebtheit. Sie kommen im Sommer oberhalb des dunklen Blattwerks zum Vorschein. 🏆

Prostanthera rotundifolia
PROSTANTHERA
☼ ❄ ↕↔ 1,5m

Dieser dichte, kugelige, immergrüne Strauch bringt vom Fühjahr bis in den Frühsommer hinein unzählige glockenförmige Blüten hervor. 🏆

Lantana camara
WANDELRÖSCHEN
☼ ❄ ↕↔ 1,5m

Dieser stachelstielige sommerblühende, immergrüne Strauch wuchert in warmem Klima, kann aber durch Zurückschneiden der Spitzen in Form gehalten werden.

WEITERE WIDERSTANDSFÄHIGE STRÄUCHER FÜR DIE BEPFLANZUNG VON KÜBELN

Camellia japonica 'Adolphe Audusson', siehe S. 124
Camellia 'Spring Festival'
Camellia × williamsii 'Debbie'
Hydrangea macrophylla 'Munster'
Mahonia aquifolium 'Apollo'
Prunus laurocerasus 'Otto Luyken', siehe S. 133
Rhododendron 'Hydon Dawn'
Rhododendron 'Vuyk's Scarlet'
Skimmia × confusa 'Kew Green', siehe S. 137

Mimulus aurantiacus
GAUKLERBLUME
☼ ❄ ↕ 60cm ↔ 1m

Dieser Strauch bringt vom späten Frühjahr bis zum Herbst zweilippige, orangegelbe Blüten hervor. Die immergrünen Blätter fühlen sich klebrig an. 🏆

Pieris japonica 'Little Heath'
LAVENDELHEIDE
☼ ◑ ❄❄❄ ↕ 1,2m ↔ 1m

Ein immergrüner Strauch, der wegen der schmalen, weiß gerandeten Blätter, die im Frühjahr rot austreiben, überaus gern angepflanzt wird. 🏆

Rhododendron 'Homebush'
ALPENROSE
☼ ◑ ❄❄❄ ↕↔ 1,5m

Dieser anmutige, ziemlich kompakte Strauch trägt dichte Schirmtrauben trichterförmiger Blüten, die er im späten Frühjahr hervorbringt. 🏆

Immergrüne Sträucher

STRÄUCHER MIT IMMERGRÜNEM Blattwerk zählen in nicht zu kalten Regionen zu den beliebtesten Gartenpflanzen. Man erhält sie in den verschiedensten Formen, Größen sowie Farben. Dadurch verleihen sie gemischten Beeten Abwechslung und Beständigkeit. Die meisten Arten tragen Blüten, einige bringen sogar Früchte hervor. Manche immergrüne Sträucher sind wegen ihres auffälligen Aussehens ideale Solitärpflanzen; andere bieten sich durch ihren niedrigen, wuchernden Wuchs als ausgezeichnete Bodendecker an. Weniger widerstandsfähige immergrüne Sträucher gedeihen am besten im Schutz anderer Pflanzen oder an Mauern.

Elaeagnus pungens 'Maculata'
ÖLWEIDE
☼ ❄❄❄ ↕ 2,5m ↔ 3m

Dieser robuste, dichte Strauch mit schuppigen Ästchen hat golden gesprenkelte, grüne Blätter. Er trägt im Herbst Büschel zierlicher crèmeweißer Blüten. 🏆

Aucuba japonica 'Rozannie'
AUKUBE
☼ ◐ ❄❄❄ ↕↔ 75cm

Die zierlichen Blüten dieses kompakten Zwergstrauchs kommen im Frühjahr und tragen rote Früchte. Diese Aukube eignet sich für Beete oder als Kübelpflanze.

Olearia macrodonta
OLEARIE
☼ ◐ ❄❄ ↕↔ 3,5m

Dieser kräftige Strauch hat eine hellbraune Rinde und Blätter, die denen der Stechpalme ähneln. Die Pflanze trägt im Frühsommer Dolden weißer Blüten. 🏆

Buxus sempervirens 'Vardar Valley'
IMMERGRÜNER BUCHSBAUM
☼ ◐ ❄❄❄ ↕ 75cm ↔ 1,2m

Diese Buchsbaumsorte hat ein niedriges, breites Wachstum. Wegen ihres glänzenden ledrigen Blattwerks eignet sie sich auf feuchten Böden als Bodendecker.

Daphne odora 'Aureo-marginata'
SEIDELBAST
☼ ❄❄ ↕ 1,1m ↔ 1,2m

An warmen, geschützten Standorten gedeiht dieser Strauch zuverlässig. Er blüht vom Winter bis Frühjahr; seine Blätter haben eine schmale, gelbe Randzeichnung.

IMMERGRÜNE STRÄUCHER

- *Berberis* 'Goldilocks', siehe S. 169
- *Camellia japonica* 'Magnoliiflora'
- *Choisya ternata*, siehe S. 158
- *Cleyera japonica*
- *Danae racemosa*
- *Elaeagnus macrophylla*
- *Fatsia japonica*, siehe S. 111
- *Mahonia × media* 'Buckland', s. S. 167
- *Rhododendron bureaui*
- *Skimmia × confusa* 'Kew Green', siehe S. 137

Ozothamnus rosmarinifolius
OZOTHAMNUS
☼ ❄❄ ↕2m ↔1,5m

Dieser Strauch hat fadenförmige Blätter und im Frühsommer kleine Blüten. Die Pflanze benötigt einen warmen Standort mit durchlässigem Boden.

Prunus lusitanica ssp. *azorica*
PORTUGIESISCHER KIRSCHLORBEER
☼ ◑ ❄❄ ↕↔6m

Diese kraftvolle Pflanze hat ein dichtes Astwerk mit hellgrünen Blättern, die zunächst rot austreiben. Den Sommerblüten folgen dunkelviolette Früchte. 🏆

Pittosporum tenuifolium 'Irene Paterson' **KLEBSAME**
☼ ❄❄ ↕2,5m ↔1,1m

Dieser säulenförmige Strauch hat schwarze Zweige sowie Blätter, die in der Reife eine weiße Marmorierung erhalten und im Winter eine rosa Farbe annehmen. 🏆

WEITERE IMMERGRÜNE BODENDECKENDE STRÄUCHER

Arctostaphylos uva-ursi 'Vancouver Jade'
Ceanothus gloriosus
Ceanothus thyrsiflorus var. *repens*
Gaultheria shallon
Hypericum calycinum, siehe S. 119
Mahonia nervosa, siehe S. 133
Rubus tricolor
Sarcococca hookeriana var. *humilis*
Vaccinium vitis-idaea
Viburnum davidii, siehe S. 119

Vaccinium glaucoalbum
HEIDELBEERE
◑ ❄❄ PH↓ ↕60cm ↔75cm

Dieser langsam wachsende Strauch hat ledrige Blätter. Er trägt im Frühjahr Trauben weißer, rosa überhauchter Blüten, auf die blauschwarze Beeren folgen. 🏆

STRÄUCHER

Prunus laurocerasus 'Zabeliana'
KIRSCHLORBEER
☼ ◑ ❄❄❄ ↕80cm ↔2,2m

Die hübschen Blütentrauben des Kirschlorbeers erblühen im späten Frühjahr und werden von roten, später glänzend schwarz ausreifenden Beeren gefolgt.

Rhododendron 'Dora Amateis'
RHODODENDRON
☼ ◑ ❄❄❄ PH↓ ↕↔60cm

Dieser stark blühende Zwergrhododendron hat einen kompakten Wuchs. Er trägt im späten Frühjahr Schirmtrauben weißer, rosa überhauchter Blüten. 🏆

Viburnum 'Pragense'
SCHNEEBALL
☼ ❄❄❄ ↕↔2,5m

Die schmalen Blätter dieses kräftig wachsenden Strauchs sind auf der Oberseite stark geädert. Er trägt im Frühjahr kugelige Schirmrispen crèmeweißer Blüten. 🏆

Sträucher mit panaschierten Blättern

DIE PANASCHIERUNG tritt häufig an grünen Blättern auf, die einen weißen oder gelben Rand haben. Daneben kennen wir auch viele Sträucher mit grünen, grauen oder violetten Blättern, die in helleren Farben gefleckt, getupft oder gestreift sind. Panaschierungen können auch durch Schattierungen der dominanten Blattfarbe entstehen.

Buxus sempervirens 'Elegantissima'
IMMERGRÜNER BUCHSBAUM
☼ ❄❄❄ ↕1,7m ↔1,1m

Die schönste panaschierende Sorte des immergrünen Buchsbaums; sein hübscher langsam wachsender Busch hat kleine Blätter mit weißer Randzeichnung. 🏆

Buddleja davidii 'Harlequin'
SCHMETTERLINGSSTRAUCH
☼ ❄❄❄ ↕↔2,5m

Ein Strauch mit geschwungenen Zweigen und crèmeweiß gerandeten Blättern; die Pflanze trägt vom Sommer bis Herbst große Rispen rotvioletter Blüten.

Cornus alba 'Elegantissima'
HARTRIEGEL
☼ ❄❄❄ ↕↔2,2m

An seinen rötlichen Trieben sitzen weißgerandete, graugrüne Blätter. Wenn man ihn im Spätwinter zurückschneidet, erhält man kräftiger gefärbte Triebe. 🏆

Aucuba japonica 'Crotonifolia'
AUKUBE
☼ ◐ ❄❄❄ ↕2m ↔1,7m

Die Triebe dieses dichten und buschigen Strauchs entwickeln sich zu glänzenden Blättern mit gelben Tupfen. Diese Aukube ist immergrün; sehr verläßlich. 🏆

WEITERE LAUBWECHSELNDE STRÄUCHER MIT PANASCHIERTEN BLÄTTERN

Berberis thunbergii 'Rose Glow'
Cornus alba 'Spaethii'
Daphne × burkwoodii 'Carol Mackie'
Fuchsia magellanica 'Sharpitor'
Hypericum × moserianum 'Tricolor'
Ligustrum sinense 'Variegatum'
Lonicera nitida 'Silver Beauty'
Sambucus nigra 'Pulverulenta'
Stachyurus chinensis 'Magpie'
Weigela praecox 'Variegata'

Cornus mas 'Variegata'
KORNELKIRSCHE
☼ ◐ ❄❄❄ ↕↔4m

Dieser buschige Strauch hat Blätter mit kräftiger weißer Randzeichnung. Gelbe Blüten schmücken die Zweige im Spätwinter, bevor die Blätter austreiben. 🏆

Cotoneaster atropurpureus 'Variegatus'
ZWERGMISPEL
☼ ❄❄❄ ↕45cm ↔1,2m

Dieser Strauch hat sich weit ausbreitende Triebe, die dicht mit kleinen, crèmefarben geränderten Blättern besetzt sind; sie nehmen eine rote Herbstfärbung an. 🏆

Ilex aquifolium 'Ferox Argentea'
STECHPALME
☼ ◐ ❄❄❄ ↕4m ↔1,5m

Diese immergrüne Stechpalme hat stachlige Blätter mit crèmeweißem Rand; eignet sich für die Bestäubung beerentragender Stechpalmen. 🏆

Rhamnus alaterna 'Argenteovariegata'
KREUZDORN
☼ ❄❄❄ ↕2,5m ↔1,7m

Dieser buschige immergrüne Strauch hat graugrüne Blätter, die crèmeweiß gerandet sind. Seine Blüten bringen nach heißen Sommern rote Beeren hervor. 🏆

Elaeagnus × ebbingei 'Gilt Edge'
ÖLWEIDE
☼ ❄❄❄ ↕↔2,5m

Dieser robuste immergrüne Strauch hat braune, schuppige Zweige und glänzend grüne Blätter mit goldgelber Randzeichnung; trägt im Herbst kleine Blüten. 🏆

Viburnum tinus 'Variegatum'
SCHNEEBALL
☼ ◐ ❄❄ ↕2,5m ↔2m

Die Blätter dieses immergrünen Strauchs haben eine kräftige, unregelmäßige Randzeichnung. Die Pflanze bringt im Herbst und Winter weiße Blüten hervor.

IMMERGRÜNE STRÄUCHER MIT PANASCHIERTEN BLÄTTERN

Coronilla valentina ssp. *glauca* 'Variegata'
Euonymus fortunei 'Silver Queen', siehe S. 100
Euonymus japonica 'Latifolius Albomarginatus'
Pieris japonica 'Little Heath', s. S. 145
Pittosporum 'Garnettii'
Prunus laurocerasus 'Marbled White', siehe S. 163

Osmanthus heterophyllus 'Variegatus'
DUFTBLÜTE
☼ ◐ ❄❄❄ ↕2,2m ↔1,2m

Dieser immergrüne Busch von langsamem Wuchs hat kleine, weiß geränderte Blätter, die denen der Stechpalme ähneln; trägt im Herbst Büschel weißer Blüten. 🏆

Weigela florida 'Variegata'
WEIGELIE
☼ ❄❄❄ ↕↔1,5m

Ein immergrüner Strauch mit geränderten Blättern; sie bilden den Hintergrund für rosafarbenen Blüten, die er im späten Frühjahr und Frühsommer trägt. 🏆

Sträucher mit goldenen oder gelben Blättern

ES GIBT NICHTS SCHÖNERES als einen Farbtupfer aus goldenem oder gelbem Blattwerk. Das verleiht dem Garten im tiefen Winter einen Hauch von Wärme. Viele Sträucher haben Blätter in verschiedenen Gelbtönen. Wenn man ihren Standort sorgfältig auswählt, können sie zu anderen Pflanzen einen beeindruckenden Kontrast bilden.

Cornus alba 'Aurea'
HARTRIEGEL
☼ ◑ ❄❄❄ ↕↔ 3m

Dieser Hartriegelstrauch bildet eine Kuppel aus dunkelroten Ästen, die vom Sommer bis Herbst mit kräftigen Blättern von zartgelber Farbe besetzt sind.

Berberis thunbergii 'Aurea'
BERBERITZE
◑ ❄❄❄ ↕↔ 75cm

Die niedrige kompakte Kugel aus rundlichen Blättern ist leuchtend gelb und nimmt später eine gelbgrüne Farbe an. Die Pflanze verträgt keine volle Sonne.

Erica arborea 'Albert's Gold'
BAUMHEIDE
☼ ❄❄❄ ↕↔ 2m

Ihre Zweige sind dicht mit kleinen Blättchen besetzt, die das ganze Jahr wie goldgelbe Federn aussehen. Die Pflanze trägt im Frühjahr viele weiße Blüten. 🏆

Calluna vulgaris 'Gold Haze'
HEIDEKRAUT
☼ ❄❄❄ ↕ 50cm ↔ 45cm

'Gold Haze' ist eine von vielen im Handel erhältlichen Heidekrautsorten. Sie hat ein dichtes goldenes Blattwerk. Die Pflanze trägt im Spätsommer weiße Blüten. 🏆

Choisya ternata 'Sundance'
ORANGENBLUME
☼ ◑ ❄❄ ↕ 1,5m ↔ 2m

Die gelben Blätter dieses immergrünen Strauchs verblassen im Alter. Er hat im späten Frühjahr weiße Blüten; verträgt keine kalten Winter. 🏆

Fuchsia 'Genii'
FUCHSIE
☼ ◑ ❄❄❄ ↕ 1,4m ↔ 75cm

Dieser kleine, aufrechte Strauch hat rote Triebe und zitronengelbes Blattwerk. Er trägt von Sommer bis Herbst kleine, hängende, violette und rote Blüten. 🏆

Ligustrum 'Vicaryi'
LIGUSTER
☼ ☀ ❄❄❄ ↕↔3m

Ein kraftvoller, halbimmergrüner Strauch mit dichtem, buschigem Wuchs, der während des Sommers süß duftende, weiße Blüten und leuchtend gelbe Blätter trägt.

WEITERE LAUBWECHSELNDE STRÄUCHER MIT GOLDENEN ODER GELBEN BLÄTTERN

Acer palmatum 'Aureum'
Caryopteris × clandonensis 'Worcester Gold'
Cornus mas 'Aurea'
Fuchsia 'Golden Marinka'
Physocarpus opulifolius 'Dart's Gold', siehe S. 134
Ptelea trifoliata 'Aurea', siehe S. 219
Ribes alpinum 'Aureum'
Rubus cockburnianus 'Golden Vale'
Rubus parviflorus 'Sunshine Spreader'
Sambucus nigra 'Aurea', siehe S. 171
Sambucus racemosa 'Plumosa Aurea'
Spiraea japonica 'Candle Light'
Syringa vulgaris 'Aureum'
Viburnum lantana 'Aurea'
Weigela 'Looymansii Aurea', s. S. 127
Weigela 'Rubidor'

Sambucus racemosa 'Sutherland Gold'
TRAUBENHOLUNDER
☼ ❄❄❄ ↕↔3m

Die gelben Blätter dieses Holunders vertragen viel Sonne. Die Pflanze bringt im Frühjahr Rispen gelber Blüten hervor. 🏆

Lonicera nitida 'Baggesen's Gold'
GEISSBLATT
☼ ❄❄❄ ↕↔5m

Die Äste dieses buschigen, immergrünen Strauchs sind mit gelben Blättern übersät. Er kann noch größer werden, wenn er an eine Mauer gepflanzt wird. 🏆

Ribes sanguineum 'Brocklebankii'
BLUTJOHANNISBEERE
☀ ❄❄❄ ↕1m ↔1,2m

Diesen Strauch schmücken im Frühjahr rosafarbene Blüten, doch wird er vor allem wegen seiner goldgelben Blätter geschätzt; verträgt keine volle Sonne. 🏆

Spiraea japonica 'Goldflame'
SPIERSTRAUCH
☼ ❄❄❄ ↕75cm ↔1m

Die Blätter treiben orangerot aus, verfärben sich erst goldgelb und dann grün. Die rosafarbenen Sommerblüten sind in kleinen Doldentrauben angeordnet. 🏆

Philadelphus coronarius 'Aureus'
BLASSER PFEIFENSTRAUCH
☀ ❄❄❄ ↕2,5m ↔1,5m

Die gelben Blätter dieses Strauchs verblassen im Spätsommer zu grünlicher Farbe. Im späten Frühjahr und Frühsommer hat die Pflanze crèmeweiße Blüten. 🏆

WEITERE IMMERGRÜNE STRÄUCHER MIT GOLDENEN ODER GELBEN BLÄTTERN

Aucuba japonica 'Sulphurea'
Calluna vulgaris 'Beoley Gold'
Erica erigena 'Golden Lady'
Erica vagans 'Valerie Proudley'
Escallonia laevis 'Gold Brian'
Escallonia laevis 'Gold Ellen'
Euonymus japonica 'Ovatus Aureus'
Ilex x attenuata 'Sunny Foster'
Ilex crenata 'Golden Gem'
Ligustrum ovalifolium 'Aureum'

Viburnum opulus 'Aureum'
GEMEINER SCHNEEBALL
☀ ❄❄❄ ↕2,5m ↔2m

Die später gelben Blätter treiben bronzefarben aus. Im Sommer trägt die Pflanze weiße Blüten, auf die rote Beeren folgen. Ihre Blätter verdorren in praller Sonne.

Sträucher mit silbernen oder blaugrauen Blättern

DER SILBRIGE GLANZ blaugrauer Blätter ist in jedem Garten ein herrlicher Anblick. Sträucher mit silbernem Blattwerk können zwischen anderen Pflanzen eine auflokkernde Wirkung erzielen. Die silbrige Farbe wird durch samtene oder filzige Blattbehaarung, silbrige Schuppen oder weiß puderartigen Flaum hervorgerufen.

Berberis dictyophylla
BERBERITZE
☼ ❄❄❄ ↕↔ 2m

Dieser Strauch hat Zweige und Blätter mit weißlichem Flaum. Den gelben Blüten folgen im Herbst Beeren, die sich mit den Blättern purpurrot verfärben.

Calluna vulgaris 'Silver Queen'
HEIDEKRAUT
☼ ❄❄❄ PH ↕ 40cm ↔ 45cm

Dieser Zwergstrauch bringt Trauben rosaroter Blüten hervor, doch ist er vor allem wegen seines silbergrauen, mit Flaumhärchen überzogenen Blattwerks beliebt.

Convolvulus cneorum
SILBERWINDE
☼ ❄❄ ↕ 75cm ↔ 1m

Silbrige Blätter und Triebe machen diesen Zwergstrauch zu einem der schönsten Sträucher. Vom Frühjahr bis zum Spätsommer bedecken ihn weiße Blüten.

Hebe pimeleoides 'Quicksilver'
STRAUCHVERONIKA
☼ ❄❄❄ ↕ 25cm ↔ 60cm

Die dunklen Stiele und Zweige dieses sich ausbreitenden Strauchs haben kleine silberblaue Blätter, im Sommer kurze Trauben zartvioletter Blüten.

Cistus 'Peggy Sammons'
ZISTROSE
☼ ❄❄ ↕↔ 1m

Die rosafarbenen Blüten dieses Strauchs erblühen im Sommer und erinnern an kleine Rosen. Seine Blätter und Zweige sind mit Flaum überzogen.

WEITERE IMMERGRÜNE STRÄUCHER MIT SILBERNEN ODER BLAUGRAUEN BLÄTTERN

Acacia baileyana
Artemisia arborescens, siehe S. 50
Artemisia 'Powis Castle', siehe S. 72
Ballota pseudodictamnus
Brachyglottis 'Sunshine', siehe S. 136
Cassinia leptophylla
Cistus albidus
Dendromecon rigida
Elaeagnus macrophylla
Euryops acraeus, siehe S. 142
Olearia × mollis
Rhododendron campanulatum ssp. *aeruginosum*
Rhododendron cinnabarinum Concatenans Gruppe
Teucrium fruticans
Yucca glauca
Yucca gloriosa, siehe S. 67

WEITERE LAUBWECHSELNDE STRÄUCHER MIT SILBERNEN ODER BLAUGRAUEN BLÄTTERN

Buddleja alternifolia 'Argentea'
Buddleja nivea
Dorycnium hirsutum, siehe S. 28
Elaeagnus 'Quicksilver', siehe S. 220
Hippophae rhamnoides, siehe S. 214
Romneya coulteri, siehe S.129
Rosa fedtschenkoana
Rubus thibetanus 'Silver Fern', s. S. 169
Salix eleagnos
Salix lanata

Helichrysum italicum
STROHBLUME
☼ ❄❄ ↕60cm ↔1m

Fadenförmige Blätter bedecken die aufrechten Stiele dieses immergrünen Halbstrauchs. Die Blätter und Stiele sind silbergrau und mit Flaum überzogen. 🏆

Leptospermum lanigerum
SÜDSEEMYRTE
☼ ❄❄ ↕3m ↔2m

Die rötlichen Triebe dieses immergrünen Busches sind dicht besetzt mit grauen oder silbergrauen Blättern. Die Pflanze trägt im Frühsommer weiße Blüten. 🏆

Perovskia atriplicifolia 'Blue Spire'
PEROWSKIE
☼ ❄❄❄ ↕↔1,2m

Die Ähren kleiner violetter Blüten, die sich im Spätsommer öffnen, stehen an grauweißen Zweigen, die dicht mit gesägten, graugrünen Blättern besetzt sind. 🏆

Salix exigua
WEIDE
☼ ❄❄❄ ↕4m ↔1,5m

Dieser hohe Strauch hat lange, biegsame Triebe. Diese sind mit silbrigen, samtigen Blättern besetzt, die sich schon bei der leichtesten Brise unablässig bewegen.

Rosa glauca
WILDROSE
☼ ❄❄❄ ↕↔2m

Die Blätter dieser Rose, die sich auf rötlichvioletten Stielen entfalten, glänzen in der Sonne purpurfarben und zeigen im Schatten einen graugrünen Farbton. 🏆

Santolina chamaecyparissus
HEILIGENKRAUT
☼ ❄❄❄ ↕75cm ↔1m

Weißfilzige Blätter bedecken diesen Strauch, der eine niedrige, dichte Kuppel bildet. Die langstieligen, gelben Blütenköpfe überragen ihn im Sommer. 🏆

Sträucher mit purpurnen, roten oder bronzefarbenen Blättern

PURPURNES ODER RÖTLICHES Blattwerk kann im Garten eine willkommene Abwechlung darstellen, sofern man es nicht zu häufig einsetzt. Diese relativ dunklen Farbtöne bilden einen reizvollen Kontrast zu silbernem oder grauem Blattwerk. Neben Pflanzen mit gelben oder goldenen Blättern kommen sie besonders eindrucksvoll zur Geltung.

Berberis thunbergii 'Red Chief'
SAUERDORN
☼ ❄❄❄ ↕↔ 1,2m

Ein aufrecht wachsender Strauch, der sich langsam ausbreitet; er hat rote, gebogene Triebe und purpurfarbene Blätter mit glänzender Oberseite.

Acer palmatum 'Garnet'
JAPANISCHER AHORN
☼ ❄❄❄ ↕↔ 4m

Dieser stark wachsende Strauch hat schlanke Triebe, die mit granatroten, gefingerten Blättern übersät sind. Die Pflanze verträgt keine trockenen Böden.

Corylus maxima 'Purpurea'
LAMBERTSNUSS
☼ ❄❄❄ ↕↔ 6m

Dieser Haselstrauch wird gerne wegen seiner großen purpurfarbenen Blätter gepflanzt. Zartviolette Kätzchen schmücken die Zweige im späten Winter.

Acer palmatum 'Red Pygmy'
JAPANISCHER AHORN
☼ ❄❄❄ ↕1,5m ↔1,2m

Die schönen, dunkel purpurfarbenen Blätter dieser dicht verzweigten, langsam wachsenden Jungpflanze nehmen im Alter eine grüne Färbung an.

Berberis thunbergii 'Atropurpurea Nana'
SAUERDORN
☼ ❄❄❄ ↕↔ 60cm

Dieser kugelige Zwergstrauch mit dichtem, verzweigtem Wuchs hat rundliche, kleine, rötlich purpurne Blätter und eignet sich besonders für Steingärten.

Cotinus coggygria 'Royal Purple'
PERÜCKENSTRAUCH
☼ ❄❄❄ ↕↔ 4m

Dieser beliebte Strauch bildet einen Busch aus rundlichen, tief purpurroten Blättern. Im Sommer treten Rispen rauchig rosafarbener Blüten hervor.

Hebe 'Amy'
STRAUCHVERONIKA
☼ ❄ ↕↔ 1 m

Die glänzenden kupferroten Blätter dieses kugeligen Strauchs verfärben sich mit der Zeit grün. Die Pflanze trägt im Sommer Trauben kräftig purpurner Blüten.

IMMERGRÜNE STRÄUCHER MIT PURPURNEN, ROTEN ODER BRONZEFARBENEN BLÄTTERN

Daphne × houtteana
Leucothoe 'Scarletta'
Lonicera nitida 'Red Tips'
Nandina domestica 'Nana Purpurea'

Pittosporum tenuifolium 'Tom Thumb'
KLEBSAME
☼ ❄❄ ↕↔ 60 cm

Die dunklen Triebe dieses kuppelförmigen immergrünen Zwergstrauchs sind mit leuchtenden, dunkel purpurroten, am Rand gewellten Blättern besetzt. 🏆

Prunus × cistena
APRIKOSE
☼ ❄❄❄ ↕↔ 1,5 m

Dies ist ein kleinwüchsiger, aufrechter Strauch mit glänzenden Blättern, die zunächst rot gefärbt sind und später zu einem tiefen Purpurrot heranreifen. 🏆

Prunus spinosa 'Purpurea'
SCHLEHE
☼ ❄❄❄ ↕↔ 4 m

Dieser dichte buschige Strauch hat stachlige Äste und leuchtend rote Blätter, die später eine purpurrote Färbung annehmen; trägt im Frühjahr rosafarbene Blüten.

LAUBWECHSELNDE STRÄUCHER MIT PURPURNEN, ROTEN ODER BRONZEFARBENEN BLÄTTERN

Acer palmatum 'Bloodgood'
Berberis × ottawensis 'Superba'
Itea virginica 'Henry's Garnet'
Weigela florida 'Foliis Purpureis'

Prunus cerasifera 'Hessei'
KIRSCHPFLAUME
☼ ❄❄❄ ↕↔ 4 m

Im Frühjahr bringt diese Pflanze noch vor den Blättern schneeweiße Blüten hervor. Das Blattwerk ist zunächst grün und nimmt später eine bronzerote Färbung an.

Sambucus nigra 'Guincho Purple'
SCHWARZER HOLUNDER
☼ ❄❄❄ ↕↔ 4 m

Die eingeschnittenen Blätter dieses stark wachsenden Strauchs treiben grün aus, nehmen dann eine purpurne Färbung an und sind im Herbst rot. 🏆

Sträucher mit prächtiger Herbstfärbung

UNTER GÜNSTIGEN Bedingungen haben fast alle Sträucher im Herbst farbenprächtige Blätter. Ein Ensemble von Sträuchern mit herbstlicher Färbung bietet einen faszinierenden Anblick, doch auch eine sorgfältig ausgewählte und plazierte Einzelpflanze kann zum reizvollen Mittelpunkt eines kleinen Gartens werden.

Berberis thunbergii
SAUERDORN
☼ ❄❄❄ ↕↔1,4m

Seine dornigen Äste sind mit kleinen Blättern besetzt, die im Herbst eine orangerote Färbung annehmen. Die Pflanze trägt im Frühjahr winzige gelbe Blüten.

Acer palmatum var. *heptalobum*
JAPANISCHER AHORN
☼ ☀ ❄❄❄ ↕↔6m

Die großen siebenlappigen, grünen Blätter dieses Ahorns färben sich mit der Zeit orange- oder karmesinrot. Die Pflanze verträgt keine trockenen Böden.

Callicarpa japonica
SCHÖNFRUCHT
☼ ❄❄❄ ↕↔1,4m

Die Blätter dieses Strauchs werden im Herbst weißlich-rosafarben. Wenn man ihn in Gruppen pflanzt, bringen die Pflanzen gewöhnlich violette Beeren hervor.

Cotinus 'Flame'
PERÜCKENSTRAUCH
☼ ❄❄❄ ↕↔4m

Dieser Strauch von kraftvollem Wuchs trägt Rispen roter Sommerblüten. Seine kräftigen Blätter nehmen im Herbst eine orangefarbene oder rote Färbung an.

WEITERE STRÄUCHER MIT PRÄCHTIGER HERBSTFÄRBUNG

Acer palmatum 'Osakazuki', s. S. 222
Acer palmatum 'Seiryu'
Aronia arbutifolia 'Brilliant'
Berberis sieboldii
Cornus alba
Enkianthus perulatus
Fothergilla major
Rhododendron 'Corneille'
Vaccinium corymbosum, siehe S. 135
Viburnum opulus 'Notcutt's Variety'

Disanthus cercidifolius
DISANTHUS
☀ ❄❄❄ PH ▼ ↕↔3m

Die Blätter dieses Strauchs sind im Herbst von weinroter Farbe, dann karmesinrot oder orangefarben. Die Pflanze verträgt keine trockenen Böden.

Ribes odoratum
GOLDJOHANNISBEERE
☼ ☀ ❄❄❄ ↕2m ↔1,5m

Dieser Strauch hat eingebuchtete Blätter, die sich erst rot und im Herbst purpurn verfärben. Seine goldfarbenen Blüten verströmen einen nelkenähnlichen Duft.

Euonymus alata
SPINDELSTRAUCH
☼ ❄❄❄ ↕2m ↔3m

Dieser Strauch, dessen Äste auffällige flügelartige Zweige haben, trägt ein faszinierendes Herbstkleid. Seine Blätter leuchten in Rosa bis Karmesinrot. 🏆

Fothergilla gardenii
FEDERBUSCHSTRAUCH
☼ ☀ ❄❄❄ PH ↕↔1m

Die Herbstblätter in prächtigem Orange, Rot und Purpur können sicherlich als das hervorstechendste Merkmal dieses kleinen Federbuschstrauchs gelten.

Hamamelis vernalis 'Sandra'
ZAUBERNUSS
☼ ☀ ❄❄❄ PH ↕↔3m

Die Blätter reifen grün heran, nehmen später eine gelbe bis rote und im Herbst eine purpurne Färbung an. Darauf folgen im Winter gelbe Blüten. 🏆

IMMERGRÜNE STRÄUCHER MIT PRÄCHTIGER WINTERFÄRBUNG

Calluna vulgaris 'Boskoop'
Eurya japonica 'Winter Wine'
Mahonia nervosa, siehe S. 133
Nandina domestica 'Firepower'

Sträucher mit duftenden Blüten

DIE MEISTEN LEUTE, denen man eine Blume überreicht, möchten sofort daran riechen, weil sie annehmen, daß eine schöne Blüte auch einen lieblichen Duft verströmen muß. Leider ist dies nicht immer der Fall. Zahllose Sträucher haben jedoch wohlduftende Blüten – bei einigen ist dieses Merkmal weitaus attraktiver als die Blüte selbst.

Acacia dealbata
SILBERAKAZIE
☼ ❄❄ PH ↕↔ 6m

Dieser beliebte, schnellwachsende Strauch hat blaugrüne, gefiederte Blätter und trägt von Winter bis Frühjahr Rispen leuchtend gelber Blüten. 🏆

Carpenteria californica
CARPENTERIA
☼ ❄❄ ↕↔ 2m

Die immergrünen Blätter dieses Strauchs sind ledrig; seine papierartige Rinde schält sich ab. Die Pflanze trägt weiße Sommerblüten mit gelber Blütenmitte. 🏆

Coronilla valentina ssp. *glauca*
KRONWICKE
☼ ❄❄ ↕↔ 1,4m

Die Blätter dieses buschigen Strauchs sind blaugrün und fleischig. Die Pflanze bringt vom Winter bis Frühsommer gelbe Schmetterlingsblüten hervor. 🏆

Daphne × burkwoodii 'Somerset'
SEIDELBAST
☼ ❄❄❄ ↕↔ 1,2m

Dieser buschige Strauch zählt zu den schönsten Seidelbastsorten. Im späten Frühjahr ist er mit Dolden kleiner, rosafarbener und weißer Blüten übersät.

Buddleja 'Lochinch'
SCHMETTERLINGSSTRAUCH
☼ ❄❄❄ ↕↔ 3m

Ein Strauch mit graugrünen Blättern, der vom Sommer bis Herbst geneigte Rispen violettblauer, trichterförmiger Blüten mit orangefarbener Mitte hervorbringt. 🏆

Choisya ternata
ORANGENBLUME
☼ ◑ ❄❄ ↕↔ 2m

Dieser Strauch bildet eine dichte Kuppel glänzender Blätter. Er trägt im Frühjahr und im Herbst weiße Blüten, wobei die Herbstblüte weniger stark ausfällt. 🏆

WEITERE WINTERHARTE STRÄUCHER MIT DUFTENDEN BLÜTEN

- *Abelia triflora*
- *Berberis julianae*
- *Buddleja crispa*, siehe S. 98
- *Ceanothus* 'Gloire de Versailles'
- *Clethra alnifolia* 'Paniculata'
- *Colletia hystrix* 'Rosea'
- *Daphne mezereum*
- *Dipelta floribunda*
- *Elaeagnus* 'Quicksilver', siehe S. 220
- *Genista tenera* 'Golden Shower'
- *Osmanthus delavayi*, siehe S. 127
- *Philadelphus* 'Belle Etoile'
- *Philadelphus* 'Sybille'
- *Rhododendron* 'Exquisitum'
- *Ribes odoratum*, siehe S. 157
- *Sarcococca confusa*
- *Skimmia japonica* 'Fragrans'
- *Syringa villosa*

Erica arborea var. *alpina*
BAUMHEIDE
☼ ❄❄❄ PH ↕↔ 2m

Leuchtende, nadelförmige, immergrüne Blätter bedecken diesen dichten, aufrechten Strauch. Er trägt im Frühjahr Trauben winziger, honigduftender Blüten.

Osmanthus × burkwoodii
DUFTBLÜTE
☼ ❄❄❄ ↕↔ 3m

Dieser kompakte, immergrüne Strauch ist dicht mit kleinen dunkelgrünen, ledrigen Blättern besetzt und trägt im Frühjahr unzählige kleine weiße Blüten.

HALBWINTERHARTE STRÄUCHER MIT DUFTENDEN BLÜTEN

Azara petiolaris
Buddleja asiatica
Buddleja auriculata
Buddleja officinalis
Cytisus 'Porlock'
Daphe bholua 'Jacqueline Postill', siehe S. 166
Edgeworthia chrysantha
Elaeagnus macrophylla
Erica × veitchii 'Exeter'
Euphorbia mellifera
Hoheria lyallii
Itea ilicifolia, siehe S. 99
Lomatia myricoides
Myrtus communis
Olearia solandri
Pittosporum tobira
Rhododendron 'Lady Alice Fitzwilliam'

Syringa 'Mme Antoine Buchner'
FLIEDER
☼ ❄❄❄ ↕↔ 4m

Seine rosafarbenen Blüten, die in übervollen Rispen angeordnet sind, haben purpurrote Knospen und kommen im späten Frühjahr und Frühsommer.

Rhododendron luteum
ALPENROSE
☼ ❄❄❄ PH ↕↔ 2,5m

Ihre trichterförmigen Frühlingsblüten zeigen eine gelbe Färbung. Die grünen Blätter verfärben sich im Herbst karmesinrot, purpurn und orangefarben.

Viburnum × carlcephalum
SCHNEEBALL
☼ ❄❄❄ ↕↔ 3m

Der Strauch trägt im Frühjahr Rispen weißer Blüten, deren Knospen eine rosa Färbung haben. Die grünen Blätter nehmen eine intensive Herbstfärbung an.

Sträucher mit aromatischen Blättern

DIE MEISTEN GÄRTNER kennen den Duft einzelner Blüten, doch schenken sie dem Aroma der Blätter wenig Beachtung. Viele Sträucher haben aromatische Blätter, deren Duft jedoch erst erkennbar wird, wenn man die Blätter reibt. Andere entfalten ihr Aroma deutlich, wenn es heiß und sonnig ist.

Cistus ladanifer
ZISTROSE
☼ ❄❄ ↕↔ 1,2m

Die schmalen Blätter und die Äste dieses immergrünen Strauchs sind mit einer aromatischen Schicht überzogen. Die Pflanze trägt im Sommer weiße Blüten.

Elsholtzia stauntonii
KAMMINZE
☼ ❄❄❄ ↕↔ 1,5m

Dieser buschige Halbstrauch hat scharf gesägte Blätter, die nach Minze duften. Er trägt im Spätsommer und Frühherbst malvenfarbene Blüten.

Prostanthera cuneata
PROSTANTHERA
☼ ❄❄❄ ↕ 1m ↔ 1,4m

Die Äste dieses Strauchs sind mit kleinen glänzenden, dunkelgrünen Blättern bedeckt, die wie Wintergrün duften; trägt im Frühjahr weiße Blüten.

WEITERE LAUBWECHSELNDE STRÄUCHER MIT AROMATISCHEN BLÄTTERN

Artemisia abrotanum
Citronella triphylla
Comptonia peregrina
Myrica gale, siehe S. 134

Rosmarinus officinalis 'Prostratus'
ROSMARIN
☼ ❄❄ ↕ 15cm ↔ unbegrenzt

Dieser Stauch erreicht seinen dichten Wuchs durch Zurückschneiden. Die Triebe sind im Spätfrühling und Frühsommer von rosafarbenen Blüten übersät.

Salvia microphylla var. *neurepia*
SALBEI
☼ ❄❄ ↕ 1,2m ↔ 1m

Die Triebe dieses buschigen Strauchs sind mit apfelgrünen Blättern bedeckt. Der Salbei trägt von Sommer bis Frühherbst Trauben scharlachroter Blüten.

WEITERE IMMERGRÜNE STRÄUCHER MIT AROMATISCHEN BLÄTTERN

Drimys lanceolata
Escallonia laevis
Eucalyptus urnigera
Gaultheria procumbens, siehe S. 108
Helichrysum italicum, siehe S. 153
Illicium anisatum, siehe S. 100
Lavandula 'Hidcote Giant'
Myrtus communis
Rhododendron cinnabarinum
Santolina chamaecyparissus, siehe S. 153

Sträucher mit dekorativen Früchten

STRÄUCHER MIT DEKORATIVEN Früchten stellen für jeden Garten eine farbliche Auflockerung dar. Viele dieser Sträucher bringen ihre Früchte selbständig hervor, wohingegen andere in Gruppen gepflanzt werden müssen, um die Befruchtung zu gewährleisten. Wieder andere benötigen nur eine männliche in einer Gruppe weiblicher Pflanzen.

Callicarpa bodinieri var. *giraldii*
SCHÖNFRUCHT
☼ ❄❄❄ ↕2,2m ↔2m

Die Zweige tragen im Herbst, wenn die Blätter eine rosa Farbe haben, malvenfarbene oder violette Beeren. Man sollte sie in Gruppen pflanzen.

Euonymus hamiltoniana 'Red Elf'
SPINDELSTRAUCH
☼ ◐ ❄❄❄ ↕↔3m

Dieser Strauch breitet sich mit der Zeit aus. Er ist wegen seiner rosafarbenen Samenkapseln beliebt, die sich im Herbst öffnen und orangefarbene Samen tragen.

Ilex × meserveae 'Blue Princess'
STECHPALME
☼ ◐ ❄❄❄ ↕3m ↔1,2m

Ein aufrechter immergrüner Strauch mit stachligen, purpurvioletten Blättern. Wenn seine Frühlingsblüten befruchtet werden, trägt er im Herbst rote Beeren. 🏆

WEITERE STRÄUCHER MIT DEKORATIVEN FRÜCHTEN

Berberis 'Rubrostilla'
Cotoneaster 'Rothschildianus'
Decaisnea fargesii
Euonymus europaea 'Red Cascade'
Viburnum opulus 'Xanthocarpum'

Cotoneaster frigidus 'Fructuluteo'
ZWERGMISPEL
☼ ◐ ❄❄❄ ↕↔6m

Dieser stark wachsende, große Strauch hat kräftige Blätter. Er bringt im Sommer weiße Blüten und im Herbst Äste mit langlebigen gelben Beeren hervor.

Gaultheria mucronata 'Wintertime'
SCHEINBEERE
☼ ❄❄❄ PH ↕1m ↔1,2m

Pflanzt man zur Bestäubung in eine Gruppe eine männliche Pflanze , so bringt dieser immergrüne Strauch vom Herbst bis Winter weiße Beeren hervor. 🏆

Viburnum wrightii 'Hessei'
SCHNEEBALL
☼ ◐ ❄❄❄ ↕↔1m

Dieser Strauch trägt im Frühsommer kleine weiße Blüten, die im Herbst rote Beeren hervorbringen. Die geäderten Blätter nehmen eine prächtige Herbstfärbung an.

Sträucher mit Beeren für Vögel

VIELE MENSCHEN VERTRETEN die Ansicht, daß ein Garten ohne Vögel nicht vollkommen ist. Besonders Singvögel sind beliebte Gäste. Im Frühjahr und im Sommer gibt es genügend Futter, das sie anzieht – nicht jedoch im Herbst und Winter. Daher lockt man die Vögel durch die Pflanzung von Sträuchern, die bis zum Winter Beeren hervorbringen.

Ilex aquifolium 'J.C. van Tol'
STECHPALME
↕ 6m ↔ 4m

Diese Pflanze hat schwach geäderte Blätter und rote Beeren, die die purpurfarbenen Äste im Winter bedecken. Sie trägt auch ohne männliche Pflanze Früchte.

Cotoneaster 'Cornubia'
ZWERGMISPEL
↕↔ 6m

Dieser halbimmergrüne Strauch trägt im Frühsommer Trauben kleiner, weißer Blüten und vom Herbst bis Frühwinter stattliche Mengen roter Beeren.

WEITERE GROSSE STRÄUCHER MIT BEEREN FÜR VÖGEL

Amelanchier 'Ballerina'
Aralia spinosa
Aronia arbutifolia 'Erecta'
Berberis jamesiana
Cornus mas, siehe S. 166
Cotoneaster bullatus
Cotoneaster frigidus, siehe S. 202
Cotoneaster moupinensis
Elaeagnus multiflora
Prunus laurocerasus
Rubus spectabilis
Sambucus canadensis 'Maxima'
Sambucus racemosa
Viburnum opulus, siehe S. 135

Cotoneaster sternianus
ZWERGMISPEL
↕↔ 3m

Die Äste dieses immergrünen oder halbimmergrünen Strauchs haben graugrüne Blätter und sind im Herbst mit Trauben orangeroter Beeren übersät.

Crataegus × schraderiana
WEISSDORN
↕↔ 5m

Weiße Blüten bedecken diesen großen Strauch im späten Frühjahr oder Frühsommer. Den Blüten folgen hängende Trauben purpurroter Mehlbeeren.

Leycesteria formosa
LEYCESTERIE
↕ 2m ↔ 1,5m

Dieser aufrecht wachsende Strauch trägt im Sommer hängende Ähren weißer Blüten mit bordeauxroten Tragblättern. Im Herbst folgen rötlich-purpurne Beeren.

Lonicera xylosteum
GEMEINE HECKENKIRSCHE
☼ ◐ ❄❄❄ ↕↔3m

Dieser stark wachsende, buschige Strauch hat ausladende Äste und trägt im Frühjahr oder Frühsommer crèmigweiße Blüten, auf die rote Beeren folgen.

Mahonia aquifolium
MAHONIE
☼ ◐ ● ❄❄❄ ↕1m ↔1,5m

Die glänzenden Blätter dieses immergrünen Strauchs sind stachelzähnig. Seine flaumigen, blauschwarzen Beeren folgen auf Trauben gelber Frühlingsblüten.

Prunus laurocerasus 'Marbled White'
KIRSCHLORBEER
☼ ◐ ❄❄❄ ↕↔5m

Dieser kompakte Strauch hat grünlich und crèmefarben marmorierte Blätter. Er trägt im späten Frühjahr Trauben weißer Blüten und später schwarze Früchte.

Sambucus nigra
SCHWARZER HOLUNDER
☼ ◐ ❄❄❄ ↕↔6m

Eine Sorte des Wilden Holunder, die im Frühsommer Schirmrispen crèmeweißer Blüten hervorbringt, denen schwere Bündel kleiner schwarzer Beeren folgen.

WEITERE KLEINE STRÄUCHER MIT BEEREN FÜR VÖGEL

Aronia melanocarpa
Berberis 'Rubrostilla'
Berberis wilsoniae
Coriaria terminalis
Cotoneaster horizontalis
Daphne longilobata
Daphne mezereum
Daphne tangutica
Gaultheria mucronata 'Bell's Seedling'
Gaultheria mucronata 'Pink Pearl'
Gaultheria shallon
Hedera helix 'Arborescens', siehe S. 164
Mahonia nervosa, siehe S. 133
Rubus illecebrosus
Sorbus reducta
Vaccinium corymbosum, siehe S. 135
Vaccinium padiflorum
Vaccinium vitis-idaea 'Koralle'

Viburnum opulus 'Compactum'
GEMEINER SCHNEEBALL
☼ ◐ ❄❄❄ ↕↔1,5m

Wenn der Strauch im Herbst hellrote Beeren hervorbringt, verfärben sich die ahornähnlichen Blätter prachtvoll. Er trägt im Frühjahr Schirmrispen weißer Blüten. 🏆

Sträucher, die Schmetterlinge anziehen

BLÜHENDE STRÄUCHER, die Schmetterlinge anziehen, bieten eine zusätzliche Attraktion, auf die kein Gärtner gerne verzichten möchte. Der Nektar der Blüten lockt Schmetterlinge und andere nützliche Insekten an. All diese fleißigen Tiere verwandeln Ihren Garten zu einer interessanten und lebendigen Heimstätte.

Buddleja davidii 'Peace'
SCHMETTERLINGSSTRAUCH
☼ ❄❄❄ ↕↔4m

Der Schmetterlingsstrauch ist in den verschiedensten Farben erhältlich. Diese Sorte trägt von Sommer bis Herbst weiße Blüten, die in Rispen angeordnet sind.

Calluna vulgaris 'Anthony Davis'
HEIDEKRAUT
☼ ❄❄❄ PH ↕45cm ↔50cm

Dieses hübsche buschige Heidekraut ist mit graugrünen Blättern übersät. Es bringt von Spätsommer bis Frühherbst lange Trauben weißer Blüten hervor.

Escallonia 'Donard Seedling'
ESCALLONIE
☼ ❄❄❄ ↕↔3m

Dieser Strauch hat geschwungene Stiele, die mit immergrünen Blättern bedeckt sind. Rosafarbene Knospen öffnen sich im Sommer zu weißen oder rötlichen Blüten.

Hebe albicans
STRAUCHVERONIKA
☼ ❄❄❄ ↕60cm ↔1m

Im Sommer wachsen an den Blattachseln der oberen Blätter dieser kugeligen, kompakten Zwergsorte weiße Blüten. Die immergrünen Blätter sind blaugrün.

Hedera helix 'Arborescens'
GEMEINER EFEU
☼ ☼ ☀ ❄❄❄ ↕1,4m ↔2m

Diese Efeusorte bildet eine immergrüne Kuppel glänzender Blätter. Ihre braungrünen Herbstblüten sind für spätfliegende Insekten das reinste Honigschlecken.

Lavandula angustifolia 'Hidcote'
ECHTER LAVENDEL
☼ ❄❄❄ ↕60cm ↔75cm

Seine langstieligen Ähren kleiner, duftend violetter Blüten überragen im Sommer die graugrünen Blätter dieses aromatischen immergrünen Strauchs.

WEITERE KLEINE STRÄUCHER, DIE SCHMETTERLINGE ANZIEHEN

Aster albescens
Cotoneaster conspicuus 'Decorus'
Lavandula stoechas
Salvia lavandulifolia

Ligustrum quihoui
LIGUSTER

↕↔ 2,5m

Dieser Liguster hat schlanke geschwungene Äste, glänzende, immergrüne Blätter und verzweigte Rispen weißer Blüten, die vom Spätsommer bis Herbst blühen.

Pyracantha 'Watereri'
FEUERDORN

↕ m ↔ 2,5m

Die Äste dieses immergrünen Strauchs tragen dunkelgrüne Blätter. Er bringt im Frühsommer Schirmrispen weißer Blüten und im Winter rote Beeren hervor.

Rubus 'Benenden'
BROMBEERE

↕↔ 3m

Die kräftigen Stiele dieses Strauchs sind weit ausladend. Die Pflanze trägt im späten Frühjahr und im Frühsommer Blüten, die an weiße Rosen erinnern.

Salvia officinalis
GARTENSALBEI

↕ 60cm ↔ 1m

Dieses beliebte Küchenkraut bildet Polster aus halbimmergrünen, graugrünen Blättern und trägt im Sommer Scheinähren zweilippiger, blauvioletter Blüten.

Syringa × hyacinthiflora 'Esther Staley'
FLIEDER

↕ 4m ↔ 3m

Dieser zunächst aufrechte, buschige Strauch breitet sich später aus. Er bringt vom Frühjahr bis Frühsommer dichte Rispen rosafarbener Blüten hervor.

WEITERE GROSSE STRÄUCHER, DIE SCHMETTERLINGE ANZIEHEN

Buddleja 'Lochinch', siehe S. 158
Buddleja 'Pink Delight'
Clerodendrum bungei, siehe S. 114
Cotoneaster lacteus, siehe S. 140
Cotoneaster sternianus, siehe S. 162
Escallonia 'Edinensis'
Escallonia 'Langleyensis', siehe S. 122
Ligustrum sinense, siehe S. 110
Rubus cockburnianus
Syringa microphylla

Thymus vulgaris
GARTENTHYMIAN

↕ 30cm ↔ 25cm

Dieser kleine Zwerghalbstrauch hat schmale, aromatische, graugrüne Blätter und trägt den ganzen Sommer hindurch zweilippige, blaß rosarote Blüten.

Winterblühende Sträucher

BLÜHENDE STRÄUCHER sind zu keiner anderen Jahreszeit so willkommen wie im Winter. Da in diesen kalten Monaten nur wenige Pflanzen blühen, stellen sie eine besonders reizvolle Attraktion dar und ziehen unsere Aufmerksamkeit um so stärker auf sich, vor allem wenn sie vor dem dunkleren Hintergrund einer Mauer oder einer immergrünen Hecke stehen. Wenn die Blüten dann auch noch angenehm duften, macht sie das um so reizvoller.

Daphne bholua 'Jacqueline Postill'
SEIDELBAST
☼ ☀ ❄❄❄ ↕2m ↔1,5m

Dieser Strauch gedeiht am besten an einem geschützten Standort. Dort bringt er Dolden duftender, langlebiger Blüten hervor; verträgt keine trockenen Böden.

Cornus mas
KORNELKIRSCHE
☼ ☀ ❄❄❄ ↕↔5m

Die Zweige dieses breiten, kuppelförmigen Strauchs sind dicht besetzt mit kleinen Dolden gelber Blüten. Die Zweige eignen sich auch gut für Gestecke. 🏆

Erica carnea 'Springwood White'
SCHNEEHEIDE
☼ ☀ ❄❄❄❄ ↕15cm ↔45cm

Dieser duftende Kleinstrauch bildet ein Kissen aus engstehendem, nadelförmigem Blattwerk. Seine Trauben weißer Glokkenblumen blühen bis zum Frühjahr. 🏆

Chimonanthus praecox 'Grandiflorus'
WINTERBLÜTE
☼ ❄❄❄ ↕2,5m ↔3m

Dieser langsam wachsende Strauch wird wegen seiner duftenden, kelchförmigen Blüten gerühmt. Sie weisen eine gelbe Färbung und eine purpurne Mitte auf. 🏆

WEITERE WINTERBLÜHENDE STRÄUCHER

Abeliophyllum distichum
Camellia sasanqua 'Narumigata'
Daphne odora 'Aureo-marginata', siehe S. 146
Erica carnea 'Myretoun Ruby'
Erica × darleyensis 'Kramer's Rote'
Erica × darleyensis 'Silberschmelze'
Garrya elliptica 'James Roof'
Hamamelis mollis 'Pallida'
Rhododendron dauricum 'Midwinter'

Hamamelis × intermedia 'Jelena'
ZAUBERNUSS
☼ ☀ ❄❄❄❄ PH ↕↔4m

Im Herbst haben die Blätter eine orangerote Färbung; im Winter tragen die Zweige orangefarbene Blüten. Die Pflanze verträgt keine trockenen Böden. 🏆

Sycopsis sinensis
SYCOPSIS
↕5m ↔4m

Dieser aufrechte immergrüne Strauch trägt spitz zulaufende Blätter und bringt Büschel kleiner Blüten hervor. Er gedeiht am besten an geschützten Standorten.

Mahonia × media 'Buckland'
MAHONIE
↕↔3m

Die zylinderförmigen duftenden, gelben Blüten dieses aufrechten, großen immergrünen Strauches überragen die gebuchteten, dornig gezähnten Blätter.

Viburnum × bodnantense 'Dawn'
SCHNEEBALL
↕3m ↔2,5m

Vom Herbst bis Frühjahr sind die Zweige dieses Strauchs mit Büscheln duftender, rosafarbener Blüten übersät, deren Knospen eine dunklere Färbung tragen.

Lonicera × purpusii 'Winter Beauty'
GEISSBLATT
↕2m ↔4m

Diese kräftig wachsende Geißblattsorte mit sich ausbreitendem Wuchs wird wegen ihrer kleinen süßduftenden, weißen, langlebigen Blüten angepflanzt.

Sarcococca hookeriana var. *digyna*
FLEISCHBEERE
↕1,2m ↔1m

Dieser Sprossen bildende, immergrüne Strauch formt eine dichte Kuppel aus aufrechten Trieben. Er trägt zierliche, süßduftende weiße Blüten.

Viburnum tinus 'Eve Price'
SCHNEEBALL
↕↔2,5m

Schirmrispen rötlicher Knospen öffnen sich vom Herbst an zu weißen Blüten. Dieser anmutige, kugelige Strauch hat glänzende, immergrüne Blätter.

Sträucher mit dekorativen Winterzweigen

Es ist immer von Vorteil, einen Garten mit hübschen Gewächsen bepflanzen zu können. Neben dem Reiz, den Winterblüten und immergrünes Blattwerk besitzen, weisen auch die Stämme und Zweige vieler Pflanzen sehr dekorative Farben auf. Durch starken Rückschnitt kann die Attraktivität mancher Pflanze noch gesteigert werden.

Cornus alba 'Sibirica'
Hartriegel
☼ ☀ ❄❄❄ ↕↔ 2m

Diese Hartriegelsorte hat besonders schöne Stiele. Sie bringt rote Wintertriebe hervor; wenn man sie zurückschneidet, trägt sie im Sommer große Blätter. 🏆

Sträucher mit dekorativer Rinde im Winter

Abelia triflora
Clethra barbinervis
Deutzia x *wilsonii*
Dipelta floribunda
Euonymus alata, siehe S. 157
Euonymus phellomana
Prunus tomentosa
Rhododendron barbatum
Rhododendron thomsonii
Rosa sericea f. *pteracantha*

Cornus sanguinea 'Winter Beauty'
Roter Hartriegel
☼ ☀ ❄❄❄ ↕ 1,5m ↔ 2m

Bei regelmäßigem Rückschnitt bringt dieser Strauch Wintertriebe hervor, die an der Basis eine orangegelbe, weiter oben eine rosafarbene und rote Färbung haben.

Cornus stolonifera 'Flaviramea'
Weisser Hartriegel
☼ ☀ ❄❄❄ ↕ 2m ↔ 3m

Die grüngelben Wintertriebe dieses kräftig wachsenden Strauchs erhalten zurückgeschnitten (oder bei Sonneneinstrahlung) eine intensive Färbung. 🏆

Corylus avellana 'Contorta'
Haselnussstrauch
☼ ☀ ❄❄❄ ↕↔ 5m

Im späten Winter zieren anmutige, wollige Kätzchen die Zweige dieses kräftig wachsenden Strauchs. Sprossende Flachwurzeln sollten sofort gekappt werden. 🏆

Weitere Sträucher mit farbigen Stämmen im Winter

Cornus alba 'Kesselringii'
Kerria japonica 'Pleniflora', s. S. 101
Leycesteria formosa, siehe S. 162
Rubus biflorus
Rubus thibetanus, siehe S. 169
Salix alba var. *vitellina*
Salix alba var. *vitellina* 'Britzensis'
Salix fargesii
Salix irrorata
Stephanandra tanakae

Sträucher mit dornigen Zweigen und Stacheln

VIELE GÄRTNER SCHÄTZEN Sträucher mit stachligen oder dornigen Zweigen, da sie Schutz vor ungebetenen Gästen bieten. Andere hingegen halten sie freilich für unangenehm, wenn nicht gar für gefährlich. Was Sie auch immer von solchen Pflanzen halten mögen, es gibt unter ihnen doch einige sehr dekorative Exemplare.

Berberis 'Goldilocks'
SAUERDORN
☼ ◑ ❄❄❄ ↕↔4m

Die Stämme und Zweige dieses immergrünen Strauchs sind gefährlich stachlig. Er hat dunkelgrüne, dornig gezähnte Blätter und im Frühjahr goldgelbe Blüten. 🏆

Rubus thibetanus
BROMBEERE
☼ ◑ ❄❄❄ ↕2,5m ↔3m

Dichte Büschel dorniger, weißer Wintertriebe mit purpurfarbener Rinde tragen ein Blattwerk aus zart eingeschnittenen, farnähnlichen, flaumigen Blättern. 🏆

WEITERE STRÄUCHER MIT DORNIGEN ZWEIGEN ODER STACHELN

Berberis pruinosa
Choenomeles × californica 'Enchantress'
Colletia cruciata
Colletia hystrix
Pyracantha 'Mohave'
Rosa roxburghii
Rosa soulieana, siehe S. 113
Rubus cockburnianus
Rubus ulmifolius 'Bellidiflorus'
Ulex europaeus 'Flore Pleno'

Pyracantha 'Orange Glow'
FEUERDORN
☼ ◑ ❄❄❄ ↕↔4m

Dieser immergrüne Strauch hat stachlige Zweige, glänzend grüne Blätter und im Sommer weiße Blüten; im Herbst und im Winter dann orangefarbene Beeren. 🏆

Rosa eglanteria
WEINROSE
☼ ❄❄❄ ↕↔2,5m

Die geschwungenen Stiele dieses kräftig wachsenden Strauchs sind mit Blättern bedeckt. Er trägt im Sommer rosafarbene Blüten, im Herbst rote Hagebutten. 🏆

Zanthoxylum piperitum
GELBHOLZ
☼ ◑ ❄❄❄ ↕↔2,5m

Die Triebe dieses Strauchs bringen glänzende Blätter hervor, die sich im Herbst gelb färben. Seine roten Herbstfrüchte sind mit pfefferähnlichen Samen gefüllt.

Kaninchensichere Sträucher

BESONDERS FÜR GÄRTNER in ländlichen Gegenden sind Sträucher, die von Kaninchen verschmäht werden, immer eine Überlegung wert. Der Geschmack ihrer Blätter und ihre Oberflächenstruktur können diese Sträucher ungenießbar machen. Solche Pflanzen sind überall dort besonders wertvoll, wo diese possierlichen Tiere zum Problem werden. Man kann davon ausgehen, daß andere Sorten der hier aufgeführten Sträucher ebenfalls vor Kaninchen sicher sind.

Hypericum kouytchense
JOHANNISKRAUT
☼ ❄❄❄ ↕ 75cm ↔ 1,2m

Von Sommer bis Herbst sind die Zweige dieses halbimmergrünen Strauchs mit vielen gelben Blüten besetzt. Ihnen folgen bronzerot gefärbte Samenkapseln. 🏆

Aucuba japonica
AUKUBE
☼ ◐ ● ❄❄❄ ↕ 2,5m ↔ 2m

Lange, spitz zulaufende Blätter bedecken diesen dichten, immergrünen Strauch. Die weibliche Pflanze bringt nach der Befruchtung rote Beeren hervor.

Fuchsia 'Tom Thumb'
FUCHSIE
☼ ❄❄ ↕↔ 50cm

Diese hübsche Zwergfuchsie wächst aufrecht und hat kleine glänzende Blätter. Sie trägt vom Sommer bis Herbst hängende rote und purpurne Blüten. 🏆

Kalmia angustifolia f. *rubra*
LORBEERROSE
☼ ❄❄❄ PH ↓ ↕ 45cm ↔ 1m

Die Lorbeerrose bildet eine Kuppel aus immergrünen Blättern. Sie trägt im Frühsommer Trauben tiefroter Blüten; verträgt keine trockenen Böden. 🏆

Buxus sempervirens 'Suffruticosa'
IMMERGRÜNER BUCHSBAUM
☼ ❄❄❄ ↕↔ 75cm

Alle Buchsbaumarten sind für Kaninchen ungenießbar. Diese kompakte Sorte findet als niedrige Einfassung von Beeten oder Rabatten Verwendung. 🏆

Gaultheria mucronata 'Mulberry Wine'
SCHEINBEERE
☼ ❄❄❄ PH ↓ ↕↔ 1m

Dieser immergrüne Strauch mit spitzen, ledrigen Blättern und zähen Ästen breitet sich aus. Wenn er befruchtet wird, trägt er im Herbst und Winter große Beeren. 🏆

Rhododendron 'Strawberry Ice'
ALPENROSE
☼ ❄❄❄ PH ↓ ↕ m ↔ 2,5m

Diese Azalee trägt im Frühjahr Schirmrispen rosafarbener, trichterförmiger Blüten. Die Blätter der Azalee können im Herbst eine attraktive Färbung annehmen. 🏆

Sambucus nigra 'Aurea'
SCHWARZER HOLUNDER
☼ ❄❄❄ ↕↔4m

Dieser buschige Strauch hat goldgelbe Blätter und trägt im Sommer Schirmrispen zierlicher weißer Blüten, denen im Herbst schwarze Beeren folgen. 🏆

Rosa 'Rosy Cushion'
STRAUCHROSE
☼ ❄❄❄ ↕1m ↔1,2m

Büschel rosafarbener Blüten mit weißer Mitte heben sich deutlich von dem glänzend grünen Blattwerk ab. Dieser kraftvolle Strauch ist niedrig und dicht. 🏆

FÜR WILD UNGENIESSBARE STRÄUCHER

Berberis × stenophylla, siehe S. 140
Buddleja 'Lochinch', siehe S. 158
Hypericum forrestii
Mahonia × media 'Buckland', s. S. 167
Rhododendron 'Exquisitum'
Romneya coulteri, siehe S. 129
Spiraea nipponica 'Snowmound', siehe S. 123
Viburnum sargentii 'Onondaga', s. S. 115
Weigela 'Victoria'

Skimmia japonica
SKIMMIE
☼ ◐ ❄❄❄ ↕↔1,2m

Die immergrünen Blätter sind im Frühjahr mit weißen Blüten übersät. Stehen Pflanzen beider Geschlechter zusammen, trägt die weibliche im Herbst rote Beeren.

Rosmarinus officinalis
ROSMARIN
☼ ❄❄ ↕↔1,5m

Rosmarin ist ein immergrüner Busch. Violettblaue Blüten bedecken seine Zweige den gesamten Sommer hindurch, begleitet von schmalen, graugrünen Blättern.

Ruscus aculeatus
MÄUSEDORN
◐ ● ❄❄❄ ↕75cm ↔1m

Der immergrüne Strauch bildet eine Kuppel aufrechter Triebe und ist mit stachligen Blättern bedeckt. Die weibliche Pflanze bringt langlebige Früchte hervor.

WEITERE FÜR KANINCHEN UNGENIESSBARE STRÄUCHER

Ceanothus thyrsiflorus var. *repens*
Cornus sanguinea 'Winter Beauty', siehe S. 168
Cotoneaster horizontalis
Daphne tangutica
Prunus laurocerasus 'Otto Luyken', siehe S. 133
Spiraea japonica 'Anthony Waterer', siehe S. 123
Vinca major 'Variegata', siehe S. 133
Vinca minor, siehe S. 119

NADELBÄUME

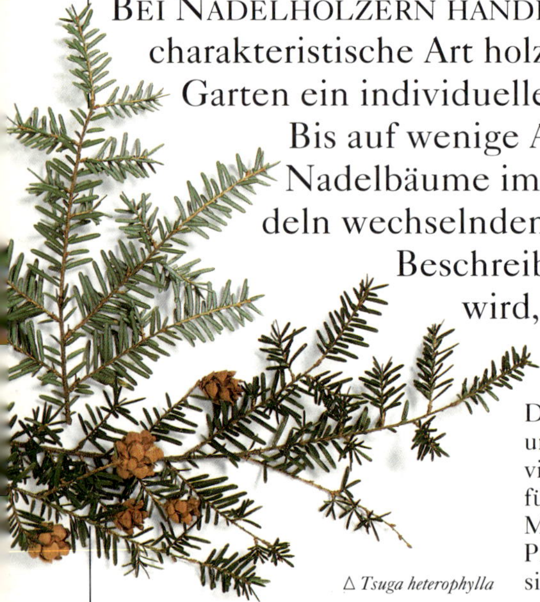

BEI NADELHÖLZERN HANDELT es sich um eine charakteristische Art holziger Pflanzen, die dem Garten ein individuelles Gesicht verleihen. Bis auf wenige Ausnahmen sind alle Nadelbäume immergrün. Die ihre Nadeln wechselnden Arten, auf die in den Beschreibungen hingewiesen wird, zeigen eine interessante Herbstfärbung.

△ *Tsuga heterophylla*

△ DIE KUPPELFÖRMIGE Chamaecyparis pisifera *eignet sich als goldgelbes Einzelexemplar für eine größere Wiese.*

Dank ihrer Vielfalt an Größe, Form und Farbe sind Nadelbäume vielseitig einsetzbar und lassen sich für vielerlei Vorhaben verwenden. Manche haben derart elegante Proportionen und Formen, daß sie sich auch als Solitärpflanze eignen.

DIE VORTEILE VON NADELBÄUMEN

- Große Nadelbäume geben dem Garten einen Ausdruck der Beständigkeit.
- Sie bieten eine große Auswahl an Formen, Farben und Strukturen.
- Nadelbäume sind auch im Winter immergrün.
- Zwergnadelbäume eignen sich für Steingärten und Veranden.
- Nadelbäume bieten als Hecken Sicht- und Windschutz im Garten.

DEKORATIVE NADELN

Die Nadeln dieser Bäume sind entweder klein und schuppig oder lang, eben nadelförmig. Der Wacholder hat ein schuppiges oder nadelförmiges Kleid; bei manchen Sorten ist beides sogar kombiniert. Die Eibe trägt schmale Nadeln, während viele andere Sorten in der Jugend ein hübsches moosiges oder fedriges Kleid aufweisen. Zu dieser Vielfalt gesellen sich noch die schönen Farben Blau, Grün und Gelb der Nadelbäume. So nimmt es nicht wunder, daß diese einen besonderen Platz unter den Gartenpflanzen einnehmen. Ihre Nadeln wechselnde Hölzer bereichern den Garten im Herbst mit Gold und Gelb.

WACHSTUM

Sie müssen beim Anpflanzen Höhe, Form und Verwendung des Baums mit in Betracht ziehen. Einige Arten wachsen sehr schnell und erfordern regelmäßiges Zurückschneiden. Man sollte keine schnellwachsenden Hecken anpflanzen, wenn man sich ihnen nicht widmen kann; es gibt genügend kleine Nadelgewächse, die sich für die Anpflanzung auf begrenztem Raum eignen.

△ WINTERLICHE SCHÖNHEIT *Die Borke der* Metasequoia glyptostroboides *beeindruckt jeden Betrachter.*

◁ NADELBÄUME UND HEIDEKRAUT *Ein Beispiel für die Verbindung von Nadelbäumen und winterblühender Erika.*

▷ FARBE UND STRUKTUR *Sorgfältig ausgewählte Nadelbäume erzielen eine farbenfrohe stimmungsvolle Wirkung.*

Große Nadelbäume

Nadelbäume gehören zu den imposantesten großen Bäumen. Zieht man ihre überwiegend immergrüne Natur in Betracht, so verleihen sie einem großen Garten den Ausdruck von Beständigkeit. Die meisten Nadelbäume sind langlebig und gedeihen in der Regel auf tiefen, feuchten aber gut durchlässigen Böden. Einige Arten kommen auch an nassen Standorten gut zurecht, aber nur wenige werden unter staunassen Bedingungen überleben.

Cryptomeria japonica
Sicheltanne
☼ ◐ ❄❄❄ ↕20m ↔7m

Die Nadeln dieses säulenförmigen Baums sind spiralförmig angeordnet. Seine faserige Borke ist rotbraun; die grünen Zapfen reifen zu brauner Färbung heran. 🏆

Abies nordmanniana
Nordmannstanne
☼ ◐ ❄❄❄ ↕25m ↔9m

Die Zweige dieser säulenförmigen Tanne sind dicht mit schlanken grünen Nadeln besetzt. Im Sommer entwickeln sich aufrecht wachsende, grünbraune Zapfen. 🏆

Cedrus libani
Libanonzeder
☼ ❄❄❄ ↕24m ↔15m

Dieser charakteristisch abgeflachte Nadelbaum ist in englischen Parkanlagen ein vertrauter Anblick. Die spitzen Nadeln sind grün bis blaugrün. 🏆

Weitere große säulenförmige oder schmale konische Nadelbäume

Abies grandis
Abies magnifica
Calocedrus decurrens
Cedrus libani
ssp. *atlantica* 'Fastigiata'
Chamaecyparis lawsoniana 'Alumii'
Chamaecyparis lawsoniana 'Intertexta'
Chamaecyparis lawsoniana 'Wisselii', siehe S. 178
× *Cupressocyparis leylandii* 'Naylor's Blue'
Cupressus abramsiana
Cupressus sempervirens
Juniperus virginiana 'Canaertii'
Metasequoia glyptostroboides, s. S. 182
Picea abies 'Cupressina'
Pinus strobus 'Fastigiata'
Taxodium ascendens 'Nutans', s. S. 181
Taxodium distichum 'Pendens'

Araucaria araucana
Andentanne
☼ ❄❄❄ ↕18m ↔12m

Der junge Baum hat eine konische Form mit Zweigen bis zum Boden. Später trägt er eine bauschige Krone. Die Zweige sind mit scharfkantigen Nadeln besetzt.

Ginkgo biloba
Ginkgo
☼ ◐ ❄❄❄ ↕20m ↔7m

Dieser seine Nadeln wechselnde Baum ist in der Jugend konisch mit aufstrebenden Ästen; später breitet er sich aus. Seine Nadeln werden im Herbst gelb. 🏆

Picea abies
GEMEINE FICHTE
☼ ☀ ❄❄❄ ↕25m ↔7m

Der traditionelle Weihnachtsbaum verbreitert sich mit zunehmendem Alter. Die schichtweise angeordneten Zweige sind dicht mit dunkelgrünen Nadeln besetzt.

WEITERE NADELBÄUME MIT AUSLADENDER FORM

Cedrus libani ssp. *atlantica* f. *glauca*, siehe S. 193
Cupressus macrocarpa, siehe S. 184
Larix decidua
Larix × eurolepis
Larix kaempferi
Larix kaempferi 'Blue Rabbit'
Larix × pendula
Picea sitchensis
Pinus ayacahuite
Pinus × holfordiana
Pinus nigra, siehe S. 187
Pinus radiata, siehe S. 187
Pinus × schwerinii
Pinus sylvestris
Pinus wallichiana
Pseudotsuga menziesii
Tsuga heterophylla, siehe S. 183

Sequoia sempervirens
KÜSTENMAMMUTBAUM
☼ ☀ ❄❄❄ ↕30m ↔8m

Konisch in der Jugend, wird dieser Nadelbaum später schmal und säulenförmig. Er hat eine rote Borke; seine Zweige sind mit eibenartigen Nadeln bedeckt. 🏆

Pinus jeffreyi
KIEFER
☼ ❄❄❄ ↕20m ↔9m

Diese Kiefer ist zunächst von konischer oder rundlicher Form, später breit und säulenförmig. Ihre rissige Borke ist graubraun; sie hat lange blaugrüne Nadeln. 🏆

Sequoiadendron giganteum
MAMMUTBAUM
☼ ❄❄❄ ↕30m ↔11m

Diese für ihre Langlebigkeit bekannte Art hat einen Kegel abwärts geschwungener Äste, die mit blaugrünen Nadeln besetzt sind. Die Borke ist rotbraun. 🏆

Breit wachsende und vasenförmige Nadelbäume

UNTER DEN NADELBÄUMEN finden sich zahlreiche Arten, die mit ihren Zweigen breiter als hoch sind. Sie eignen sich für eine Solitärpflanzung, um strenge Linien, wie zum Beispiel die gerade Kante einer langen Rabatte, aufzulockern. Man kann sie auch als Blickfang auf einen Rasen setzen, wo ihre Schönheit voll zur Geltung kommt.

Cupressus macrocarpa 'Gold Spread'
MONTEREYZYPRESSE
☼ ❄❄ ↕1m ↔2,5m

Diese Ziersorte der Monterey-Zypresse ist von niedrigem, kompaktem Wuchs. Die horizontal wachsenden Zweige sind dicht mit gelben Nadeln besetzt. 🏆

Juniperus x *media* 'Blue and Gold'
CHINESISCHER WACHOLDER
☼ ❄❄❄ ↕↔1,5m

Die Stengel an der Basis dieses Wacholders sind dicht mit blaugrau gefärbten Nadeln besetzt. Ganze Triebe können eine crèmegelbe Färbung annehmen.

Juniperus x *media* 'Pfitzeriana Glauca'
CHINESISCHER WACHOLDER
☼ ❄❄❄ ↕2m ↔4m

'Pfitzeriana Glauca' ist ein Wacholder von dichtem Wuchs, dessen aufsteigende, in die Breite wachsende Zweige mit stachligen, blaugrauen Nadeln besetzt sind.

Juniperus davurica
'Expansa Variegata' **WACHOLDER**
☼ ❄❄❄ ↕75cm ↔2m

Dieser in die Breite wachsende kraftvolle Wacholder hat horizontale Zweige, die mit blaugrünen Nadeln bedeckt sind – durchsetzt von crèmeweißen Zweigen.

Juniperus x *media* 'Pfitzeriana Aurea'
CHINESISCHER WACHOLDER
☼ ❄❄❄ ↕2m ↔4m

Die Triebspitzen und die dichten Nadeln dieses kräftigen Wacholders sind im Sommer goldgelb überzogen und nehmen im Winter eine gelbgrüne Farbe an.

Juniperus x *media* 'Plumosa Aurea'
CHINESISCHER WACHOLDER
☼ ❄❄❄ ↕1,5m ↔2m

Die zahlreichen Stengel dieses Wacholders sind dicht mit rispenartigen Zweigen voller gelber Nadeln besetzt, die sich im Winter goldbronzefarben verfärbt. 🏆

Weitere breit wachsende Nadelbäume

Cephalotaxus fortunei 'Prostrate Spreader'
Chamaecyparis lawsoniana 'Tamariscifolia'
Picea abies 'Tabuliformis'
Picea bicolor 'Howell's Dwarf'
Pinus strobus 'Prostrata'
Taxus baccata 'Dovastoniana'
Taxus baccata 'Ingeborg Nellemen'
Torreya californica 'Spreadeagle'

Juniperus squamata 'Blue Carpet'
Schuppenwacholder
☼ ❄❄❄ ↕30cm ↔2m

Die in die Breite wachsenden Zweige dieses schönen, kraftvollen Wacholders bilden einen dichten, niedrigen Teppich aus stachligen, graugrünen Nadeln.

Juniperus virginiana 'Grey Owl'
Virginischer Wacholder
☼ ❄❄❄ ↕2,5m ↔4m

Ein stark wachsender Wacholder mit aufsteigenden Zweigen, die mit einem silbriggrauem Nadelkleid bedeckt sind; ein sehr effektvoller und großer Strauch.

Weitere breit wachsende Wacholder

Juniperus chinensis 'Kaizuka'
Juniperus × media 'Blaauw'
Juniperus × media 'Gold Coast'
Juniperus × media 'Old Gold'
Juniperus × media 'Pfitzeriana'
Juniperus × media 'Pfitzeriana Compacta'
Juniperus × media 'Sulphur Spray'
Juniperus virginiana 'Blue Cloud'
Juniperus virginiana 'Frosty Morn'

Juniperus sabina var. *tamariscifolia*
Sadebaum
☼ ❄❄❄ ↕1m ↔2m

Diese niedrige Sorte des Sadebaums entwickelt enge Lagen sich ausbreitender Zweige, die jeweils dicht mit leuchtend grünen, stachligen Nadeln besetzt sind.

Weitere hängende, breit wachsende Nadelbäume

Cedrus deodora 'Pendula'
Cedrus libani ssp. *atlantica* 'Glauca Pendula'
Larix kaempferi 'Pendula'

Taxus baccata 'Dovastonii Aurea'
Eibe
☼ ◐ ❄❄❄ ↕5m ↔6m

Dieser Strauch hat Lagen horizontaler Äste und lang herabhängende Zweige. Die Nadeln auf den goldenen Schößlingen zeigen leuchtend gelbe Ränder.

Säulenförmige oder schmale konische Nadelbäume

NADELBÄUME MIT schmalen Kronen haben den Vorteil, auf engem Raum gepflanzt werden zu können. Man muß sie nur selten beschneiden; wegen ihrer senkrechten Linien sind sie geeignet, das Erscheinungsbild niedriger Pflanzungen aufzulockern. Der Gärtner hat auch die Möglichkeit, sie als Mittelpunkt eines Gartens einzusetzen.

Austrocedrus chilensis
CHILEZEDER
☼ ❄❄❄ ↕12m ↔3m

Die aufsteigenden Zweige dieses ungewöhnlichen Nadelbaums sind mit fedrigen Zweigspitzen grüner oder blaugrüner, schuppenförmiger Nadeln bedeckt.

WEITERE SÄULENFÖRMIGE NADELBÄUME

Calocedrus decurrens
Cupressus sempervirens 'Swane's Golden', siehe S. 192
Juniperus chinensis 'Aurea'
Juniperus virginiana 'Glauca'
Sequoiadendron giganteum 'Glaucum'
Taxus baccata 'Standishii'
Taxus x *media* 'Sentinel'
Thuja occidentalis 'Holmstrup'
Thuja occidentalis 'Malonyana'
Thuja occidentalis 'Spiralis'

WEITERE SÄULENFÖRMIGE SCHEINZYPRESSEN

Chamaecyparis lawsoniana 'Alumii Magnificent'
C. lawsoniana 'Columnaris'
C. lawsoniana 'Elwoods' Pillar'
C. lawsoniana 'Fraseri'
C. lawsoniana 'Grayswood Pillar'
C. lawsoniana 'Green Pillar', s. S. 186
C. lawsoniana 'Hillieri'
C. lawsoniana 'Kilmacurragh'
C. lawsoniana 'Pottenii'
C. lawsoniana 'Winston Churchill'

Chamaecyparis lawsoniana 'Wisselii'
SCHEINZYPRESSE
☼ ❄❄❄ ↕15m ↔3m

Diese Sorte der Scheinzypresse hat aufrecht wachsende, eng stehende Äste und blaugrüne Nadeln. Die winzigen Zapfen sind im Frühjahr ziegelrot. 🏆

Cupressus sempervirens
ECHTE ZYPRESSE
☼ ❄❄ ↕15m ↔3m

Die graugrünen, schuppenförmigen Nadeln entspringen aufrecht wachsenden Zweigen. Im zweiten Jahr reifen glänzende große, graubraune Zapfen heran. 🏆

Juniperus chinensis 'Keteleeri'
CHINESISCHER WACHOLDER
☼ ❄❄❄ ↕15m ↔5m

Dieser säulenförmige Baum hat eng stehende Zweige mit graugrünen, schuppenförmigen Nadeln. Er ist zuverlässig und vorzüglich für Gartenanlagen geeignet.

Juniperus communis 'Hibernica'
ZWERGWACHOLDER
☼ ❄❄❄ ↕4m ↔50cm

Dieser beliebte und viel gepflanzte Wacholder bildet einen schmalen Kegel dicht stehender Nadeln, die auf der Innenseite eine silberne Linie zeigen. 🏆

Juniperus scopulorum 'Skyrocket'
WACHOLDER
☼ ❄❄❄ ↕8m ↔75cm

Dieser hohe, schlanke Wacholderbaum ist einer der schmalsten Nadelbäume. Seine Äste sind mit Zweigen voller blaugrauer, schuppenförmiger Nadeln besetzt.

Pinus omorika
OMORIKAFICHTE
☼ ◐ ❄❄❄ ↕18m ↔5m

Die Äste dieser Fichte sind an den Spitzen gebogen und mit dunklen Nadeln besetzt. Trauben purpurfarbener Zapfen reifen zu brauner Färbung heran. 🏆

Pinus sylvestris 'Fastigiata'
GEMEINE KIEFER
☼ ❄❄❄ ↕6m ↔1m

Die Borke ist rotbraun; die aufrechten, dicht stehenden Äste haben blaugrüne Nadeln. Die Pflanze verträgt keine exponierten Standorte.

Taxus baccata 'Fastigiata Robusta'
GEMEINE EIBE
☼ ◐ ❄❄❄ ↕10m ↔1,5m

Diese Eibe ist aufrecht und zigarrenförmig mit aufsteigenden, dicht stehenden Zweigen. Die dunkelgrünen Nadeln stehen eng um die Zweigspitzen.

Thuja occidentalis 'Smaragd'
ABENDLÄNDISCHER LEBENSBAUM
☼ ◐ ❄❄❄ ↕2,5m ↔75cm

Die Äste dieses dichten, schmalen Nadelbaums sind mit abgeflachten Zweigen leuchtend grüner Nadeln bedeckt, die einen angenehmen Geruch abgeben. 🏆

Mittelgroße Nadelbäume

BEI DEN MITTELGROSSEN Nadelbäumen hat der Gärtner eine große Auswahl. Dazu gehören neben vielen wilden Arten, die sowohl von botanischem Interesse sind als auch dekorativen Zwecken dienen können, die Lawson-Zypresse, die Hinoki und die verschiedenen Thuja-Varietäten. Diese Bäume eignen sich für fast jede Gartengröße. Nahezu alle sind winterfest; bei milderem Klima oder an geschützten Standorten gedeihen auch die empfindlicheren Sorten.

Cupressus cashmeriana
KASCHMIRZYPRESSE
☼ ☀ ❄❄ ↕12m ↔5,5m

Dieser Baum eignet sich für einen geschützten Standort. Er trägt blaugrüne Nadeln an herabhängenden Zweigen und verträgt keine trockenen Böden.

WEITERE MITTELGROSSE NADELBÄUME

Athrotaxis laxifolia
Chamaecyparis lawsoniana 'Columnaris'
Chamaecyparis nootkatensis 'Pendula'
Cupressus arizonica 'Pyramidalis'
Juniperus chinensis 'Aurea'
Pinus parviflora
Pinus sylvestris 'Aurea', siehe S. 192
Pseudolarix amabilis
Sciadopitys verticillata
Thuja occidentalis 'Spiralis'
Tsuga mertensiana

Abies koreana
KOREANISCHE TANNE
☼ ☀ ❄❄❄ ↕10m ↔5m

Die Äste dieses breiten Baums sind dicht mit dunkelgrünen, auf der Rückseite silbrigen Nadeln besetzt. Selbst kleine Pflanzen tragen violette Zapfen.

Chamaecyparis obtusa 'Tetragona Aurea' **SCHEINZYPRESSE**
☼ ❄❄❄ ↕10m ↔5m

Diese charakteristische Scheinzypresse wächst in der Jugend buschig und später grob konisch. Moosartige Zweige mit gelben Nadeln bedecken eckige Äste.

Chamaecyparis obtusa 'Crippsii'
SCHEINZYPRESSE
☼ ❄❄❄ ↕10m ↔5m

Dieser Nadelbaum hat leuchtend goldene Nadeln an großen abgeflachten Zweigen; die rundlichen Zapfen sind braun; verträgt keine trockenen Böden.

Cunninghamia lanceolata
SPIESSTANNE
☼ ☀ ❄❄❄ ↕13m ↔5m

Die Zweige dieses Baums sind von zwei Reihen Nadeln mit silbriger Unterseite bedeckt. Der Baum verträgt keine exponierten Standorte oder trockenen Böden.

Fitzroya cupressoides
PATAGONISCHE ZYPRESSE
☀ ❄❄❄ ↕10m ↔5m

Dieser anfangs säulenförmige, buschige, wacholderartige Baum wächst später in die Breite. Er hat Zweige mit weiß geränderten, schuppenförmigen Nadeln.

Pinus aristata
GRANNENKIEFER
☼ ❄❄❄ ↕8m ↔5m

Diese dichte Kiefer eignet sich für fast alle Gartengrößen. Sie hat dicht mit blaugrünen, weiß gefleckten Nadeln bedeckte Zweige. Ihre Zapfen sind grannig.

Taxodium ascendens 'Nutans'
SUMPFZYPRESSE
☼ ❄❄❄ ↕15m ↔5m

Die Sumpfzypresse ist ein seine Nadeln wechselnder Baum. Die aufsteigenden Äste dieser Sorte sind auf der Oberseite mit grünen Nadeln besetzt. 🏆

Picea breweriana
FICHTE
☼ ☀ ❄❄❄ ↕12m ↔6m

Eine besonders charakteristische Fichtensorte. Ihre ausgebreiteten Äste tragen hängende Zweige mit schmalen Nadeln und zylindrischen braunen Zapfen. 🏆

Podocarpus salignus
STEINEIBE
☀ ❄❄ ↕10m ↔6m

Ein äußerst attraktiver, säulenförmiger Baum mit faseriger rotbrauner Borke und glänzenden, weidenartigen Nadeln; verträgt keine trockenen Böden. 🏆

Tsuga canadensis
HEMLOCKTANNE
☀ ● ❄❄❄ ↕15m ↔10m

Dieser mehrstämmige Baum hat kleine Nadeln mit silberner Rückseite. Die hängenden Zapfen reifen zu brauner Färbung heran; verträgt keine trockenen Böden.

Nadelbäume für schwere Lehmböden

VIELE NADELBÄUME gedeihen auf schwerem Lehmboden. Sie decken ein breites Spektrum an Größen und Formen ab; die meisten hier vorgestellten sind immergrün.

Cryptomeria japonica 'Elegans Compacta' **SICHELTANNE**

☼ ❄❄❄ ↕3m ↔2m

Eine strauchige Form der Sicheltanne; die frischen, grünen Nadeln fühlen sich weich an und verändern im Winter ihre Färbung zu einem bronzefarbenen Ton. 🏆

Metasequoia glyptostroboides **CHINESISCHER MAMMUTBAUM**

☼ ◐ ❄❄❄ ↕20m ↔5m

Die fedrigen Nadeln dieses laubwechselnden Baums verfärben sich im Herbst rosa; eine Baumart von kraftvollem Wuchs und schmal konischer Gestalt. 🏆

Pinus leucodermis **SCHLANGENHAUTKIEFER**

☼ ❄❄❄ ↕18m ↔9m

Eine Kiefer von dichtem, konischem Wuchs. Zu ihren besonderen Merkmalen zählen leuchtende Nadeln, weiße, haarige Knospen und kobaltblaue Zapfen. 🏆

Pinus mugo 'Mops' **BERGKIEFER**

☼ ❄❄❄ ↕1m ↔1,2m

Diese langsam wachsende Zwergform der Bergkiefer bildet eine Kugel dunkelgrüner Nadeln. Sie eignet sich für einen Steingarten oder großen Kübel. 🏆

Pinus peuce **KIEFER**

☼ ❄❄❄ ↕18m ↔6m

Es lohnt sich, diese imposante Kiefer an einen Ort mit genügend Raum zu pflanzen. Sie hat dicht stehende graugrüne Nadeln und hängende, rundliche Zapfen.

WEITERE IMMERGRÜNE NADELBÄUME FÜR SCHWERE LEHMBÖDEN

Abies koreana, siehe S. 150
Chamaecyparis lawsoniana 'Triomf van Boskoop'
Picea likiangensis
Picea purpurea
Pinus aristata, siehe S. 181
Pinus coulteri
Pinus ponderosa
Saxe-Gothaea conspicua
Thuja occidentalis

Pinus strobus **WEYMOUTHSKIEFER**

☼ ❄❄❄ ↕20m ↔9m

Diese Kiefer verbreitert sich im Alter. Ihre offenen Zweige tragen graugrüne Nadeln und hängende Zapfen. Die Pflanze verträgt keine Luftverschmutzung.

Pinus thunbergiana
JAPANISCHE SCHWARZKIEFER
☼ ❄❄❄ ↕13m ↔8m

Merkmale dieser Kiefer sind ihre dunkelgrünen Nadeln und haarigen, silbrigen Knospen. Dieser in der Jugend konische Baum eignet sich für Küstenregionen.

Taxodium distichum
SUMPFZYPRESSE
☼ ❄❄❄ ↕20m ↔9m

Dieses nadelwechselnde konische Gehölz eignet sich gut für feuchte Standorte. Er hat eine rotbraune Borke und Nadeln, die sich im Herbst golden färben. 🏆

Thuja koraiensis
KOREALEBENSBAUM
☼ ❄❄❄ ↕7m ↔3m

Dieser langsam wachsende Baum hat breite Zweige leuchtend grüner, schuppiger Nadeln, die auf der Unterseite silberweiß sind und nach Mandeln duften.

NADELNWECHSELNDE GEHÖLZE FÜR SCHWERE LEHMBÖDEN

Ginkgo biloba, siehe S. 174
Larix decidua
Larix kaempferi
Taxodium ascendens 'Nutans', s. S. 181

Taxus baccata 'Aurea'
GEMEINE EIBE
☼ ☀ ❄❄❄ ↕5m ↔3m

Die Nadeln dieser goldenen Eibe werden im zweiten Jahr grün. Um den hier gezeigten gerundeten Wuchs zu erzielen, muß man sie jedes Jahr beschneiden.

Tsuga heterophylla
HEMLOCKTANNE
☼ ☀ ❄❄❄ PH ↕20m ↔10m

Sie hat anmutig sich nach unten neigende Zweige mit silbrigen Nadeln auf der Unterseite. Dieser schnell wachsende Nadelbaum trägt kleine Zapfen. 🏆

Nadelbäume für trockene, sonnige Standorte

VIELE NADELBÄUME STAMMEN aus warmen, trockenen Ländern und eignen sich gut für heiße Sommer. Einige Arten haben einen kraftvollen Wuchs und spenden schnell Schatten, während andere eher langsam wachsen. Diese Bäume sind immergrün und werden am besten sehr jung gepflanzt, damit sie sich akklimatisieren können.

Cedrus deodara
HIMALAYAZEDER
☼ ❄❄❄ ↕25m ↔12m

Ein Baum, der erst abwärts geschwungene Zweige hat und später die typische Form mit flacher Spitze und in Lagen angeordneten Zweigen annimmt. 🏆

Juniperus drupacea
WACHOLDER
☼ ❄❄❄ ↕12m ↔1,5m

Dieser charakteristische Wacholderbaum eignet sich mit seinem schmalen, säulenförmigen Wuchs gut als Einzelexemplar; trägt leuchtend grüne Nadeln.

Pinus cembroides
NUSSKIEFER
☼ ❄❄ ↕6m ↔5m

Diese langsam wachsende Kiefer ist in der Jugend konisch und rundet sich im Alter. Ihre Äste sind mit kurzen steifen, graugrünen Nadeln bedeckt.

WEITERE KIEFERN FÜR TROCKENE, SONNIGE STANDORTE

Pinus aristata, siehe S. 181
Pinus armandii
Pinus brutia
Pinus bungeana
Pinus contorta
Pinus coulteri
Pinus edulis
Pinus pinaster
Pinus sylvestris
Pinus yunnanensis

Cupressus macrocarpa
MONTEREYZYPRESSE
☼ ❄❄❄ ↕20m ↔22m

Dieser Baum mit seinen fedrigen Nadeln wird in Küstenregionen häufig als Windschutz gepflanzt. Er ist in der Jugend kegelförmig, verbreitert sich aber im Alter.

Juniperus rigida
WACHOLDER
☼ ❄❄❄ ↕8m ↔5m

Dieser oft in die Breite gehende Baum mit lockeren Ästen hat hängende Zweige mit Nadeln, die sich im Winter bronze verfärben, und eine sich schälende Borke.

Pinus halepensis
SEEKIEFER
☼ ❄❄❄ ↕14m ↔6m

Diese für sandige Böden geeignete Kiefer mit orangefarbenen Zapfen rundet sich im Alter. Die Nadeln sind bei jungen Bäumen blaugrün, bei älteren leuchtend grün.

Pinus muricata
KIEFER
☼ ❄❄❄ ↕18m ↔9m

Diese schnell wachsende Kiefer ist zuerst säulenförmig, später breit mit abgeflachter Spitze. Sie gedeiht gut auf nährstoffarmen oder kalkfreien, sandigen Böden.🏆

Pinus pinea
PINIE
☼ ❄❄❄ ↕12m ↔10m

Diese Pinie entwickelt schrittweise ihre Krone mit kreisförmig angeordneten Zweigen. Erwachsene Bäume tragen dunkelgrüne, junge aber blaugrüne Nadeln.🏆

Pinus virginiana
VIRGINIA-KIEFER
☼ ❄❄❄ PH ↕14m ↔9m

Diese oftmals ungleichmäßig wachsende Kiefer hat dichte, gelbgraue Nadeln auf rosaweißen Trieben. Sie trägt im Winter kleine stachlige, orangebraune Zapfen.

Torreya californica
KALIFORNISCHE NUSSEIBE
◐ ❄❄ ↕18m ↔8m

Dieser attraktive, breite Baum hat gewundene Äste und lange, schmale, Nadeln. Weibliche Exemplare können hängende olivenartige Früchte tragen.

Taxus cuspidata
EIBE
☼ ◐ ● ❄❄❄ ↕↔5m

Dieser Strauch wächst im Alter in die Breite. Er hat gelbgrüne Blätter, die im Winter rotbraun werden können. Die weiblichen Pflanzen tragen rote Früchte.

WEITERE NADELBÄUME FÜR TROCKENE, SONNIGE STANDORTE

Abies concolor
Abies pinsapo 'Glauca'
Abies vejarii
Cupressus duclouxiana
Cupressus glabra
Cupressus glabra 'Pyramidalis'
Cupressus lusitanica
Cupressus macnabiana
Cupressus sempervirens
Juniperus chinensis
Juniperus chinensis 'Aurea'
Juniperus deppeana
Juniperus oxycedrus
Juniperus virginiana 'Canaertii'
Picea likiangensis
Picea purpurea
Tetraclinis articulata
Tsuga heterophylla, siehe S. 183

Nadelbäume als Hecken, Wind- oder Sichtschutz

IMMERGRÜNE NADELBÄUME eignen sich gut als Hecken und als Sichtschutz. Auch den Schutz vor Wind und die Abschirmung dahinter wachsender Pflanzen können sie bieten. Die meisten Nadelbäume, die als Hecke verwendet werden, erreichen ausgewachsen eine beachtliche Höhe und müssen daher regelmäßig zurückgeschnitten werden.

WEITERE NADELBÄUME ALS HECKEN UND SICHTSCHUTZ

- *Chamaecyparis lawsoniana* 'Blue Jacket'
- *Chamaecyparis lawsoniana* 'Fraseri'
- *Chamaecyparis lawsoniana* 'Golden Wonder'
- *Chamaecyparis lawsoniana* 'Pembury Blue', siehe S. 193
- × *Cupressocyparis leylandii* 'Gold Rider'
- *Thuja occidentalis* 'Pyramidalis'
- *Thuja plicata* 'Atrovirens'
- *Tsuga heterophylla*, siehe S. 183

Chamaecyparis 'Green Hedger'
SCHEINZYPRESSE
☼ ❄❄❄ ↕15m ↔6m

Bis zum Boden dicht mit Zweigen bedeckt, ist diese Scheinzypresse ein guter Sichtschutz. Sie hat eine konische Form und verträgt keine trockenen Böden.

× *Cupressocyparis leylandii* 'Castlewellan' **CUPRESSOCYPARIS**
☼ ❄❄❄ ↕25m ↔5,5m

Diese Sorte wird als Hecke gepflanzt. Sie wächst schnell, kann aber stark zurückgeschnitten werden. Die bronzefarbenen Nadeln sind bei jungen Pflanzen golden.

Chamaecyparis lawsoniana 'Green Pillar' **SCHEINZYPRESSE**
☼ ❄❄❄ ↕15m ↔3m

Diese als Sichtschutz geeignete, säulenförmige Zypresse erfordert nur wenig Beschnitt. Ihre Zweige mit grünen Nadeln sind im frühen Frühjahr goldgetönt.

× *Cupressocyparis leylandii*
CUPRESSOCYPARIS
☼ ❄❄❄ ↕24m ↔5,5m

Einer der am schnellsten wachsenden Nadelbäume, der sich gut als zeitweiliger Sichtschutz oder hohe Hecke eignet; seine Nadeln sind dunkel- oder graugrün.

Picea asperata
RAUHE FICHTE
☼ ❄❄❄ ↕15m ↔10m

Die gelbbraunen Triebe dieser Fichte sind mit blaugrauen Nadeln bedeckt. Da sie sich an die meisten Böden anpassen kann, eignet sie sich gut als Windschutz.

Pinus nigra
SCHWARZKIEFER
☼ ❄❄❄ ↕25m ↔20m

Ein Windschutz an exponierten Standorten; der Baum hat eine kuppelförmige Krone sowie sich ausbreitende Zweige und verträgt keine trockenen Böden. 🏆

Taxus baccata
GEMEINE EIBE
☼ ☼ ☀ ❄❄❄ ↕12m ↔10m

Diese Eibe ist mit ihren schwarzgrünen Blättern beliebt als Hecke. Regelmäßiger Beschnitt fördert dichten Wuchs, wodurch sie sich für den Formschnitt eignet. 🏆

Taxus × media 'Hicksii'
EIBE
☼ ☼ ☀ ❄❄❄ ↕6m ↔2m

Diese robuste, langsam wachsende Eibe eignet sich als Sichtschutz oder Hecke. In der Jugend säulenförmig, entwickelt sie sich später in breiter Vasenform. 🏆

WEITERE NADELBÄUME FÜR DEN WINDSCHUTZ

Cupressus macrocarpa, siehe S. 184
Larix decidua
Larix kaempferi
Picea sitchensis
Pinus cembra
Pinus contorta
Pinus contorta var. *latifolia*
Pinus leucodermis, siehe S. 182
Pinus sylvestris
Pinus thunbergiana, siehe S. 183
Sequoiadendron giganteum, siehe S. 175

Pinus radiata
KIEFER
☼ ❄❄❄ PH ↕25m ↔20m

Diese imposante große Kiefer, die sich als Schutz an exponierten Standorten eignet, trägt dichte Büschel grüner Nadeln und im Frühjahr attraktive Zapfen. 🏆

NADELBÄUME FÜR KLEINE HECKEN

Chamaecyparis lawsoniana 'Globosa'
Chamaecyparis thyoides 'Ericoides'
Cryptomeria japonica 'Elegans Nana'
Thuja occidentalis 'Sunkist'
Thuja orientalis 'Rosedalis'

Thuja plicata
RIESENLEBENSBAUM
☼ ☼ ❄❄❄ ↕25m ↔8m

Dieser hübsche, konische Nadelbaum ergibt eine schöne Hecke. Er hat dichte Zweige mit glänzend schuppenförmigem Nadelkleid, das nach Ananas duftet.

NADELBÄUME

Langsam wachsende und Zwergnadelbäume

LANGSAM WACHSENDE Nadelbäume wie auch die zwergwüchsigen Arten eignen sich gut für kleine Gärten, Steingärten, Hochbeete oder Kübel. Bei den meisten handelt es sich dabei um normal große Nadelhölzer. Nur wenige andere Bäume bieten das ganze Jahr hindurch einen solchen Reichtum an Größe, Form und Farbe.

Abies balsamea 'Nana'
BALSAMTANNE
☼ ✻✻✻ ↕50cm ↔75cm

Eine dichte, niedrige Sorte der Balsamtanne; die sich ausbreitenden glänzenden, dicht stehenden Nadeln haben auf der Unterseite zwei gräuliche Streifen.

Abies nordmanniana 'Golden Spreader' **NORDMANNSTANNE**
☼ ✻✻✻ ↕45cm ↔1,2m

Eine sich niedrig ausbreitende Sorte der Nordmannstanne mit flacher Spitze; die dichten Nadeln sind oben gelb, unten gelbweiß und im Winter goldgelb. 🏆

Chamaecyparis lawsoniana 'Gnome'
SCHEINZYPRESSE
☼ ✻✻✻ ↕↔30cm

Eine dichte, langsam wachsende Sorte der Scheinzypresse mit flachen Zweigen und schuppigen Nadeln; gelegentlicher Wildwuchs sollte abgeschnitten werden.

WEITERE ZWERGNADELBÄUME VON RUNDLICHEM ODER KUPPELFÖRMIGEM WUCHS

Picea abies 'Gregoryana'
Pinus mugo 'Ophir'
Pinus strobus 'Minima'
Pinus sylvestris 'Beuvronensis'
Pinus wallichiana 'Umbraculifera'
Thuja occidentalis 'Sunkist'
Thuja occidentalis 'Tiny Tim'
Thuja orientalis 'Meldensis'
Thujopsis dolabrata 'Nana'
Tsuga canadensis 'Jeddeloh'

Abies concolor 'Glauca Compacta'
GRAUTANNE
☼ ✻✻✻ ↕1,1m ↔1,3m

Diese Sorte der Grautanne eignet sich für größere Steingärten. Ihr Wuchs ist unregelmäßig; sie hat Zweige mit schmalen, sich ausbreitenden graublauen Nadeln. 🏆

Cedrus libani 'Sargentii'
LIBANONZEDER
☼ ✻✻✻ ↕75cm ↔2,5m

Diese Libanonzeder hat eine Kuppelform und herunterhängende Zweige mit blaugrünen Nadeln. Stützen Sie den Stamm, um das Höhenwachstum zu fördern.

Chamaecyparis obtusa 'Nana Aurea'
SCHEINZYPRESSE
☼ ✻✻✻ ↕1,3m ↔65cm

Eine schöne Zwergkonifere für jeden Zweck; diese langsam wachsende Sorte hat fächerartige Zweige mit schuppenförmigem Nadelkleid. 🏆

Juniperus squamata 'Blue Star'
WACHOLDER
☼ ❄❄❄ ↕45cm ↔50cm

Die niedrigen Zweige diese langsam wachsenden Wacholders sind dicht mit silberblauen Nadeln bedeckt; ein attraktives blaugraues Zwergnadelgehölz. 🏆

Picea pungens 'Montgomery'
STECHFICHTE
☼ ❄❄❄ ↕↔1,1m

Diese kuppelförmige Sorte der Stechfichte eignet sich für größere Steingärten oder als Solitärpflanze. Ihre Zweige sind dicht mit spitzen gräulichen Nadeln besetzt. 🏆

Pinus leucodermis 'Schmidtii'
SCHLANGENHAUTKIEFER
☼ ❄❄❄ ↕1m ↔75cm

Eine langsam wachsende Sorte der Schlangenhautkiefer, die einen kugelförmigen Busch bildet. Die kurzen Zweige sind dicht mit Nadeln besetzt. 🏆

Picea glauca var. *albertiana* 'Conica'
SCHIMMELFICHTE
☼ ❄❄❄ ↕1,3m ↔60cm

Diese beliebte Sorte der Schimmelfichte entwickelt einen schmalen Wuchs, wenn man die Seitentriebe beschneidet. Die Ästchen sind dicht mit Nadeln besetzt. 🏆

WEITERE ZWERGNADELBÄUME MIT SÄULENFÖRMIGEM ODER KONISCHEM HABITUS

Abies lasiocarpa 'Compacta'
Chamaecyparis lawsoniana 'Ellwood's Gold'
× *Cupressocyparis leylandii* 'Hyde Hall'
Juniperus communis 'Compressa'
Juniperus communis 'Sentinel'
Picea abies 'Remontii'
Picea glauca var. *albertiana* 'Laurin'
Pinus parviflora 'Negishi'
Thuja plicata 'Rogersii'

WEITERE LANGSAM WACHSENDE ODER ZWERGNADELBÄUME

Chamaecyparis obtusa 'Caespitosa'
Chamaecyparis obtusa 'Rigid Dwarf'
Cryptomeria japonica 'Vilmoriniana'
Thuja orientalis 'Elegantissima'
Tsuga canadensis 'Horstmann'

Thuja plicata 'Stoneham Gold'
RIESENLEBENSBAUM
☼ ❄❄❄ ↕1,7m ↔75cm

Eine erlesene Sorte des Riesenlebensbaums; die aromatischen, schuppenförmigen Nadeln sitzen an flachen Zweigen und werden mit der Reife dunkler. 🏆

Bodendeckende Nadelhölzer

ZUSÄTZLICH ZU DEN Nadelhölzern von kriechendem Wuchs, zu denen auch mehrere Wacholderarten zählen, gibt es auch Züchtungen, die normalerweise höher wachsen. Diese Nadelhölzer bilden dichte, über den Boden kriechende Teppiche. Ihre Nadeln können in Anordnung, Form und Farbe variieren. Wenn es der Platz zuläßt, sollte man mehrere Exemplare anpflanzen, um ein eindrucksvolles Teppichmuster zu bekommen.

Juniperus communis 'Green Carpet'
ZWERGWACHOLDER
☼ ❄❄❄ ↕12cm ↔1,2m

Dieser Wacholder ist ein Bodendecker und läßt sich mit anderen Hölzern seiner Art kombinieren. Die Zweige sind dicht besetzt mit leuchtend grünen Nadeln.

Juniperus procumbens 'Nana'
NIEDERLIEGENDER WACHOLDER
☼ ❄❄❄ ↕30cm ↔2m

Die dicht stehenden Zweige dieses Zwergwacholders bilden leicht erhöhte Matten oder Teppiche. Seine Triebe sind von blaugrünen Nadeln bedeckt.

Picea abies 'Reflexa'
GEMEINE FICHTE
☼ ❄❄❄ ↕45cm ↔5m

Die Zweige dieser ungewöhnlichen, niedrig wachsenden Sorte sind lang, niederliegend und dicht mit grünen Nadeln bedeckt, die eine schöne Matte bilden.

WEITERE BODENDECKENDE NADELHÖLZER

Juniperus horizontalis 'Blue Chip'
Juniperus horizontalis 'Jade River'
Juniperus horizontalis 'Turquoise Spreader'
Picea abies 'Repens'
Picea pungens 'Procumbens'
Taxus baccata 'Cavendishii'
Taxus baccata 'Repandens'
Taxus baccata 'Summergold'

Juniperus horizontalis 'Plumosa'
KRIECHWACHOLDER
☼ ❄❄❄ ↕15cm ↔2m

Dieser zuverlässige Bodendecker, der hier neben *J. horizontalis* 'Glauca' abgebildet ist, hat graugrüne Nadeln, die sich im Winter bronzefarben verfärben.

Microbiota decussata
ZWERGLEBENSBAUM
☼ ◐ ❄❄❄ ↕30cm ↔2m

Die sich biegenden Zweige dieses niedrig wachsenden Nadelholzes sind dicht mit grünen, schuppenförmigen Nadeln besetzt, die im Winter bronzefarben werden.

Taxus baccata 'Repandens Aurea' **GEMEINE EIBE**
☼ ◐ ❄❄❄ ↕45cm ↔2m

Eine sich niedrig ausbreitende Sorte der Gemeinen Eibe; ihre kurzen, überlappenden Ästchen mit gelb geränderten Nadeln sitzen auf langen Zweigen.

Panaschierte Nadelbäume

EINE PANASCHIERUNG tritt bei Nadelbäumen in Form weißer oder gelber Zweige auf, die sich zwischen den grünen befinden. Manchmal erscheint die zweite Farbe auch als Streifen, wie bei der *Thuja plicata* 'Zebrina' *(siehe rechts)*, oder durch gefleckte Nadeln. Diese Mehrfarbigkeit mag nicht allen Gartenfreunden gefallen, aber sie kann einen schönen Kontrast schaffen. Die hier vorgestellten Nadelbäume eignen sich auch für die Solitärpflanzung.

Thuja plicata 'Zebrina'
LEBENSBAUM
☼ ❄❄❄ ↕20m ↔12m

Ein konischer Nadelbaum, der an seinem nach Ananas duftenden dunkelgrünen, crèmegelb gestreiften Nadeln und seiner rötlichen Borke zu erkennen ist.

Calocedrus decurrens 'Aureovariegata'
FLUSSZEDER
☼ ❄❄❄ ↕12m ↔3m

Die kurzen Äste dieser langsam wachsenden Zeder sind mit Zweigen voll grüner Nadeln besetzt, zwischen denen sich gelbe Zweige finden.

× *Cupressocyparis leylandii* 'Harlequin'
CUPRESSOCYPARIS
☼ ❄❄❄ ↕20 m ↔6 m

Diese gefleckte Sorte ist pflegeleicht und kraftvoll. Ihre dichten federartigen, graugrünen Nadeln werden durch verstreute crèmeweiße Zweige aufgelockert.

WEITERE PANASCHIERTE NADELBÄUME

Chamaecyparis lawsoniana 'Argenteovariegata'
Chamaecyparis lawsoniana 'Ellwood's White'
Chamaecyparis lawsoniana 'Fletcher's White'
Chamaecyparis lawsoniana 'Konijn's Silver'
Chamaecyparis lawsoniana 'Luna'
Pinus mugo 'Pal Maleter'
Sequoia sempervirens 'Adpressa'

Chamaecyparis nootkatensis 'Variegata'
SCHEINZYPRESSE
☼ ❄❄❄ ↕15m ↔6m

Dieser Baum hat Zweige mit stechend riechenden Nadeln, die crèmeweiß gefleckt sind. Er ist von konischem Wuchs und verträgt keine trockenen Böden. 🏆

Juniperus chinensis 'Kaizuka Variegata'
CHINESISCHER WACHOLDER
☼ ❄❄❄ ↕3m ↔2m

Die herausragenden Äste dieses langsam wachsenden Wacholders sind dicht mit leuchtend grünen, fast moosigen Nadeln besetzt, die crèmeweiß gefleckt sind.

Thujopsis dolabrata 'Variegata'
HIBALEBENSBAUM
☼ ❄❄❄ ↕10m ↔6m

Die Nadeln haben auf der Unterseite eine silbrige Zeichnung und sind mit crèmeweißen Spitzen durchsetzt. Der Baum verträgt keine trockenen Böden.

Bäume mit goldenen oder gelben Nadeln

SOWOHL FÜR GROSSE als auch für kleine Gärten bieten sich einige Hölzer mit goldenen oder gelben Nadeln an. In einigen Fällen zeigen nur die jungen Triebe diese Färbung; bei anderen behalten die Nadeln ihre helle fröhliche Färbung das ganze Jahr hindurch und verleihen dem Garten in den grauen Wintermonaten so einen warmen Glanz.

WEITERE MITTELGROSSE BIS GROSSE BÄUME MIT GOLDENEN NADELN

Cedrus deodara 'Aurea'
Chamaecyparis lawsoniana 'Lane'
Chamaecyparis lawsoniana 'Lutea'
Chamaecyparis obtusa 'Crippsii', s. S. 180
Juniperus chinensis 'Aurea'
Picea orientalis 'Skylands'
Thuja occidentalis 'Europe Gold'
Thuja plicata 'Aurea'
Thuja plicata 'Irish Gold'

Chamaecyparis pisifera 'Filifera Aurea'
SCHEINZYPRESSE
☼ ❄❄❄ ↕12m ↔5m

Dieses dichte, konische oder polsterförmige Nadelholz bildet fadenförmige Zweige, die mit winzigen gelben Nadeln bedeckt sind; wächst nur langsam. 🏆

Cupressus sempervirens 'Swane's Golden' **ECHTE ZYPRESSE**
☼ ❄❄❄ ↕10m ↔60cm

Dies ist einer der auch für kleine Gärten geeigneten Nadelbäume. Er bildet einen hohen, schlanken Kegel dicht wachsender Zweige mit goldgefärbten Nadeln. 🏆

Pinus sylvestris 'Aurea'
GEMEINE KIEFER
☼ ❄❄❄ ↕12 m ↔5m

Die blaugrünen Nadeln dieses Baums verändern ihre Farbe von Winter bis Frühjahr zu leuchtendem Gelb; je kälter der Winter, desto kräftiger die Farbe. 🏆

Cupressus macrocarpa 'Goldcrest'
MONTEREYZYPRESSE
☼ ❄❄ ↕10m ↔3m

Dieser Baum hat einen sehr kompakten Wuchs mit dicht stehenden, federartigen Nadeln. Er sollte auf keinen Fall zurückgeschnitten werden. 🏆

WEITERE KLEINE ODER LANGSAM WACHSENDE BÄUME MIT GOLDENEN NADELN

Cedrus deodara 'Golden Horizon'
Chamaecyparis occidentalis 'Rheingold'
Cryptomeria japonica 'Sekkan-sugi'
Cupressus macrocarpa 'Gold Spread'
Juniperus communis 'Gold Cone'
Pinus contorta 'Frisian Gold'
Pinus sylvestris 'Moseri'
Thuja occidentalis 'Golden Globe'
Thuja occidentalis 'Trompenburg'
Thuja plicata 'Stoneham Gold', s. S. 189

Thuja plicata 'Collyer's Gold'
RIESENLEBENSBAUM
☼ ❄❄❄ ↕2m ↔1m

Ein langsam wachsender Nadelbaum von dichtem Wuchs; seine Zweige sind anfangs von leuchtend goldgelber Farbe und verändern sich dann zu zartem Grün.

Bäume mit silbernen oder blaugrauen Nadeln

BLAUGRAUE ODER SILBRIGE Nadelbäume entfalten vor einem dunkleren Hintergrund eine eindrucksvolle Wirkung. Die Blaue Atlaszeder und die Stechfichte sind wahrscheinlich die bekanntesten Hölzer dieser Art; es gibt freilich noch viele andere ähnlicher Wirkung und Schönheit, von denen sich einige auch für kleine Gärten eignen.

Abies concolor 'Candicans'
GRAUTANNE
☼ ❄❄❄ ↕20m ↔7m

Diese Grautanne ist besetzt mit sich allseits ausbreitenden Nadeln von silberweißer oder blaugrauer Färbung; verträgt keine trockenen Böden.

Cedrus libani ssp. *atlantica* f. *glauca*
BLAUE ATLASZEDER
☼ ❄❄❄ ↕24m ↔15m

Dieser auffällige Nadelbaum hat einen schnellen Wuchs (in der Jugend), tonnenförmige Zapfen und silberblaue Nadeln. Er verträgt keine trockenen Böden.

Chamaecyparis lawsoniana 'Pembury Blue' **SCHEINZYPRESSE**
☼ ❄❄❄ ↕15m ↔6m

Diese schöne konische, blaugraue Sorte hat Zweige mit schuppenförmigen Nadeln an lockeren, gebogenen Ästen. Sie verträgt keine trockenen Böden.

Juniperus sabina 'Blue Danube'
SADEBAUM
☼ ❄❄❄ ↕25cm ↔1,5m

Ihr niedriger ausladender Wuchs macht diese Sorte zu einem passenden Nadelbaum für den Steingarten. Die Zweige sind mit blaugrauen Nadeln bedeckt.

Picea glauca 'Coerulea'
SCHIMMELFICHTE
☼ ❄❄❄ ↕13m ↔6m

Diese Zweige dieser Fichte sind zuerst emporstrebend, breiten sich aber später aus. Sie tragen blaugraue Nadeln. Die Pflanze verträgt keine trockenen Böden.

WEITERE BÄUME MIT SILBERNEN ODER BLAUGRAUEN NADELN

Cedrus deodora 'Karl Fuchs'
Chamaecyparis lawsoniana 'Chilworth Silver'
Chamaecyparis lawsoniana 'Pelt's Blue'
Cupressus glabra 'Pyramidalis'
Picea engelmannii 'Glauca'
Picea pungens 'Fat Albert'
Pinus pumila 'Glauca'
Pinus sylvestris 'Bonna'
Pinus wallichiana 'Nana'

Picea pungens 'Koster'
STECHFICHTE
☼ ❄❄❄ ↕13m ↔5m

Diese eindrucksvolle Fichte hat eine schuppige graue Borke, gewundene Zweige und stachlige, silberblaue Nadeln, die später zu einem Grünton verblassen.

LAUBBÄUME

ICH BIN ÜBERZEUGT, DASS alle Pflanzen unsere Wertschätzung verdienen. Doch muß ich bekennen, daß mich Laubbäume am stärksten beeindrucken. Dies liegt sicher auch an ihrer Größe, noch wichtiger ist aber die Beständigkeit, die sie ausstrahlen; einen langlebigen Baum zu pflanzen, ist eine Investition in die Zukunft.

△ *Quercus canariensis*

△ HOLZAPFEL *Die kirschenartigen Holzäpfel des* Malus *'Red Sentinel' halten sich bis in den Winter hinein.*

DIE VORTEILE VON LAUBBÄUMEN

- Laubbäume geben den Rahmen für alle anderen Pflanzen im Garten.
- Große Laubbäume geben einem Garten Beständigkeit.
- Laubbäume spenden Schatten.
- Laubwechselnde Bäume verändern sich mit den Jahreszeiten.
- Laubbäume haben viele Formen.
- Geeignet für die Solitärpflanzung.
- Laubbäume bieten Schutz vor Lärm und neugierigen Blicken.

Laubbäume stellen in vielen Gärten die Eckpfeiler der Architektur dar und verbinden die verschiedenen gestalterischen Komponenten. Im Laufe der Jahreszeiten bieten sie dem Betrachter ein immer wieder anderes Bild. Mehrere Vorzüge der Laubbäume gleichzeitig verkörpern beispielsweise die Eberesche *(Sorbus)*, der Weißdorn *(Crataegus)* und der dekorative Holzapfelbaum *(Malus sylvestris)*.

ALLJÄHRLICHE ERWARTUNG

In kühleren Klimaten übersteigt die Zahl der laubwechselnden Bäume die der immergrünen bei weitem. Allerdings geben Immergrüne einen hervorragenden Hintergrund ab und dienen oft als Sicht- oder Windschutz. Der Wechsel im Jahreslauf – die Knospe, die Blüte, die Frucht und das Fallen der Blätter – wird uns nie langweilig. Alle in diesem Abschnitt vorgestellten Bäume sind laubwechselnd, sofern nichts anderes angegeben wird.

GROSS – NICHT IMMER BESSER

Laubbäume sind sehr unterschiedlich und bieten für jeden Garten etwas. Kleine Laubbäume brauchen nicht nur in kleinen Gärten zu stehen, während ein einzelner großer Baum Mittelpunkt für alle in der Nähe wachsenden Bäume sein kann. Ausgangspunkt aller Überlegungen sollte immer die zur Verfügung stehenden Fläche sein. Große Laubbäume benötigen Platz, um sich entfalten zu können.

△ GOLDENE PRACHT *Beliebt und sehr zuverlässig, erhellt die* Robinia pseudoacacia *'Frisia' auch dunkle Winkel.*

◁ ZWEIFACHE ZIERDE *Die weiße Frühlingsblüte der* Amelanchier lamarckii *ist ebenso hübsch wie ihre Herbstfärbung.*

▷ EDLE HERBSTLICHE ERSCHEINUNG *Der Tulpenbaum (*Liriodendron tulipifera*) eignet sich gut für eine Rasenfläche.*

Große Exemplare für große Gärten

GROSSWÜCHSIGE LAUBBÄUME bieten in entsprechend großen Gärten einen imposanten Anblick. Unter günstigen Bedingungen können einige von ihnen ein sehr hohes Alter erreichen und auch noch kommende Generationen erfreuen.

Catalpa speciosa
TROMPETENBAUM
☼ ❄❄❄

Kraftvoller Wuchs
↕ 20m ↔ 15m

Die glänzenden, dunkelgrünen Blätter dieses imposanten Baums sind an der Basis breit und laufen in langen Spitzen aus. Er trägt im Sommer große Rispen glockenförmiger, weißer Blüten, denen hängende, schlanke Samenkapseln folgen.

Acer saccharinum
SILBERAHORN
☼ ❄❄❄

Kraftvoller Wuchs
↕ 25m ↔ 15m

Dieser schöne, säulenförmige Baum breitet sich im Alter aus. Seine schlanken Zweige tragen scharf gesägte Blätter mit silberner Unterseite, die sich im Herbst gelb färben; auch als Sorte mit herabhängenden Zweigen und gelappten Blättern erhältlich. 🏆

Fagus sylvatica 'Aspleniifolia'
ROTBUCHE
☼ ❄❄❄

Kraftvoller Wuchs
↕↔ 25 m

Ein Baum, der seine imposante Erscheinung mit Anmut verbindet; er ist oft breiter als hoch und bildet ausgewachsen eine riesige Kuppel. Die ausladenden Äste sind mit gezähnten Blättern besetzt, die sich im Herbst erst golden, dann braun färben. 🏆

Castanea sativa
ESSKASTANIE
☼ ◐ ❄❄❄

Kraftvoller Wuchs
↕ 25m ↔ 15m

Ein Baum, der eine rotbraune Borke entwickelt; im Sommer gehen Trauben schlanker Blüten den stachligen Früchten voraus, die eßbare Kastanien bergen. Im Herbst verfärben sich die Blätter gelb; gedeiht am besten in fetten, kalkfreien Böden. 🏆

Liriodendron tulipifera
TULPENBAUM
☼ ❄❄❄

Kraftvoller Wuchs
↕ 25m ↔ 15m

Einer der edelsten Zierbäume, dessen konischer Wuchs im Alter ausladend wird; im Hochsommer treten seine tulpenartigen Blüten hervor; im Herbst färben sich seine Blätter gelb. Aus Samen gezogene blühen selten, bevor sie 15-20 Jahren alt sind. 🏆

Nothofagus obliqua
SCHEINBUCHE
Kraftvoller Wuchs
↕20m ↔18m

Die Verwandte der Buche bildet eine kuppelförmige Krone mit leicht hängenden Ästen. Die dunkelgrünen Blätter färben sich im Herbst rot und orange. Der Baum fühlt sich an geschützten Standorten mit feuchten, durchlässigen Böden am wohlsten.

Quercus frainetto
EICHE
Kraftvoller Wuchs
↕20m ↔18m

Eine vom Blattwerk her sehr charakteristische Eiche mit glänzend grünen Blättern, die gleichmäßig gelappt sind. Ihr Wuchs ist ausladend, die Borke tief gefurcht. Sie gedeiht nahezu überall und ist mit den meisten Böden zufrieden.

WEITERE GROSSE BÄUME

Acer cappadocicum ssp. *lobelii*
Aesculus flava
Aesculus hippocastanum 'Baumannii', siehe S. 202
Carpinus betulus
Carya ovata, siehe S. 222
Corylus colurna
Eucalyptus gunnii
Fraxinus americana
Juglans nigra
Magnolia acuminata
Platanus × acerifolia, s. S. 213
Platanus orientalis
Quercus canariensis, siehe S. 209
Quercus cerris
Quercus petraea
Quercus robur, siehe S. 203
Tilia 'Petiolaris'
Tilia tomentosa

Quercus palustris
SUMPFEICHE
Kraftvoller Wuchs
↕20m ↔12m

Die dekorative, kuppelförmige Sumpfeiche eignet sich für eine große Rasenfläche. Die ausladenden (zuunterst hängenden) Äste tragen tief gelappte Blätter, die im Sommer glänzend grün sind und sich im Herbst bronzefarben, rostbraun oder rot färben.

Pterocarya × rehderiana
FLÜGELNUSS
Kraftvoller Wuchs
↕↔20m

Im Sommer sind die Zweige dieser Verwandten der Walnuß mit Kätzchen behangen, die sich später zu den Früchten entwickeln. Die Blätter verfärben sich im Herbst zu einem klaren Gelb. Der Baum gedeiht gut in tiefen oder feuchten Böden.

Zelkova carpinifolia
ZELKOWA
Langsamer Wuchs
↕30m ↔25m

Diesen Baum können Sie für Ihre Enkel pflanzen. Ausgewachsene Exemplare bilden eine dichte, breite Krone mit aufwärts strebenden Ästen und einem kurzen Stamm. Die grünen Blätter nehmen im Herbst oft eine orangebraune Färbung an.

Mittelgroße Laub bäume

EINIGE DER SCHÖNSTEN Laubbäume sind 6-15m hoch. Unsere Auswahl ist nach allen dekorativen Merkmalen getroffen – Frühlingsblüten, Herbstfärbung und Winterborke. Alle sind winterfest; manche benötigen jedoch einen geschützten Standort.

Aesculus × neglecta 'Erythroblastos'
ROSSKASTANIE
☼ ☀ ❄❄❄ — Moderater Wuchs ↕10m ↔6m

Dieser Baum hat einen aufrechten Wuchs, der später ausladend wird. Die Blätter sind beim Austreiben leuchtend rosa, dann gelb und schließlich grün, um sich im Herbst orange und gelb zu verfärben. Er eignet sich nicht für exponierte Standorte.

Cornus macrophylla
HARTRIEGEL
☼ ☀ ❄❄❄ — Moderater Wuchs ↕12m ↔10m

Die Äste dieses ungewöhnlich attraktiven, ausladenden Baums wachsen in glänzenden, blattreichen Schichten. Auf die im Sommer das Laubwerk überragenden Dolden kleiner, crèmeweißer Blüten folgen im Herbst blauschwarze Beeren.

Magnolia × loebneri 'Leonard Messel'
MAGNOLIE
☼ ❄❄❄ — Moderater Wuchs ↕10m ↔6m

Dieser Baum hat einen aufrechten Wuchs und nimmt später eine konische bis rundliche Form an. Die blattlosen Zweige sind im Frühjahr mit vielblättrigen, lila- bis rosafarbener Blüten überzogen, deren Knospen eine etwas dunklere Farbe haben.

Magnolia 'Wada's Memory'
MAGNOLIE
☼ ❄❄❄ — Moderater Wuchs ↕10m ↔7m

Dieser Baum hat eine konische Krone. Die weißen Blüten, die die Äste im Frühjahr überziehen, sind weit geöffnet und vielblättrig. Die oben dunkelgrünen, unten blasseren Blätter duften. Der Baum bietet in voller Blüte ein eindrucksvolles Bild.

WEITERE MITTELGROSSE LAUBBÄUME MIT BLÜTEN

Cornus kousa var. *chinensis*
Fraxinus ornus, siehe S. 207
Koelreuteria paniculata, s. S. 207
Magnolia × loebneri 'Merrill'
Oxydendrum arboreum, siehe S. 205
Prunus padus 'Watereri'
Pterostyrax hispida
Pyrus ussuriensis
Sorbus alnifolia, siehe S. 203
Stewartia pseudocamellia, siehe S. 205

Malus hupehensis
APFELBAUM
☼ ❄❄❄

Kraftvoller Wuchs
↕↔ 8m

Die ausladenden Äste dieses dichten, rundlichen Baums werden im Frühjahr von weißen, in der Knospe rosafarbenen Blüten gekrönt. Auf die Blüten folgen dunkelrote Früchte, die noch am Baum bleiben, wenn die Blätter schon gefallen sind. 🏆

Prunus avium 'Plena'
SÜSSKIRSCHE
☼ ❄❄❄

Kraftvoller Wuchs
↕↔ 12m

Im Frühjahr ist die rundliche Krone dieser beliebten, stark wachsenden, blühenden Kirsche überladen mit hängenden Trauben weißer, gefüllter Blüten. Die Blätter verfärben sich im Herbst rot und gelb. Dieser Baum eignet sich für die Solitärpflanzung. 🏆

WEITERE MITTELGROSSE LAUBBÄUME MIT SCHÖNEM BLATTWERK

Acer triflorum, siehe S. 200
Alnus glutinosa 'Imperialis'
Betula maximowicziana
Cladrastis lutea, siehe S. 208
Meliosma veitchiorum
Parrotia persica, siehe S. 223
Quercus cerris 'Variegata', siehe S. 218
Robinia pseudoacacia 'Frisia', s. S. 219
Sorbus cuspidata
Tilia mongolica

Prunus jamasakura
JAPANISCHE BERGKIRSCHE
☼ ❄❄❄

Moderater Wuchs
↕↔ 12m

Dieser *Prunus*-Baum hat eine vasenförmige, später ausladende Krone. Im Frühjahr sind die Äste von einer weißen oder rosafarbenen Blütenfülle überzogen. Die Blätter nehmen erst eine bronzene Farbe an, verfärben sich dann im Herbst vielfältig.

Styrax japonica
STORAXBAUM
☼ ❄❄❄

Moderater Wuchs
↕↔ 10m

Die dichte Krone dieses Baums wird durch ausladende Äste mit leuchtend grünen Blättern gebildet. Im Frühsommer sind die Unterseiten jedes Astes mit hängenden weißen Blüten (mit gelben Staubbeuteln) besetzt. 🏆

Kleine Laubbäume für begrenzten Raum

EINEN KLEINEN BAUM für eine begrenzte Fläche auszuwählen, kann zu einer vergnüglichen, aber auch schwierigen Aufgabe werden. Pflanzen Sie einen der hier vorgestellten Bäume als Einzelexemplar oder auch in eine Randrabatte Ihres Gartens.

Acer palmatum var. *coreanum*
JAPANISCHER AHORN
☼ ◐ ❄❄❄

Kraftvoller Wuchs
↕↔5m

Die Äste dieses zuverlässigen und pflegeleichten Baums sind mit attraktiven grünen Blättern überzogen, die sich im Herbst auffallend rot färben. Im Frühjahr treten winzige rote Blütendolden hervor. Der Baum verträgt keine trockenen Böden. 🏆

Acer triflorum
AHORN
☼ ❄❄❄

Langsamer Wuchs
↕8m ↔7m

Die gefurchte Borke dieses schönen Ahorn fällt besonders im Winter ins Auge. Seine behaarten Blätter verleihen ihm eine leuchtend goldene, orangefarbene und rote Herbstfärbung. Er trägt im Frühjahr Trauben kleiner grüngelber Blüten.

Aesculus pavia 'Atrosanguinea'
ROSSKASTANIE
☼ ❄❄❄

Langsamer Wuchs
↕5m ↔4m

Wegen seines langsamen, kuppelförmigen Wuchses eignet sich dieser Baum als Einzelexemplar für eine Rasenfläche. Die dunkelgrünen Blätter geben einen passenden Hintergrund für seine roten Sommerblüten ab, auf die glatte, braune Früchte folgen.

Cornus alternifolia 'Argentea'
HARTRIEGEL
☼ ❄❄❄

Moderater Wuchs
↕3m ↔2m

Mit der Zeit bilden die schlanken Äste mit ihren schmalen Blättern ein Pagodendach, was diesen Baum zu einem perfekten Einzelexemplar macht. Man kann ihn beschneiden, den Stamm freilegen oder die bis zum Boden stehenden Äste belassen. 🏆

Cornus florida 'White Cloud'
BLUMENHARTRIEGEL
☼ ❄❄❄ Moderater Wuchs
↕5m ↔6m

Dieser niedrige, buschige Baum benötigt mit seiner ausladenden Krone Raum, um sich ausbreiten zu können. Im Frühjahr treten seine unverwechselbaren Blütenköpfe hervor; seine Blätter färben sich im Herbst rot und purpurn.

Rhus trichocarpa
SUMACH
☼ ❄❄❄ Moderater Wuchs
↕↔7m

Im Herbst nehmen die großen, eschenartigen grünen Blätter dieses ausladenden Baums zuerst eine purpurne, dann orangefarbene und rote Tönung an. Er bringt gelbe Früchte in hängenden Trauben hervor. Der Saft des Sumachbaums ist giftig.

Eucalyptus pauciflora ssp. *niphophila*
EUKALYPTUS
☼ ❄❄❄ Moderater Wuchs
↕10m ↔8m

Ein Eukalyptusbaum, den zu pflanzen sich wegen seiner immergrünen graugrünen Blätter und flaumigen Büschel weißer Sommerblüten lohnt; wird wegen seiner wunderschön grau, crèmefarben und silbern marmorierten Borke geschätzt. 🏆

WEITERE KLEINE LAUBBÄUME

Acer shirasawanum 'Aureum', s. S. 219
Amelanchier lamarckii, siehe S. 222
Aralia elata
Crataegus orientalis, siehe S. 206
Fraxinus mariesii
Magnolia 'Wada's Memory', s. S. 198
Malus 'Red Sentinel', siehe S. 224
Mespilus germanica 'Nottingham'
Prunus 'Kursar'
Prunus 'Pink Shell'
Sorbus forrestii, siehe S. .225

△ *Sorbus vilmorinii* 'Pearly King'

Eucryphia glutinosa
EUCRYPHIA
☼ ❄❄❄ PH Moderater Wuchs
↕6m ↔5m

Dieser verzweigte, buschige Baum hat glänzende Blättchen, die sich im Herbst orange und rot färben. Er trägt in der zweiten Sommerhälfte Trauben rosenartiger Blüten und bevorzugt feuchte, gut durchlässige Böden sowie Schatten für seine Wurzeln. 🏆

Sorbus vilmorinii
EBERESCHE
☼ ❄❄❄ Moderater Wuchs
↕4 m ↔5 m

Die gebogenen Äste dieses Baums sind mit dicht stehenden Zweigen farnartiger Blätter besetzt, die sich im Herbst orangefarben und rot färben. Er trägt im späten Frühjahr weiße Blüten und vom Herbst bis Winter Trauben rosafarbener Beeren. 🏆

Laubbäume für schwere Lehmböden

LEHMBÖDEN GEHÖREN zu den fruchtbarsten Gartenböden; ihre Zusammensetzung kann manchen Pflanzen jedoch Schwierigkeiten bereiten. Alle hier vorgestellten Sorten gedeihen problemlos in solchem Boden, solange er nicht staunaß ist.

Aesculus hippocastanum 'Baumannii'
GEMEINE ROSSKASTANIE
☼ ❄❄❄

Kraftvoller Wuchs
↕30m ↔15m

Ein großer Baum mit ausladender Krone, der große, jeweils handförmig geteilte Blätter hat; er trägt im Frühjahr aufrechte konische Rispen mit gefüllten weißen, rot oder gelb gefleckten Blüten, die keine Früchte bilden. 🏆

Alnus incana
GRAUERLE
☼ ❄❄❄

Moderater Wuchs
↕18m ↔10m

Ein robuster Baum mit breiter konischer Krone; seine dunkelgrünen Blätter sind geädert und auf der Unterseite grau behaart. Im späten Winter oder frühen Frühjahr hängen gelbe Kätzchen von den Ästen herab; verträgt keine trockenen Böden.

Catalpa bignonioides
TROMPETENBAUM
☼ ❄❄❄

Moderater Wuchs
↕12m ↔15m

Ein ausladender Baum, der oft breiter als hoch wird; er hat in der Jugend purpurn getönte, später hellgrüne herzförmige Blätter und trägt im Sommer große, lockere Rispen trompetenförmiger, purpurn und gelb gefleckter Glockenblüten. 🏆

Cotoneaster frigidus
ZWERGMISPEL
☼ ☀ ❄❄❄

Kraftvoller Wuchs
↕↔ 10m

Auch wenn diese Mispel häufig mehrstämmig ist und eine ausladende Krone hat, läßt sie sich so beschneiden, daß sie auf einem einzigen Stamm steht. Sie hat im Frühsommer weiße Blütenköpfe, denen im Herbst und Winter rote Beeren folgen.

+ Laburnocytisus adamii

LABURNOCYTISUS

Moderater Wuchs

☼ ❄❄❄ ↕8m ↔7m

Wuchs und Laub dieses Baums erinnern an Goldregen; die Trauben mit gelben und rosafarbenen Blüten des Frühjahrs und Frühsommers werden von flaumig-purpurfarbenen Geißkleeblüten begleitet, die allerdings weniger zahlreich auftreten.

Quercus robur

STIELEICHE

Langsamer Wuchs

☼ ❄❄❄ ↕↔25m

Die berühmte und in der Volkskunst sehr beliebte Stieleiche gilt mit Recht als Symbol der Stärke sowie der Langlebigkeit. Zu ihren Merkmalen zählen die zerfurchte Borke, die wellig gelappten grünen Blätter und die langstieligen Eicheln. 🏆

Magnolia × soulangeana

MAGNOLIE

Moderater Wuchs

☼ ❄❄❄ ↕6m ↔7m

Die von Frühjahr bis Sommer auftretenden, weißen, rosafarbenen oder purpurn getönten Blüten geben dieser Magnolie in ihrer Blütezeit ein überwältigendes Aussehen. Sie hat eine ausladende, tiefreichende Krone und kräftiges Blattwerk.

Magnolia × soulangeana ▷

WEITERE LAUBBÄUME FÜR SCHWERE LEHMBÖDEN

Acer pseudoplatanus 'Brilliantissimum'
Betula utilis 'Jermyns'
Carpinus betulus 'Fastigiata'
Crataegus × persistens 'Prunifolia'
Eucalyptus glaucescens
Ilex × koehneana
Malus hupehensis, siehe S. 199
Platanus acerifolia, siehe S. 213
Prunus padus 'Watereri'
Quercus palustris, siehe S. 197
Salix pentandra
Sorbus intermedia
Tilia mongolica

Populus maximowiczii

PAPPEL

Kraftvoller Wuchs

☼ ❄❄❄ ↕20m ↔10m

Ein Baum mit ausladenden Ästen an der Spitze; seine herzförmigen Blätter verfärben sich im Herbst gelb. Die Frühjahrskätzchen der weiblichen Pappel werden im Spätsommer flauschig weiß. Dieser Baum verträgt keine trockenen Böden.

Sorbus alnifolia

EBERESCHE

Moderater Wuchs

☼ ◐ ❄❄❄ ↕11m ↔8m

Die Krone dieses robusten Baums ist anfangs konisch oder oval, später ausladend. Seine leuchtend grünen Blätter verfärben sich im Herbst orangefarben und rot. Er trägt im späten Frühjahr weiße Blütenrispen, auf die im Herbst rote Früchte folgen.

Laubbäume für kalkfreie Böden

NUR WENIGE LAUBBÄUME wachsen nicht auf alkalischen Böden, aber manche tun sich dort schwer und fühlen sich auf sauren oder neutralen besser. Die hier vorgestellten wachsen am besten auf kalkfreien Böden mit ausreichend Feuchtigkeit.

Cornus nuttallii
HARTRIEGEL
☼ ☀ ❄❄❄ PH

Kräftiger Wuchs
↕ 13m ↔ 8m

Die Blätter dieses Baums verfärben sich im Herbst gelb oder rot. Winzige Frühlingsblüten werden von weißen Blättchen umrahmt, auf die in einem heißen Sommer rote Früchte folgen. Der Baum gedeiht in feuchten, gut durchlässigen Böden.

Eucryphia × nymansensis
EUCRYPHIA
☼ ☀ ❄❄ PH

Moderater Wuchs
↕ 13m ↔ 6m

Vom Spätsommer bis Frühherbst sind die Triebe dieses immergrünen Baums mit Blüten besetzt. Seine Blätter teilen sich in glänzend grüne Blättchen. Der Baum gedeiht in feuchten, durchlässigen Böden mit genügend Schatten für die Wurzeln. 🏆

Magnolia fraseri
MAGNOLIE
☼ ❄❄❄ PH

Moderater Wuchs
↕ 10m ↔ 8m

Diese attraktive, im Gartenbau selten verwendete Magnolie läßt sich leicht an ihren riesigen grünen Blättern erkennen. Die großen duftenden Blüten erscheinen vom späten Frühjahr bis zum Frühsommer; bisweilen folgen zylindrische rote Früchte.

LAUBBÄUME FÜR STARK SAURE UND ALKALISCHE BÖDEN

Betula pendula
Crataegus monogyna
Fagus sylvatica, siehe S. 215
Ilex aquifolium
Populus alba, siehe S. 214
Populus × canescens
Quercus cerris
Quercus robur, siehe S. 203
Sorbus × hybrida
Sorbus intermedia

Nothofagus procera
SCHEINBUCHE
☼ ☀ ❄❄❄ PH

Kraftvoller Wuchs
↕ 20m ↔ 12m

Ein Baum, dessen Äste mit geäderten Blättern besetzt sind; diese anfangs bronzefarbenen Blätter verfärben sich im Sommer grün und bieten im Herbst orangefarbene sowie rote Farbschattierungen. Der Baum eignet sich nicht für exponierte Standorte.

WEITERE LAUBBÄUME FÜR KALKFREIE BÖDEN

- *Acer rubrum*
- *Embothrium coccineum*
- *Eucryphia glutinosa*, siehe S. 201
- *Liquidambar styraciflua*
- *Lyonothamnus floribundus* ssp. *aspleniifolius*
- *Magnolia* 'Heaven Scent'
- *Nothofagus dombeyi*
- *Nyssa sylvatica*
- *Picrasma quassioides*

Oxydendrum arboreum
SAUERBAUM
☼ ◑ ❄❄❄ PH↓ — Moderater Wuchs, ↕12m ↔8m

Dieser konische Baum trägt grüne Blätter, die sich im Herbst leuchtend gelb, rot oder purpurn verfärben. Vom Spätsommer bis Herbst erscheinen winzige Blüten. Der Baum gedeiht auf feuchten, gut durchlässigen Böden mit Schatten für die Wurzeln.

Sassafras albidum
FENCHELHOLZBAUM
☼ ◑ ❄❄❄ PH↓ — Moderater Wuchs, ↕20m ↔8m

Dieser Baum, aus dessen aromatischer Wurzelrinde ein Arzneitee gewonnen wird, hat gelappte Blätter, die sich im Herbst gelb, orangefarben oder purpurn verfärben. Seine gefurchte Borke und die hellen Äste wirken im Winter besonders hübsch. 🏆

Quercus rubra
ROTEICHE
☼ ❄❄❄ PH↓ — Kraftvoller Wuchs, ↕25m ↔20m

Diese stark belaubte Eiche eignet sich für die Solitärpflanzung ebenso wie als Sichtschutz. Ihre tief gelappten Blätter verfärben sich im Herbst bronzefarben oder bräunlich rot, nehmen manchmal auch ein leuchtenderes Rot an, bevor sie fallen. 🏆

Stewartia pseudocamellia
SCHEINKAMELIE
☼ ◑ ❄❄❄ PH↓ — Moderater Wuchs, ↕12m ↔6m

Dieser Baum hat einen ausladenden Wuchs; die Borke löst sich im Alter unregelmäßig ab, was im Winter zu schönen Farbmustern führt. Im Hochsommer erscheinen weiße Blüten; im Herbst nehmen die Blätter eine orangefarbene und rote Färbung an. 🏆

Laubbäume für alkalische Böden

ALKALISCHE BÖDEN sind durchlässig und erwärmen sich im Frühjahr schnell, womit sie vielen Laubbäumen gerecht werden. Dazu gehören auch einige sehr beliebte Arten. Diese Laubbäume stammen in erster Linie aus Regionen mit warmen Sommern und benötigen darum Sonne und Wärme.

Albizia julibrissin
ALBIZIE
☼ ❄❄

Moderater Wuchs
↕↔ 10m

Die Albizie ist als junger Baum breiter als hoch und hat ausladende Äste mit fein geteilten, farnartigen Blättern. Sie trägt im Spätsommer und Herbst flaumige Blüten mit rosafarbenen Staubfäden. Eine robustere Züchtung ist *A. julibrissin* 'Rosea'.

Cercis siliquastrum
JUDASBAUM
☼ ❄❄❄

Moderater Wuchs
↕↔ 10m

Dieser meist einstämmige, ausladende Baum hat herzförmige, blaugrüne Blätter. Er trägt im Frühjahr rosig-lilafarbene Schmetterlingsblüten, denen abgeflachte rote Samenhülsen folgen. Die Züchtung 'Bodnant' verfügt über tief purpurne Blüten.

WEITERE LAUBBÄUME FÜR ALKALISCHE BÖDEN

Acer campestre
Acer negundo 'Flamingo'
Acer platanoides, siehe S. 215
Aesculus hippocastanum 'Baumannii', siehe S. 202
Arbutus × andrachnoides
Fraxinus mariesii
Ligustrum lucidum
Malus 'Red Sentinel', siehe S. 224
Morus nigra
Paulownia tomentosa
Prunus 'Mount Fuji'
Prunus 'Shogetsu'
Prunus 'Ukon'
Robinia × slavinii 'Hillieri'
Sophora japonica 'Violacea', s. S. 209
Sorbus intermedia
Tilia tomentosa 'Brabant'

△ *Crataegus orientalis*

Crataegus orientalis
WEISSDORN
☼ ❄❄❄

Langsamer Wuchs
↕↔ 5,5m

Dieser langsam wachsende Zierweißdorn entwickelt mit der Zeit eine dichte, rundliche Krone mit tief gelappten, dunkelgrünen Blättern. Er trägt im späten Frühjahr Trauben hübscher weißer Blüten und im Herbst große flaumige, rote Früchte.

Fraxinus ornus
BLUMENESCHE
☼ ❄❄❄
Moderater Wuchs
↕15m ↔13m

Dieser Baum mit rundlicher Krone hat tief geteilte Blätter und trägt vom späten Frühjahr bis zum Frühsommer große, verzweigte Rispen crèmeweißer Blüten, auf die bronzefarbene Früchte folgen; ein zuverlässiger Baum mit kompaktem Wuchs. 🏆

Malus floribunda
JAPANISCHER APFEL
☼ ❄❄❄
Moderater Wuchs
↕8m ↔10m

Einer der beliebtesten blühenden Apfelbäume; seine dichte gerundete Krone wird im Frühjahr von blaß rosafarbenen Blüten übersät. Er trägt im Herbst viele erbsengroße gelbe, rotbackige Früchte; einer der ersten Holzäpfel, die blühen. 🏆

Koelreuteria paniculata
BLASENBAUM
☼ ❄❄❄
Moderater Wuchs
↕↔10m

Dieser breit ausladende Baum hat gleichmäßig gezähnte Blättchen, die sich im Herbst gelb färben. Auf die im Sommer erscheinenden großen verzweigten, gelben Blütenrispen folgen auffällige blasige Samenkapseln. 🏆

Prunus x *yedoensis*
JAPANISCHE KIRSCHE
☼ ❄❄❄
Moderater Wuchs
↕8m ↔10m

Diese im ausgewachsenen Zustand kuppelförmige Kirsche hat weit ausladende, geschwungene Äste, von denen im frühen Frühjahr Trauben weißer oder blaß rosafarbener Blüten herabhängen; einer der am frühesten blühenden Kirschbäume. 🏆

Laburnum alpinum
ALPENGOLDREGEN
☼ ❄❄❄
Moderater Wuchs
↕↔7m

Der Alpengoldregen ist ein breitkroniger Baum mit kurzem Stamm und dreigeteilten Blättern. Er trägt im späten Frühjahr oder Frühsommer lange, hängende Trauben aus leuchtend gelben Schmetterlingsblüten; der Baum ist giftig.

Sorbus aria 'Lutescens'
MEHLBEERE
☼ ❄❄❄
Moderater Wuchs
↕11m ↔8m

Ein beliebter Zierbaum mit einer anfangs säulenförmigen bis ovalen, später ausladenden Krone. Seine Blätter sind im Frühjahr crèmeweiß und verfärben sich später graugrün. Die Mehlbeere trägt vom Frühjahr bis zum Frühsommer weiße Blüten. 🏆

Laubbäume für trockene Standorte

IN GÄRTEN MIT trockenem sonnigen Klima bringt eine Sommerdürre für die Laubbäume viele Probleme mit sich, was ein durchlässiger Boden noch verstärken kann. Es gibt jedoch einige Bäume, die diese Bedingungen tolerieren oder bevorzugen.

Eucalyptus dalrympleana
EUKALYPTUS
☼ ❄❄❄

Kräftiger Wuchs
↕ 20m ↔ 9m

Dieser in der Jugend säulenförmige Eukalyptus verbreitert sich später. Seine immergrünen Blätter sind bei jungen Bäumen gerundet, später länglich. Im Spätsommer erscheinen weiße Blütenbüschel. Die crèmeweiße Borke wirkt besonders hübsch.

Celtis australis
ZÜRGELBAUM
☼ ❄❄❄

Moderater Wuchs
↕ 18m ↔ 15m

Dieser ungewöhnlich schöne Baum hat eine blaßgraue Borke. Er ist breit und kegelförmig mit einer kuppelförmigen Krone, wobei die Zweige älterer Bäume oftmals hängen. Die Oberfläche seiner schlanken, spitz zulaufenden Blätter fühlt sich rauh an.

Cladrastis lutea
GELBHOLZ
☼ ❄❄❄

Moderater Wuchs
↕↔ 12m

Dieser bemerkenswerte Zierbaum weist einige attraktive Merkmale auf: eine gerundete oder kuppelförmige Krone, eschenartige Blätter, die sich im Herbst gelb verfärben und große, hängende Zweige mit weißen Schmetterlingsblüten im Sommer.

Gleditsia triacanthos 'Sunburst'
LEDERHÜLSENBAUM
☼ ❄❄❄

Moderater Wuchs
↕↔ 12m

Stamm und Äste dieses Baums haben eine graubraune Farbe. Seine vielgeteilten Blätter sind beim Austreiben goldgelb und werden später grün; im Herbst färben sie sich blaßgelb. Der Lederhülsenbaum gedeiht auch bei starker Luftverschmutzung.

Maackia amurensis
MAACKIA
☼ ❄❄❄
Langsamer Wuchs
↕↔7 m

Dieser weit ausladende Baum mit graubrauner Borke hat schöne eschenartige, tiefgrüne Blätter, die in seiner Jugend silberblau sind. Er trägt während des Sommers dichte, aufrechte, kurze, dicke Rispen weißer, schieferblau angehauchter Blüten.

Sophora japonica 'Violacea'
SCHNURBAUM
☼ ❄❄❄
Kräftiger Wuchs
↕↔18m

Die graubraune Borke dieses Baums ist ausgeprägt wulstig. Seine Blätter entfalten sich erst spät. Die lockeren Trauben kleiner, weißer, lila getönter Schmetterlingsblüten erscheinen von Spätsommer bis Frühherbst; ihnen folgen hängende Samenhülsen.

Pittosporum crassifolium 'Variegatum'
KLEBSAME
☼ ❄
Moderater Wuchs
↕5m ↔3m

Solange dieser immergrüne Baum nicht einstämmig zugeschnitten wird, bleibt er strauchig. Die Blätter sind graugrün (mit weißem Rand). Er trägt im Frühjahr purpurne Blüten. Die Klebsame eignet sich gut für milde Küstenregionen.

WEITERE LAUBBÄUME FÜR SONNIGE, TROCKENE STANDORTE

Arbutus × andrachnoides
Cercis siliquastrum, siehe S. 206
Fraxinus velutina
Genista aetnensis
Juglans microcarpa
Koelreuteria paniculata, siehe S. 207
Ligustrum lucidum
Phillyrea latifolia, siehe S. 214
Quercus agrifolia
Quercus suber

Quercus canariensis
EICHE
☼ ❄❄❄
Moderater Wuchs
↕20m ↔12m

Der Wuchs dieser schönen Eiche ist in der Jugend breit säulenförmig und rundet sich im Alter. Ihre nach oben geschwungenen Äste sind dicht mit großen, gleichmäßig gelappten Blättern besetzt, die sich bis in den späten Winter halten können. 🏆

Umbellularia californica
BERGLORBEER
☼ ❄❄
Moderater Wuchs
↕12m ↔10m

Dieser dichte, immergrüne Baum mit buschiger Krone ist ein Verwandter des Lorbeers und trägt im Frühjahr Dolden zarter, gelblicher Blüten. Seine leuchtend grünen Blätter verströmen einen stechenden Geruch, der Übelkeit hervorrufen kann.

Laubbäume für die Uferbepflanzung

NUR WENIGE HABEN das Glück, daß ein Fluß durch ihren Garten führt; wenn die Möglichkeit besteht, sollten Sie neben einen Teich oder Bach einen passenden Baum pflanzen. Dafür haben Sie eine nahezu unbegrenzte Auswahl zur Verfügung.

Pterocarya fraxinifolia
FLÜGELNUSS
☼ ❄❄❄

Moderater Wuchs
↕25m ↔20m

Dieser große Baum hat gefiederte, eschenartige Blätter und lange, hängende Kätzchen, auf die grüne Nüsse folgen. Solange Sie nicht gleich ein Wäldchen anlegen wollen, sollten Sie die auftretenden Wurzeltriebe regelmäßig entfernen. 🏆

Alnus rubra
ROTERLE
☼ ❄❄❄

Kräftiger Wuchs
↕15m ↔10m

Ein schnell wachsender Baum; bevor sich seine gezähnten, geäderten Blätter entfalten, sind die Äste im Frühjahr mit gelbbraunen Kätzchen von bis zu 15cm Länge behangen. Die Blätter zeigen kräftige Adern; ältere Bäume haben eine blaßgraue Borke.

WEITERE LAUBBÄUME FÜR DIE UFERBEPFLANZUNG

Alnus firma
Alnus glutinosa 'Imperialis'
Populus alba 'Richardii'
Populus maximowiczii, siehe S. 203
Salix alba ssp. *vitellina*
Salix daphnoides, siehe S. 135
Salix matsudana 'Tortuosa', s. S. 227
Salix pentandra

△ *Salix × sepulcralis* 'Chrysocoma'

Betula nigra
SCHWARZBIRKE
☼ ❄❄❄

Moderater Wuchs
↕↔15m

Die Schwarzbirke ähnelt kaum den häufiger vorkommenden Arten mit weißem Stamm. Die Borke ist kraus gerollt, rosagrau gefärbt und reift zu einem dunklen Braun heran. Ihre keilförmigen Blätter zeigen auf der Unterseite eine blassere Färbung. 🏆

Salix alba var. *tristis* 'Chrysocoma'
TRAUERWEIDE
☼ ❄❄❄

Kräftiger Wuchs
↕20m ↔25m

Dieser für die Uferbepflanzung beliebte Baum ist leider oft zu groß für die Gärten, in denen er angepflanzt wird. Er bildet lange Vorhänge aus hängenden, im Winter goldgelben Ästen, die im Frühjahr und Sommer mit grünen Blättern besetzt sind. 🏆

Hängende Laubbäume

EIN GUT PLAZIERTER hängender Baum – auf einem Rasen, an einem Ufersaum oder am Rand einer Rabatte – kann eine eindrucksvolle Wirkung erzielen. Damit diese Bäume eine stattlichen Höhe erreichen, sollten sie in der Jugend gestützt werden.

Fagus sylvatica 'Pendula'
ROTBUCHE
☼ ❄❄❄ Kräftiger Wuchs
↕18m ↔20m

Die normalerweise breiter als hoch wachsende Rotbuche eignet sich bestens für eine große Rasenfläche. Ihre geschwungenen oder ausladenden Äste sind mit langen, hängenden Zweigen besetzt und bleiben das ganze Jahr über attraktiv. 🏆

Prunus 'Cheal's Weeping'
JAPANISCHE KIRSCHE
☼ ❄❄❄ Moderater Wuchs
↕2,5m ↔3m

Dieser kuppelförmige, hängende Kirschbaum ist für Gärten mit begrenztem Raum sehr geeignet. Im Frühjahr sind die hängenden Äste mit rosafarbenen Blüten übersät. Der Baum wirkt neben einem kleinen Teich besonders eindrucksvoll. 🏆

Prunus pendula 'Pendula Rubra'
JAPANISCHE KIRSCHE
☼ ❄❄❄ Moderater Wuchs
↕5m ↔6m

Die kuppelförmige Krone dieser schönen und eleganten Kirsche kann auch höher als 5m gezogen werden. Im Frühjahr bedekken viele kleine, tief rosafarbene, in der Knospe karminrote Blüten ihre schlanken, hängenden Zweige. 🏆

WEITERE HÄNGENDE LAUBBÄUME

Betula pendula 'Youngii'
Ilex aquifolium 'Pendulum'
Morus alba 'Pendula'
Pyrus salicifolia 'Pendula', siehe S. 220
Sophora japonica 'Pendula'

Salix caprea 'Kilmarnock' ▷

Salix caprea 'Kilmarnock'
SALWEIDE
☼ ❄❄❄ Kräftiger Wuchs
↕2m ↔1,4m

Diese dichtkronige Sorte der Salweide eignet sich selbst für die kleinsten Gärten. Sie verfügt über zahlreiche hängende Zweige, die im Frühjahr mit silbergrauen männlichen Kätzchen besetzt sind; diese verfärben sich in der Reife gelb. 🏆

Gegen Luftverschmutzung unempfindliche Laubbäume

REGIONEN MIT verschmutzter Luft sind keine idealen Standorte für Laubbäume. Aber bei entsprechender Bodenvorbereitung können einige Bäume hier gut gedeihen.

Fraxinus angustifolia
ESCHE
☼ ❄❄❄
Kräftiger Wuchs
↕20m ↔12m

Eleganter als die Gemeine Esche *(Fraxinus excelsior)*, hat dieser große Baum ausladende Äste, die eine ovale bis rundliche Krone bilden. Die Blätter sind gleichmäßig in schmale, glänzend grüne Blättchen geteilt, die im Herbst eine gelbe Färbung annehmen.

Amelanchier laevis
FELSENBIRNE
☼ ◐ ❄❄❄
Moderater Wuchs
↕↔6m

Im Frühjahr überfluten Trauben weißer Blüten die Äste dieses kleinen, oft mehrstämmigen Baums. Er hat einen ausladenden Wuchs; seine im Frühjahr bronzefarbenen Blätter werden im Sommer grün; im Herbst färben sie sich dann rot oder orange.

Ilex × altaclerensis 'Belgica Aurea'
STECHPALME
☼ ◐ ❄❄❄
Moderater Wuchs
↕8m ↔3m

Die länglichen Blätter dieser immergrünen Stechpalme tragen nur wenige Stacheln. Sie sind graugrün gesprenkelt und haben einen unregelmäßig crèmegelb gefärbten Rand. Vom Herbst an trägt dieser dichte, säulenförmige Baum rote Beeren. 🏆

Crataegus laevigata 'Paul's Scarlet'
WEISSDORN
☼ ❄❄❄
Moderater Wuchs
↕6m ↔8m

Ein Baum mit gerundeter oder ausladender Krone; die Äste sind im späten Frühjahr und Frühsommer mit zahlreichen gefüllten, roten Blüten besetzt. Seine Blätter zeigen ein glänzendes Dunkelgrün. Die Sorte 'Punicea' hat karmesinrote Blüten. 🏆

WEITERE GEGEN LUFTVERSCHMUTZUNG UNEMPFLINDLICHE LAUBBÄUME

Acer pseudoplatanus 'Brilliantissimum'
Aesculus × carnea 'Briotii'
Ailanthus altissima
Alnus cordata, siehe S. 215
Amelanchier lamarckii, siehe S. 222
Catalpa bignonioides, siehe S. 202
Crataegus persimilis 'Prunifolia'
Magnolia × soulangeana, siehe S. 203
Malus baccata var. *mandschurica*, siehe S. 228
Malus 'Profusion'
Phellodendron amurense
Populus 'Robusta'
Prunus 'Pink Perfection'
Quercus ilex
Sorbus aria 'Majestica'
Tilia 'Euchlora'
Tilia platyphyllos 'Rubra'

△ *Crataegus laevigata* 'Paul's Scarlet'

Laburnum × waterei 'Vossii'
GOLDREGEN
☼ ❄❄❄
Moderater Wuchs
↕↔ 7m

Die Krone dieses am häufigsten gepflanzten Goldregens ist ausladend und mit dreizähligen Blättern besetzt. Im späten Frühjahr oder Frühsommer hängen lange Trauben von Schmetterlingsblüten an seinen Ästen. Alle Teile der Pflanze sind giftig.

Platanux acerifolia
GEMEINE PLATANE
☼ ❄❄❄
Moderater Wuchs
↕ 30m ↔ 20m

Dieser stattliche Baum entwickelt einen massiven gescheckten Stamm sowie eine ausladende Krone und hat im Sommer breite, ahornartige Blätter mit fünf großen, gezähnten Lappen. Er trägt vom Sommer an Stiele mit borstigen, kugeligen Früchten.

Prunus dulcis 'Roseoplena'
MANDELBAUM
☼ ❄❄❄
Moderater Wuchs
↕↔ 8m

Im späten Winter und frühen Frühjahr sind die ausladenden Äste dieses Baums mit rosafarbenen Blüten besetzt, die sich vor den dunkelgrünen, lanzettförmigen, langen und spitzen Blättern entwickeln und selbst den dunkelsten Wintertag erhellen.

Pyrus calleryana 'Chanticleer'
BIRNBAUM
☼ ❄❄❄
Moderater Wuchs
↕ 12m ↔ 6m

Dieser robuste, kompakte, konische Baum hat rundliche, glänzend grüne Blätter, die sich im Herbst purpurn verfärben. Die Zweige sind im Frühjahr mit schönen weißen Blüten übersät, wodurch man diesen Baum schon von weitem erkennen kann.

Robinia pseudoacacia
SCHEINAKAZIE
☼ ❄❄❄
Kräftiger Wuchs
↕ 20m ↔ 12m

Dieser robuste Baum hat stachlige Triebe. Vom späten Frühjahr bis zum Frühsommer trägt er hängende Trauben weißer Schmetterlingsblüten. Er entwickelt eine gefurchte Borke und bringt Triebe hervor, wenn man ihn zurückschneidet.

Laubbäume für Küstenregionen

NUR DIE ROBUSTESTEN Bäume ertragen den starken Wind und die Gischt der Küstenregionen. Die nachfolgend aufgeführten Bäume gehören zu den widerstandsfähigsten Arten; sie eignen sich auch gut als Schutz für die anderen Pflanzen im Garten.

Hippophae rhamnoides
SANDDORN
☼ ❄❄❄

Moderater Wuchs
↕↔ 6m

Wegen seines buschigen Wuchses ist sorgfältiger Beschnitt nötig, um aus der Pflanze einen Baum zu machen. Seine Äste sind mit silbergrauen Blättern besetzt. Pflanzen Sie männliche und weibliche Bäume, um die orangefarbenen Beeren zu erhalten.

WEITERE LAUBBÄUME FÜR KÜSTENREGIONEN

Alnus rubra, siehe S. 210
Populus × canadensis 'Robusta'
Quercus ilex
Tilia cordata 'Rancho'

Phillyrea latifolia
STEINLINDE
☼ ❄❄❄

Langsamer Wuchs
↕↔ 8m

Dieser immergrüne Baum wirkt wie eine Miniaturausgabe der Steineiche *(Quercus ilex)*. Die schmalen, glänzenden, dunkelgrünen Blätter sind ledrig und gezähnt. Der Baum trägt vom späten Frühjahr bis in den Sommer dichte Büschel crèmegelber Blüten.

Populus alba
SILBERPAPPEL
☼ ❄❄❄

Kräftiger Wuchs
↕ 20m ↔ 13m

Dieser bekannte ausladende Baum hat eine eindrucksvolle weißgraue, rissige Borke. Die in der Form von rundlich und gezähnt bis gelappt und ahornartig variierenden Blätter sind auf der Oberseite dunkelgrün und auf der Unterseite filzig weiß.

Salix alba
SILBERWEIDE
☼ ❄❄❄

Kräftiger Wuchs
↕ 20m ↔ 13m

Eine hübsche Weide, die sich bald so weit ausbreitet, wie sie hoch wird. Die Silberweide bevorzugt feuchte Standorte, sollte aber wegen ihrer Wurzeln nicht in der Nähe von unterirdischen Abflüssen, Rohrleitungen oder Gebäuden gepflanzt werden.

Sorbus aucuparia
GEMEINE EBERESCHE
☼ ◑ ❄❄❄

Moderater Wuchs
↕ 10m ↔ 7m

Die Blätter dieses ausladenden Baumes erinnern an die der Esche; sie verfärben sich im Herbst rot oder gelb. Im Frühjahr erscheinen weiße Blüten, auf die hängende Fruchtstände orangeroter Beeren folgen, die leuchtend rot werden.

Laubbäume für Sicht- und Windschutz

NEBEN DEN NADELBÄUMEN eignen sich auch verschiedene mittelgroße bis große Laubbäume als Schutz gegen den Wind oder als Sichtschutz. Viele dieser nachfolgend aufgeführten Bäume sind auch sehr hübsch.

Acer platanoides
SPITZAHORN
☼ ❄❄❄
Kräftiger Wuchs
↕25m ↔15m

Der Spitzahorn, einer der anpassungsfähigsten Bäume überhaupt, hat eine gerundete Krone. Noch vor dem Austrieb der Blätter trägt er gelbe Blüten, auf die grüne Früchte folgen. Die Blätter verfärben sich im Herbst gelb, rot oder orangefarben.

Alnus cordata
ITALIENISCHE ERLE
☼ ❄❄❄
Kräftiger Wuchs
↕25m ↔11m

Dieser säulenförmige Baum entwickelt eine konische Form. Im späten Winter oder frühen Frühjahr besetzen gelbe Kätzchen seine Äste; im Sommer entwickeln sich kolbenartige Früchte zwischen großen Blättern mit dunkelgrüner Oberseite.

Fagus sylvatica
ROTBUCHE
☼ ❄❄❄
Moderater Wuchs
↕35m ↔15m

Die im Winter gut zur Geltung kommende glatte, graue Borke und die im Frühjahr blaßgrünen Blätter, die sich im Sommer glänzend grün und im Herbst goldgelb verfärben, machen die Rotbuche zu einem schönen Baum für alle Jahreszeiten.

WEITERE LAUBBÄUME FÜR SICHT- UND WINDSCHUTZ

Acer pseudoplatanus
Fraxinus excelsior 'Westhof's Glorie'
Populus nigra 'Italica'
Populus 'Robusta'
Quercus robur, siehe S. 203
Tilia cordata

△ *Prunus serotina*

Prunus serotina
TRAUBENKIRSCHE
☼ ☀ ❄❄❄
Moderater Wuchs
↕15m ↔13m

Ein laubwechselnder Baum mit einer Krone aus hängenden oder geschwungenen Ästen; seine tiefgrünen Blätter verfärben sich im Herbst gelb oder rot. Er trägt im Frühjahr hängende Trauben aus weißen Blüten, denen glänzend schwarze Früchte folgen.

Immergrüne Laubbäume

In gemäßigten Zonen sind immergrüne Bäume seltener als laubwechselnde. Deshalb haben sie besonders im Winter ihre Bedeutung, wenn ihr Laub einen Kontrast zu den kahlen Ästen anderer Bäume bilden kann; sie bieten auch einen Sichtschutz.

Pittosporum tenuifolium
KLEBSAME

Moderater Wuchs
↕ 6m ↔ 5m

In der Jugend säulenförmig, entwickelt sich dieser Baum später kuppelförmig und kompakt, mit schlanken Zweigen und glänzenden Blättern. Im späten Frühjahr trägt er kleine purpurne Blüten. Er eignet sich in Küstenregionen gut als Windschutz.

Immergrüne Laubbäume

Arbutus unedo
Castanopsis cuspidata
Drimys winteri
Eucalyptus glaucescens
Ilex latifolia
Ligustrum lucidum
Magnolia grandiflora
Phillyrea latifolia, siehe S. 214
Prunus lusitanica, siehe S. 141
Quercus ilex
Trachycarpus fortunei, siehe S. 217

Maytenus boaria
MAYTENUS

Moderater Wuchs
↕ 10m ↔ 8m

Ein eleganter Baum, der im Aussehen einer Trauerweide ähnelt; in der Jugend schmal und aufrecht, verbreitert er sich später zu einem runden Baum mit Ästen, die dicht mit schmalen, glänzend grünen, gezähnten Blättern besetzt sind.

Myrtus luma
BRAUTMYRTE

Kräftiger Wuchs
↕ 7m ↔ 5m

Vom Hochsommer bis in den Herbst hinein sind die glänzenden dunkelgrünen Blätter dieses schönen Baums mit vielen kleinen, weißen Blüten durchsetzt. Die goldbraune Borke schält sich im Alter ab, um junger, gefleckt crèmefarbener Platz zu machen.

Rhododendron arboreum
RHODODENDRON

Langsamer Wuchs
↕ 12m ↔ 3m

Dieser Rhododendron verbreitert sich mit fortschreitender Lebensdauer. Die Blätter sind oben dunkelgrün, unten silbrig oder bräunlich. Er trägt im Frühjahr dichte, rundliche Dolden mit roten, rosafarbenen oder gelegentlich auch weißen Blüten.

Laubbäume mit großen Blättern

Sie können Ihrem Garten vollkommen neue Eindrücke geben, wenn Sie einen Baum mit großen Blättern hineinsetzen. Solches Laub kann auch einen Kontrast zu anderen Pflanzen bilden. Viele großblättrige Bäume haben darüber hinaus auch besonders schöne

Toona sinensis

SURENBAUM

☼ ❄❄❄ — Kräftiger Wuchs ↕15m ↔10m

Dieser schnell wachsende Baum hat große, vielgeteilte Blätter, die bis zu 60cm lang werden können. Sie sind in der Jugend bronzerot und verfärben sich im Herbst gelb. Im Sommer tragen die ausgewachsenen Bäume große Rispen weißer Blüten.

Kalopanax pictus

KALOPANAX

☼ ❄❄❄ — Moderater Wuchs ↕12m ↔10m

Ein Baum mit Stacheln an Stamm und Zweigen sowie Blättern, die sich im Herbst gelb färben; auf Dolden aus weißen Spätsommerblüten folgen nach einem heißen Sommer blauschwarze Beeren. Der Baum gedeiht in feuchten, durchlässigen Böden.

WEITERE LAUBBÄUME MIT GROSSEN BLÄTTERN

Aralia elata 'Variegata'
Catalpa bignonioides, siehe S. 202
Juglans ailantifolia
Juglans nigra
Meliosma veitchiorum

Magnolia hypoleuca

MAGNOLIE

☼ ❄❄❄ PH — Kräftiger Wuchs ↕20m ↔10m

Die großen, festen Blätter dieses schönen, kegelförmigen Baums sind oben breiter als unten und befinden sich an den Enden der Äste. Im Sommer treten stark duftende, becherförmige Blüten hervor, denen zylindrische, rote Fruchtstände folgen. 🏆

Trachycarpus fortunei

HANFPALME

☼ ❄❄ — Langsamer Wuchs ↕8m ↔2,5m

Eine der widerstandsfähigsten Palmen für gemäßigtes Klima, besonders für Küstenregionen. Dieser Baum hat eine rauhe Borke, einen rundlichen Kopf fächerförmiger, vielfingriger Blätter und im Frühsommer Rispen mit crèmefarbenen Blüten. 🏆

Laubbäume mit panaschierten Blättern

MIT IHREM AUFFÄLLIGEN Aussehen eignen sich Laubbäume mit panaschierten Blättern gut als Kontrast zu rein grünen Pflanzen. Das gilt besonders für ein Laubwerk, dessen Panaschierung in einem kräftigen weißen oder gelben Rand besteht.

Cornus controversa 'Variegata'
HARTRIEGEL
☼ ❄❄❄

Langsamer Wuchs
↕↔ 10m

Als Einzelexemplar für den Rasen ist dieser Baum konkurrenzlos. Oft breiter als hoch, entwickelt er eine Krone ausladender Äste, die bis auf Bodenniveau stehen. Er hat spitz zulaufende Blätter, die mit einem crèmeweißem Rand besetzt sind. 🏆

WEITERE LAUBBÄUME MIT PANASCHIERTEN BLÄTTERN

Acer negundo 'Flamingo'
Acer platanoides 'Drummondii'
Ligustrum lucidum 'Excelsum Superbum'
Populus candicans 'Aurora'

Ilex × altaclerensis 'Camelliifolia Variegata'
STECHPALME
☼ ◐ ❄❄❄

Langsamer Wuchs
↕8m ↔3m

Dieser säulenförmige immergrüne Baum hat dichte kurze Äste, die bis hinunter auf den Boden reichen. Die länglichen Blätter sind von glänzend dunkelgrüner Färbung (mit breitem gelben Rand). Die Stechpalme trägt rote Beeren.

Liriodendron tulipifera 'Aureomarginatum'
TULPENBAUM
☼ ❄❄❄

Kräftiger Wuchs
↕18m ↔11m

Dieser stark wachsende, aufrechte Baum verbreitert sich mit zunehmendem Alter. Seine Blätter sind in vollem Sonnenlicht dunkelgrün mit gelbem Rand, im Schatten blaß- bis hellgrün. Sie nehmen im Herbst eine goldene Färbung an. 🏆

Quercus cerris 'Variegata'
ZERREICHE
☼ ❄❄❄

Moderater Wuchs
↕10m ↔12m

Diese ausladende Eiche benötigt viel Raum, um sich zu entwickeln. Ihre Äste sind dicht besetzt mit flaumigen, tief gelappten, dunkelgrün glänzenden Blättern mit unregelmäßigem, crèmeweißem Rand. Die Zerreiche ist winterhart.

Laubbäume mit goldenen oder gelben Blättern

KAUM EIN BAUM kann den Garten so aufhellen wie einer mit goldenem oder gelbem Blattwerk. Schon ein einziger wird sofort alle Aufmerksamkeit auf sich ziehen.

Acer shirasawanum 'Aureum'
AHORN
☼ ☀ ❄❄❄ — Langsamer Wuchs ↕5,5m ↔5m

Dieser Ahorn wächst erst aufrecht und wird später breit ausladend. Seine runden, gelappten Blätter sind goldgelb und haben häufig einen scharlachroten Rand. Er kann an heißen, trockenen Standorten von der Sonne verbrannt werden. 🏆

Catalpa bignonioides 'Aurea'
TROMPETENBAUM
☼ ❄❄❄ — Moderater Wuchs ↕↔10m

Der Trompetenbaum entwickelt sich kuppelförmig oder rund. Die großen Blätter sind in der Jugend bronzepurpurn, später leuchtend gelb. Er trägt im Sommer trompetenförmige weiße Blüten mit purpurnen und gelben Flecken. 🏆

Ptelea trifoliata 'Aurea'
LEDERSTRAUCH
☼ ☀ ❄❄❄ — Moderater Wuchs ↕↔3m

Die Blätter dieses kleinen Baums sind in der Jugend gelb, später nehmen sie über Gelbgrün eine grüne Farbe an. Der Lederstrauch ist weniger auffällig als andere goldene Bäume. Seinen grünlichen Blüten folgen später schöne Früchte. 🏆

Quercus rubra 'Aurea'
AMERIKANISCHE ROTEICHE
☼ ☀ ❄❄❄ PH — Langsamer Wuchs ↕15m ↔10m

Obwohl diese Roteiche nicht oft gepflanzt wird, ist sie ein hübscher Baum mit einer ausladenden Krone aus gelappten Blättern, die beim Austrieb von einem sanften Gelb sind und sich später grün färben. Sie liebt einen geschützten Standort.

Robinia pseudoacacia 'Frisia'
SCHEINAKAZIE
☼ ☀ ❄❄❄ — Moderater Wuchs ↕15m ↔8m

Einer der beliebtesten goldblättrigen Bäume; seine gefiederten, eschenartigen Blätter sind in der Jugend von leuchtend goldener Farbe. Sie entwickeln sich später über Gelb zu einem grünlichen Gelb; ihre Herbstfarbe ist Orangegelb. 🏆

Laubbäume mit silbernen oder blaugrauen Blättern

ES GIBT NUR SEHR wenige, aber dafür äußerst attraktive Laubbäume mit blaugrauen oder silbernen Blättern, die sich für Gärten in gemäßigtem Klima eignen.

Pyrus salicifolia 'Pendula'
WEIDENBIRNE
☼ ❄❄❄

Kräftiger Wuchs
↕8m ↔6m

Dieser beliebte Baum entwickelt eine kuppel- oder pilzförmige Krone aus gebogenen oder hängenden Ästen, die mit schmalen grauen, flaumigen Blättern besetzt sind. Die weißen Frühjahrsblüten werden von kleinen, grünen Früchten abgelöst.

Elaeagnus 'Quicksilver'
ÖLWEIDE
☼ ❄❄❄

Moderater Wuchs
↕↔5m

Auch wenn die Ölweide buschig ist, kann sie auf einem einzigen Stamm gezogen werden. So bildet sie einen Baum mit lockerer, ausladender Krone aus schmalen, silbergrauen Blättern. Sie trägt im späten Frühjahr oder Sommer gelbe Blüten.

LAUBBÄUME MIT SILBERNEN ODER BLAUGRAUEN BLÄTTERN

Eucalyptus coccifera
Eucalyptus glaucescens
Eucalyptus gunnii
Populus alba, siehe S. 214
Populus alba 'Raket'
Pyrus nivalis
Salix alba f. *argentea*
Salix exigua, siehe S. 153
Salix × *seringeana*
Sorbus aria 'Lutescens'

△ *Sorbus thibetica* 'John Mitchell'

Eucalyptus perriniana
EUKALYPTUS
☼ ❄❄

Kräftiger Wuchs
↕6m ↔4m

Die Stämme dieses immergrünen Baums sind dunkel gefleckt mit einem weißen Schimmer. Die Blätter des jungen Baums sind rund und silberblau; je mehr er reift, desto länger werden die Blätter und ihre Farbe ändert sich zu einem Blaugrün.

Sorbus thibetica 'John Mitchell'
EBERESCHE
☼ ◐ ❄❄❄

Kräftiger Wuchs
↕12m ↔10m

Dieser breite, später runde Baum trägt Blätter, die oben zunächst graugrün, später grün sind und unten eine weiße Behaarung haben. Die Blätter junger Bäume können eine Länge von bis zu 15cm erreichen. Diese Esche trägt im Frühjahr weiße Blüten.

Laubbäume mit roten, bronzefarbenen oder purpurnen Blättern

LAUBBÄUME MIT ROTEN, bronzefarbenen oder purpurnen Blättern gefallen nicht jedem. Wenn man sie aber mit Bedacht einsetzt, kann besonders purpurnes Laubwerk sehr wirkungsvoll sein.

Fagus sylvatica f. *purpurea*
ROTBUCHE
☼ ✻✻✻

Kräftiger Wuchs
↕30m ↔22,5m

Diese eindrucksvolle runde Buche ist der größte Baum dieser Farbe. Die ovalen Blätter mit gewelltem Rand sind glänzend purpurn und verfärben sich im Herbst stark kupferfarben. Eine weitere sehr beliebte Sorte ist 'Riversii'. 🏆

Acer platanoides 'Crimson King'
SPITZAHORN
☼ ✻✻✻

Kräftiger Wuchs
↕18m ↔15m

Einer der am weitesten verbreiteten Spitzahorne mit scharf gezähnten, tief purpurnen Blättern; die Schirmrispen der kleinen gelben Frühjahrsblüten besitzen einen rötlichen Farbstich. Der Baum hat eine sehr kräftige Herbstfärbung. 🏆

WEITERE LAUBBÄUME MIT ROTEN, BRONZEFARBENEN ODER PURPURNEN BLÄTTERN

Acer palmatum 'Trompenburg'
Fagus sylvatica 'Roseomarginata'
Malus 'Lizet'
Prunus virginiana 'Schubert'

Cercis canadensis 'Forest Pansy'
JUDASBAUM
☼ ✻✻✻

Moderater Wuchs
↕↔8m

Ein kleiner, oft mehrstämmiger Baum mit einer breiten, gerundeten Krone; er hat herzförmige Blätter von leuchtend purpurner Farbe. Die kleinen Schmetterlingsblüten, die er im Frühjahr trägt, kommen in gemäßigtem Klima nicht besonders üppig. 🏆

△ *Prunus cerasifera* 'Nigra'

Prunus cerasifera 'Nigra'
KIRSCHPFLAUME
☼ ✻✻✻

Moderater Wuchs
↕↔10m

Im Frühjahr sind die Äste dieses dichtkronigen Baums mit rosafarbenen Blüten übersät, auf die rote Blätter folgen, die sich später dunkelpupurn verfärben. 'Pissardii' ist eine sehr ähnliche und ebenso beliebte Sorte mit rosa Knospen und weißen Blüten. 🏆

Laubbäume mit schöner Herbstfärbung

NUR WENIGE BÄUME wärmen dem Gärtner das Herz mehr als der Anblick eines Japanischen Ahorns, dessen Krone im Herbst regelrecht entflammt. Aber auch das Laub anderer Bäume bietet reiche Farbtöne, manchmal noch feinere Schattierungen.

Amelanchier lamarckii
KUPFERFELSENBIRNE
☼ ◑ ❄❄❄ — Moderater Wuchs ↕20m ↔15m

Diese Felsenbirne wirkt in zwei Jahreszeiten besonders interessant: im Frühjahr, wenn ihre buschige Krone aus einer Wolke weißer Blüten besteht, und im Herbst, wenn ihr Laub rot und orange entflammt. Der Baum verträgt keine trockenen Böden. 🏆

Acer palmatum 'Osakazuki'
JAPANISCHER AHORN
☼ ◑ ❄❄❄ — Moderater Wuchs ↕↔6m

Dieser Baum gilt als einer der schönsten seiner Art. Er ist rund und buschig, mit siebenfach gelappten Blättern, die sich im Herbst leuchtend scharlachrot färben. Dieser Ahorn verträgt weder exponierte Standorte, noch trockene Böden. 🏆

Carya ovata
SCHUPPENRINDENHICKORY
☼ ◑ ❄❄❄ — Moderater Wuchs ↕20m ↔15m

Die Blätter dieses Baums mit ausladender Krone färben sich im Herbst leuchtend goldgelb. Seine graubraune Borke löst sich in senkrechten Schindeln ab. Dieser Baum ist der zuverlässigste aus der Gruppe farbenfroher Hickorybäume. 🏆

Acer rubrum 'Schlesingeri'
ROTAHORN
☼ ❄❄❄ — Moderater Wuchs ↕15m ↔12m

'Schlesingeri' zählt zu den frühesten und in der Färbung reichhaltigsten Ahornen. Die drei- bis fünflappigen Blätter verfärben sich weinrot und haben eine hellere Unterseite, was sie selbst dann zu einem Blickfang macht, wenn sie schon abgefallen sind.

Cercidiphyllum japonicum
KATSURABAUM
☼ ◑ ❄❄❄ — Kräftiger Wuchs ↕18m ↔15m

Ein Baum von ausladendem Wuchs mit schlanken Ästen; seine rundlichen Blätter sind im Austrieb bronzefarben und verfärben sich im Sommer über Blaugrau, Gelb sowie Rosa hin zu Purpur im Herbst. Der Baum verträgt keine trockenen Böden. 🏆

Cotinus 'Grace'
PERÜCKENSTRAUCH
☼ ◐ ❄❄❄ Kräftiger Wuchs
↕↔ 5m

Ein kleiner, Baum, der auch als mehrstämmiger Strauch wächst; die eindrucksvollen Blätter sind im Sommer weinrotpurpurn und verfärben sich später orangerot. Der Baum trägt im Sommer Rispen mit purpurrosafarbenen Blüten. 🏆

WEITERE LAUBBÄUME MIT SCHÖNER HERBSTFÄRBUNG

Crataegus persimilis 'Prunifolia'
Fraxinus angustifolia 'Raywood'
Malus tschonoskii
Prunus sargentii
Sorbus commixta 'Embley'

Liquidambar styraciflua 'Lane Roberts'
AMBERBAUM
☼ ◐ ❄❄❄ Moderater Wuchs
↕ 20m ↔ 11m

Als einer der dunkelsten Laubbäume mit Herbstfärbung hat dieser Baum einen konischen, später ausladenden Wuchs. Seine Blätter sind glänzend grün; sie färben sich von Blaßorange bis hin zu tiefem Purpurrot. Er verträgt keine trockenen Böden. 🏆

Nyssa sinensis
TUPELOBAUM
☼ ◐ ❄❄❄ Moderater Wuchs
↕ 12m ↔ 10m

Die langen, schmalen Blätter dieses Baums sind im Austrieb purpurn und färben sich über Grün bis zu Scharlachrot im Herbst. Damit gleicht diese Art in der Herbstfärbung dem Waldtupelobaum *(N. sylvatica)*; verträgt keine trockenen Böden. 🏆

Parrotia persica
PARROTIE
☼ ◐ ❄❄❄ Moderater Wuchs
↕ 7m ↔ 12m

Die Parrotie entwickelt sich ausladend mit schuppiger Borke und trägt im Spätwinter oder frühen Frühjahr rote Blütentrauben; ihre glänzend grünen Blätter färben sich im Herbst gelb, orangefarben und purpurrot. Sie verträgt keine trockenen Böden. 🏆

Rhus typhina 'Dissecta'
ESSIGBAUM
☼ ❄❄❄ Kräftiger Wuchs
↕ 3m ↔ 5m

Dieser breiter als hoch wachsende Baum hat geteilte, große, flaumige Blätter, die sich im Herbst orangerot verfärben, wenn der Baum Rispen mit roten Früchten hervorbringt. Empfindliche Haut kann auf den Saft des Essigbaums allergisch reagieren. 🏆

Laubbäume mit Herbst- und Winterfrüchten

VIELE LAUBBÄUME tragen im Herbst schöne Früchte, aber nur wenige behalten sie auch den ganzen Winter über, wenn sie als hängende Zierde an den nackten Ästen den größten Wert besitzen – für den Gärtner ebenso wie den Vogel auf Futtersuche.

Malus 'John Downie'
HOLZAPFEL
☼ ❄❄❄ — Moderater Wuchs ↕ 8m ↔ 5m

Dies ist eine beliebte Holzapfelsorte; der Baum wächst zunächst schmal, später ausladend und trägt im Frühjahr weiße Blüten. Die leicht länglichen, rot angehauchten, orangefarbenen Holzäpfel, die vom Herbst an erscheinen, sind eßbar. 🏆

Malus 'Professor Sprenger'
HOLZAPFEL
☼ ❄❄❄ — Moderater Wuchs ↕↔ 5,5m

Vom Herbst an trägt diese Holzapfelsorte mit dichter, kuppelförmiger Krone kleine, rundliche, orangerote Holzäpfel. Ihre als Knospen rosafarbenen, weißen Blüten öffnen sich im Frühjahr; die glänzend grünen Blätter verfärben sich im Herbst gelb.

Ilex × altaclerensis 'Lawsoniana'
STECHPALME
☼ ☀ ❄❄❄ — Moderater Wuchs ↕ 10m ↔ 5m

Eine immergrüne Stechpalme mit ausladendem Wuchs, die sich im Alter noch verbreitert; sie hat gelb gefleckte Blätter und trägt vom Herbst an rote Beeren. Um eine Bestäubung zu erreichen, sollte man auch eine männliche Sorte anpflanzen. 🏆

WEITERE LAUBBÄUME MIT HERBST- UND WINTERFRÜCHTEN

Arbutus unedo
Crataegus × lavallei 'Carrierei'
Crataegus phaenopyrum
Idesia polycarpa (weiblich)
Ilex × altaclerensis 'Wilsonii'
Ilex aquifolium 'Bacciflava'
Melia azedarach
Oxydendrum arboreum, siehe S. 205
Pterostyrax hispida
Sorbus hupehensis 'Pink Pagoda'

Malus 'Red Sentinel'
HOLZAPFEL
☼ ❄❄❄ — Moderater Wuchs ↕↔ 5,5m

Eine der ertragreichsten Holzapfelsorten mit gerundeter Krone für kleinere Gärten. Sie trägt im Frühjahr weiße Blüten und im Herbst Trauben kirschartiger Früchte, die zu einer leuchtend roten Färbung reifen und sich bis in den Winter hinein halten. 🏆

Photinia davidiana
GLANZMISPEL
☼ ◐ ❄❄❄

Moderater Wuchs
↕↔ 5m

Obwohl sie oft als großer immergrüner Strauch gepflanzt wird, kann man sie auch mit einem einzelnen Stamm als Baum ziehen. Sie trägt im Frühsommer weiße Blüten und im Herbst rote Beeren, die sich den ganzen Winter über halten.

Sorbus forrestii
EBERESCHE
☼ ◐ ❄❄❄

Moderater Wuchs
↕↔ 6m

Jedes Blatt dieses kleinen Baums besteht aus vielen einzelnen blaugrünen Blättchen. Diese Eberesche trägt im späten Frühjahr flache Schirmrispen weißer Blüten und im Herbst Trauben mit weißen Beeren, die sich den gesamten Winter über halten.

Sorbus cashmiriana
KASCHMIREBERESCHE
☼ ◐ ❄❄❄

Moderater Wuchs
↕↔ 8m

Dieser in der Jugend schmale, später dann ausladende Baum hat gefiederte Blätter, die im Herbst goldfarben oder karmesinrot werden. Er trägt im Frühsommer rosa angehauchte Blüten und vom Herbst an weiße, murmelgroße Beeren. 🏆

Sorbus 'Joseph Rock'
EBERESCHE
☼ ◐ ❄❄❄

Kräftiger Wuchs
↕ 10m ↔ 5,5m

Diese Sorte ist eine der beliebtesten Ebereschen. Sie hat die charakteristische ovale Krone, die im Alter ausladend wird. Ihre leuchtend grünen Blätter nehmen im Herbst, wenn gelbe Beeren in hängenden Trauben reifen, eine strahlende Farbe an. 🏆

Sorbus commixta
EBERESCHE
☼ ◐ ❄❄❄

Kräftiger Wuchs
↕ 10m ↔ 5,5m

Ein schöner Baum mit aufsteigenden, später ausladenden Ästen; im Frühjahr zeigt er weiße Blüten; die regelmäßig gefiederten Blätter haben eine intensive Herbstfärbung. Diese Eberesche trägt vom Herbst an rote Beeren.

Sorbus scalaris
EBERESCHE
☼ ◐ ❄❄❄

Moderater Wuchs
↕↔ 10m

Die Blätter dieses weit ausladenden Baums stehen in Rosetten und färben sich im Herbst rot oder purpurfarben. Diese Eberesche trägt im späten Frühjahr flache Schirmrispen weißer Blüten und vom Herbst bis Winter dichte Trauben roter Beeren. 🏆

Dekorative Borken und Triebe im Winter

ES MAG SEIN, DASS jede Borke interessant wirkt, aber manche Bäume sind in dieser Hinsicht besonders bemerkenswert. Zum Beispiel gibt es bunte oder sich ablösende Borke; andere Laubhölzer verfügen über ungewöhnlich wachsende Triebe etc.

Acer griseum
ZIMTAHORN

Moderater Wuchs

☼ ◐ ❄❄❄ ↕10m ↔8m

Dieser für seine sich ablösende, papierartige Borke gerühmte Ahorn hat dreigeteilte Blätter, die im Herbst orangefarben und rot werden. Die Äste sind zunächst aufsteigend, später ausladend. Er eignet sich für die Pflanzung auf einer Rasenfläche. 🏆

Acer palmatum 'Senkaki'
JAPANISCHER AHORN

Moderater Wuchs

☼ ◐ ❄❄❄ ↕↔6m

Im ersten Jahr haben die Wintertriebe dieses beeindruckenden Fächerahorns eine hübsche korallenrote Farbe, die später nachdunkelt. Die gelappten Blätter sind im Frühjahr orangegelb, später grün und verfärben sich im Herbst zu einem Gelb. 🏆

Arbutus menziesii
ERDBEERBAUM

Moderater Wuchs

☼ ❄❄❄ ↕15m ↔12m

Der Erdbeerbaum ist immergrün. Er hat eine ausladende Krone mit dunkelgrünen Blättern. Die rötliche Borke löst sich ab und macht eine neue sichtbar. Dieses Laubholz trägt im Frühsommer weiße Blüten, auf die später orangerote Früchte folgen. 🏆

△ *Betula utilis* var. *jacquemontii*

Betula utilis var. *jacquemontii*
BIRKE

Kräftiger Wuchs

☼ ◐ ❄❄❄ ↕15m ↔8m

Diese Birke, deren Blätter sich im Herbst gelb färben, wird für ihre weiße Borke gerühmt. Die Sorten 'Silver Shadow', 'Grayswood Ghost' sowie 'Jermyns' haben eine ganz ähnliche Borke und Kätzchen, die im Frühjahr von den Ästen hängen.

WEITERE LAUBBÄUME MIT DEKORATIVER BORKE UND TRIEBEN IM WINTER

- *Acer pensylvanicum* 'Erythrocladum'
- *Acer tegmentosum*
- *Arbutus* x *andrachnoides*
- *Betula albosinensis* var. *septentrionalis*
- *Betula ermanii* 'Grayswood Hill'
- *Betula nigra*, siehe S. 210
- *Fraxinus excelsior* 'Allgold'
- *Myrtus luma*, siehe S. 216
- *Salix alba* ssp. *vitellina*
- *Stewartia sinensis*

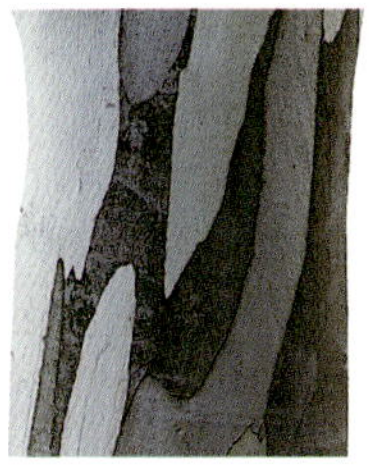

△ *Eucalyptus pauciflora* ssp. *niphophila*

Eucalyptus pauciflora ssp. *niphophila*
EUKALYPTUS
☼ ❄❄❄

Moderater Wuchs
↕10m ↔8m

Die graugrünen Blätter diese immergrünen Baums wachsen an Trieben, die in der Jugend weiß meliert sind. Die Borke seiner Haupttäste und des Stamms löst sich in Streifen ab und hinterläßt ein Muster aus grauen, crèmefarbenen und grünen Stellen. 🏆

Prunus maackii
VOGELKIRSCHE
☼ ◐ ❄❄❄

Moderater Wuchs
↕12m ↔10m

Dieser zunächst konische Baum entwickelt sich ausladend. Seine glänzende gelbbraune oder bernsteinfarbene Borke löst sich wie die der Birke in Streifen ab. Er trägt im Frühjahr weiße Blütentrauben; seine Blätter verfärben sich im Herbst gelb.

△ *Prunus serrula*

Prunus serrula
TIBETKIRSCHE
☼ ❄❄❄

Moderater Wuchs
↕↔10m

Die mahagonirote, glänzende und sich ablösende Borke macht diese Pflanze zu einem der beliebtesten Kirschbäume. Die Tibetkirsche trägt im Frühjahr kleine, weiße Blüten; ihre lanzenförmigen grünen Blätter verfärben sich im Herbst gelb. 🏆

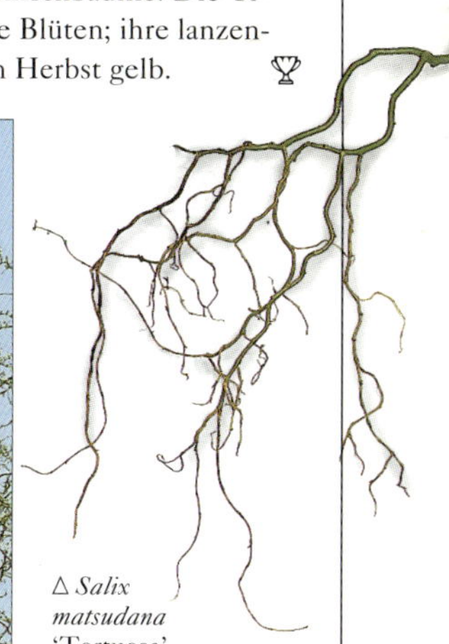

△ *Salix matsudana* 'Tortuosa'

Salix matsudana 'Tortuosa'
WEIDE
☼ ❄❄❄

Kräftiger Wuchs
↕15m ↔10m

Diese erst aufrechte, später ausladende Weide ist leicht zu erkennen. Ihre gedrehten Äste und Triebe sind mit korkenzieherartig gewundenen Blättern bedeckt. Mit ihren unbelaubten Ästen bietet sie im Winter einen wunderschönen Anblick. 🏆

Laubbäume für viele Zwecke

Wenn Sie Bäume aussuchen, sollten Sie sich für solche entscheiden, die mehr als einen Anziehungspunkt haben. Es gibt Laubbäume, die sich durch vielerlei auszeichnen (z.B. durch ihre Blüten, Früchte, Herbstfärbung oder Winterborke).

△ *Acer capillipes*

Acer capillipes
Ahorn
☼ ❄❄❄
Moderater Wuchs
↕10m ↔8m

Borke und Herbstfärbung sind die besonderen Reize dieses schönen Ahorns. Er hat ausladende Äste mit dreilappigen Blättern, die sich kräftig verfärben. Seine Borke ist dunkelgrün und hat silbrige oder blaßgrüne Längsstreifen.

Malus baccata var. *mandschurica*
Apfelbaum
☼ ❄❄❄
Kräftiger Wuchs
↕↔12m

Die schlanken Äste dieses runden Baums sind im Frühjahr mit weißen Blüten übersät. Er trägt von Herbst bis Winter kleine, rundliche, rote Früchte; darüber hinaus bietet seine gesprenkelte, abschuppende Borke einen zusätzlichen Blickfang.

Photinia villosa
Glanzmispel
☼ ◐ ❄❄❄ pH▼
Moderater Wuchs
↕↔5m

Dieser kleine, vielseitig verwendbare, breit ausladende Baum hat dunkelgrüne Blätter, die in der Jugend bronzegetönt sind und im Herbst ein feuriges Orangerot annehmen. Er trägt im Frühjahr weiße Blüten, im Spätsommer kleine rote Früchte.

Stewartia monadelpha
Scheinkamelie
◐ ❄❄❄ pH▼
Moderater Wuchs
↕10m ↔8m

Dieser in der Jugend aufrechte Baum breitet sich im Alter aus. Er trägt im Sommer zwischen grünen Blättern kleine weiße Blüten. Das Laub verfärbt sich im Herbst orangefarben und rot. Die Scheinkamelie verträgt keine trockenen Böden.

△ *Malus baccata* var. *mandschurica*

Weitere Laubbäume für vielfältige Verwendung

Acer griseum, siehe S. 226
Aesculus flava
Arbutus unedo f. *rubra*
Cornus 'Porlock'
Magnolia grandiflora
Malus transitoria
Malus × *zumi*
Prunus sargentii
Pseudocydonia sinensis
Salix 'Chrysocoma', siehe S. 210
Sassafras albidum, siehe S. 205

Säulenförmige Laubbäume

SÄULENFÖRMIGE Laubbäume sind ausgesprochen nützlich; sie lassen sich auf engstem Raum einfügen. Auch erfüllen sie architektonische Zwecke, indem sie zum Beispiel niedrige oder horizontale Pflanzungen auflockern oder als Blickfang dienen.

Acer rubrum 'Columnare'
ROTAHORN
☼ ❄❄❄

Kräftiger Wuchs
↕15m ↔5m

Diese Sorte ist zunächst säulenförmig; ihre aufrecht wachsenden Äste stehen locker um den Stamm. Später breiten sich die Äste dann aus. Die Blätter werden im Herbst gelb, orangefarben und rot. Eine weitere beliebte Sorte ist *A. rubrum* 'Bowhall'.

Acer saccharum 'Temple's Upright'
ZUCKERAHORN
☼ ❄❄❄

Langsamer Wuchs
↕12m ↔5m

Die aufsteigenden Äste dieses säulenförmigen Baums sind mit großen Blättern besetzt, die im Herbst gelb und orangefarben werden. Er gedeiht am besten dort, wo die Sommer warm und die Winter kalt sind (wie z.B. in Europa und Nordamerika).

WEITERE SÄULENFÖRMIGE LAUBBÄUME

Carpinus betulus 'Frans Fontaine'
Fagus sylvatica 'Dawyck Purple'
Liriodendron tulipifera 'Fastigiata'
Populus alba 'Raket'
Quercus petraea 'Columna'

△ *Prunus* 'Amanogawa'

Prunus 'Amanogawa'
JAPANISCHE KIRSCHE
☼ ❄❄❄

Moderater Wuchs
↕10m ↔4m

Die Äste dieser Kirsche sind dicht gepackt, breiten sich in der Reife aber aus. Im Frühjahr treten große, rosafarbene Blüten hervor; die Blätter nehmen eine intensive Herbstfärbung an. Sie gehört zu den beliebtesten aller blühenden Kirschbäume. 🏆

Quercus robur f. *fastigiata*
PYRAMIDENEICHE
☼ ❄❄❄

Langsamer Wuchs
↕18m ↔6m

Die Pyramideneiche ist eine säulenförmige Sorte der Stieleiche, deren aufsteigende Äste dicht mit leuchtend grünem Laub bedeckt sind. Eine weitere sehr attraktive Sorte ist die kompakte *Q. robur* 'Fastigiata Koster'. Beide Sorten sind langlebig. 🏆

Index

Das Zeichen ■ vor einer Seitenzahl weist darauf hin, daß die betreffende Pflanze auf der genannten Seite abgebildet ist.

A

C

D

E

F

G

H

I

J

K

L

M

N

Q

R

S

T

U

V

U

V

W

X

Y

Z

Danksagungen

Roy Lancasters Danksagung:
Verschiedene Personen haben direkt oder indirekt bei der Entstehung dieses Buches mitgewirkt; insbesondere meine Frau Sue, deren Unterstützung, wozu auch das Abtippen meiner (manchmal schwer lesbaren) Notizen und Listen gehörte, mit dazu beitrug, dieses Projekt zu einem guten Abschluß zu bringen.

Sarah Drew, Jacqueline Postill, Martin Puddle und James Wickham gaben mir nützliche Hinweise, resultierend aus ihren wertvollen gemeinsamen Erfahrungen im Umgang mit Kundenfragen in Gartencentern.

Die fünf Jahre, während derer ich für die Fernsehsendung *Garden Club* durch Großbritannien gereist bin, haben mich zu vielen großen und kleinen Gärten geführt und mit so manchem hilfsbereiten, erfahrenen Gärtner bekannt gemacht. Auch ihnen schulde ich Dank, ebenso den heutigen und früheren Mitgliedern des Teams von *Garden Club*, die mir auf vielerlei Weise geholfen haben.

Dazu gehören John Bennett, Matthew Biggs, Adrian Brennard, Karen Brown, Derek Clarke, Penny Cotter, Mary Foxall, Tony Griggs, Margaret Haworth, Elaine Hinderer, Sylvia Hines, Paddy McMullin, Ken Price, Rebecca Pow, Rebecca Ransome, Jo Redman, Sue Shepherd, Richard Stevens und Steve Stunt.

Abschließend danke ich meinen Herausgebern, besonders Mary-Clare Jerram, die mich bat, dieses Buch fertigzustellen, sowie meinem Lektor Lesley Malkin und Designer Colin Walton, deren Engagement und Professionalität mir viel Mut gemacht hat. Ich hätte keine bessere Hilfe finden können.

Der Verlag dankt Lyn Saville und Ian Whitelaw für ihre Lektoratsassistenz, Gloria Horsfall und Sue Caffyn für ihre grafische Assistenz, Jane Parker für die Zusammenstellung des Index, Ann Kay für die Korrekturen, Dr. Alan Hemsley für seine Unterstützung bei der Suche und Identifizierung von Pflanzen für die Fotografien sowie ferner Julia Pashley für ihre Bildrecherchen. Unser Dank geht auch an das A-Z-Team, insbesondere an Ina Stradins, Helen Robson und Susila Baybars für ihre Geduld mit uns, schließlich an Rebecca Davies für all ihre Wege zum Postamt.

Illustrationen

Illustration auf Seite 13
von Karen Cockrane

Illustrationen der Laubbäume
Laura Andrew, Marion Appleton, David Ashby, Bob Bampton, Anne Child, Tim Hayward, Janos Marffy, David More, Sue Oldfield, Liz Pepperell, Michelle Ross, Gill Tomlin, Barbara Walker

Bildnachweise

Schlüssel: o=oben, u=unten, m=Mitte, l=links, r=rechts

Alle Fotografien von:
Clive Boursnell, Deni Bown, Jonathan Buckley, Andrew Butler, Eric Crichton, Andrew de Lory, Christine Douglas, John Fielding, Neil Fletcher, John Glover, Derek Hall, Jerry Harpur, Sunniva Harte, Neil Holmes, Andrew Lawson, Howard Rice, Robert Rundle, Juliette Wade, Colin Walton, Matthew Ward und Steve Wooster;
mit Ausnahme von:

Garden Picture Library:
Lynne Brotchie: 92 ul
Brian Carter: 93
Robert Estall: 194 ur
John Glover: 13 or, 14 ul, 108 ur, 194 ul
M. Lamontagne: 195
Marianne Majerus: 2
Gary Rogers: 13 ur
Ron Sutherland: 4
Brigitte Thomas: 9 u, 172 ul, 173
Steven Wooster: 13 ul, 92 ur

John Glover: 85 um, 174 om, 187 om, 213 ul

Derek Gould: 165 ul

Andrew Lawson: 219 or

Roy Lancaster:
8 ul, 8 ur, 9 or, 9 om, 12 ul, 31 ol, 31 ml, 31 ul, 42 or, 45 ol, 49 ul, 67 ur, 69 ur, 83 mr, 84 ul, 85 ul, 85 om, 85 or, 86 um, 87 um, 87 or, 87 ur, 96 or, 102 ul, 104 ul, 104 um, 105 ul, 105 or, 106 ol, 106 ul, 107 ol, 107 or, 107 mr, 111 ol, 113 mr, 117 mr, 128 ul, 128 om, 129 ol, 129 or, 133 ml, 135 um, 138 ol, 140 ol, 141 om, 151 mr, 156 ol, 156 um, 156 or, 157 ol, 157 ur, 161 ur, 162 um, 163 ol, 163 ul, 164 or, 169, ol, 169 ul, 172 or, 172 ur, 174 ul, 176 ol, 179 ur, 181 or, 184 ol, 185 ml, 187 ol, 190 ul, 190 um, 191 ol, 191 ur, 192 om, 192 or, 194 or

Nature Photographers Ltd:
Brinsley Burbage: 187 or

Clive Nichols:
Chenies Manor Garden, Buckinghamshire: 109
Dartington Hall Garden, Devon: 14 ur
Longacre, Kent: 14 ml

Photos Horticultural:
77 ml, 83 ul, 141 mr, 165 um, 177 om, 178 or, 186 mr, 187 ur, 191 um, 193 um, 207 ul, 212 ul, 213 or, 229 mr

Harry Smith Collection/Polunin:
210 ml, 215 ur